U0104847

古典文獻研究輯刊

三八編

潘美月・杜潔祥 主編

第 15 冊

文天祥研究資料集·朝鮮編(下)

孫 衛 國 編著

國家圖書館出版品預行編目資料

文天祥研究資料集·朝鮮編（下）／孫衛國 編著 -- 初版 --
新北市：花木蘭文化事業有限公司，2024〔民 113〕
目 12+170 面；19×26 公分
（古典文獻研究輯刊 三八編；第 15 冊）
ISBN 978-626-344-718-9（精裝）
1.CST：（宋）文天祥 2.CST：傳記 3.CST：史料 4.CST：韓國
011.08   112022588

ISBN-978-626-344-718-9

9 786263 447189

古典文獻研究輯刊
三八編 第十五冊   ISBN：978-626-344-718-9

文天祥研究資料集·朝鮮編（下）

作　　者	孫衛國（編著）
主　　編	潘美月、杜潔祥
總 編 輯	杜潔祥
副總編輯	楊嘉樂
編輯主任	許郁翎
編　　輯	潘玟靜、蔡正宣　美術編輯　陳逸婷
出　　版	花木蘭文化事業有限公司
發 行 人	高小娟
聯絡地址	235 新北市中和區中安街七二號十三樓
	電話：02-2923-1455／傳真：02-2923-1452
網　　址	http://www.huamulan.tw 信箱 service@huamulans.com
印　　刷	普羅文化出版廣告事業
初　　版	2024 年 3 月
定　　價	三八編 60 冊（精裝）新台幣 156,000 元

版權所有·請勿翻印

文天祥研究資料集·朝鮮編(下)

孫衛國　編著

第二編　朝鮮王朝官修史書中文天祥資料

1. 朝鮮太宗元年（1401）正月甲戌（14日）

　　參贊門下府事權近上書。書曰：……五曰褒節義。自古有國家者，必褒節義之士，所以固萬世之綱常也。王者舉義創業之時，人之附我者賞之，不附者罪之，固其宜也。及大業既定，守成之時，則必賞盡節前代之臣，亡者追贈，存者徵用，竝加旌賞，以勵後世人臣之節，此古今之通義也。惟我國家，應運開國，三聖相承，文致太平，而褒賞節義之典，尚未舉行，庸非闕歟！竊見前朝侍中鄭夢周，本以寒儒，專蒙太上王薦拔之恩，以至大拜，其心豈不欲厚報於太上！且以才識之明，豈不知天命人心之所歸，豈不知王氏危亡之勢，豈不知其身之不保！然猶專心所事，不貳其操，以至殞命，是所謂臨大節而不可奪者也。韓通死於周，而宋太祖追贈之，文天祥死於宋，而元世祖亦追贈之。夢周死於高麗，獨不可追贈於今日乎？光山君金若恒，在前朝為司憲執義。當太祖開國之初，推戴之臣，多其親友，誘以建義之謀，乃守臣節，固執不應。及皇明假以表辭不恭，將罪我國，受太上王命，入朝京師，被其鞫問，榜掠甚苦，終不屈服，帝用嘉之，以釋其罪。後以他故，竟不得還，是其節義，亦可尚也。此二人者，宜加封贈，錄其子孫，以勵後人。（《朝鮮太宗實錄》卷一）

2. 太宗十一年（1411）七月辛酉（2日）

　　功臣等又請崙、近之罪，臺諫上交章，上不覽還之，使中官問其疏意，對

曰：「請崙等之罪也。」上怒曰：「承政院何不傳吾意，以至屑屑如此之甚乎？令勿復言。」其疏曰：

臣等於前日，以河崙、權近之罪，法所不赦，再疏申請，殿下以謂：「原其措辭情意，所謂用事者，指當時起事之人，非謂我太祖也。」臣等竊謂今崙之言曰：「其時宰相趙浚、鄭道傳等，用事忌穡，誣陷以罪。」趙浚等，太祖開國元勳也。未知與穡有何私怨，而誣陷乎？況我太祖行義之正、好生之仁，皇天上帝之所陰騭，一國臣民之所共覩，敢以用私意，言枉害非辜乎？崙等若宋季之文天祥、元末之秦愈伯，知有其君而順義守節，則不勝忠憤之志，欲涉不經，誰曰不可！今委質於朝鮮，為社稷元勳、柱石大臣，固宜克盡臣道，與朝鮮匹休於萬世，顧以門人姻婭之故，同時竄逐之憤，賈飾虛偽，製為誌銘，至使中朝之人，知我本國所無之事，及今問劾，情見辭遁，以太祖股肱之臣，指為用事，實所以累我太祖也。況在己巳庚午年間，挾輔前朝，參補國政，惟我太祖而已。是故臣等以不忠之罪，不可不治，上章累請，殿下特原而傳旨曰：「崙等曾有功於王家，只令就休私第。」臣等不勝鬱悒之至，以謂就閑私第，不與朝請，尊禮勳臣之例事也。乃何殿下以勳老之恩，待不忠之臣乎？且穡之行狀，板刊已久，散在中外，必當罪其論述者，仍毀其板本，然後可使人人，得知謬妄，而我太祖正大光明之業，昭晰於萬世矣。伏望殿下，一如前日所申，俞允施行。（《朝鮮太宗實錄》卷二十二）

3. 端宗元年（1453）五月癸未（27日）

世祖與讓寧大君禔、孝寧大君補、敬寧君裶、咸寧君裀、和義君瓔、桂陽君璔、義昌君玒、密城君琛、翼峴君璭等諸宗親七十人，及典籤司典籤朴大孫等上封章曰：

竊謂人主一身，上承祖宗配天之業，下繼子孫萬世之統。故自古帝王多設后、夫人，至於百二十人者，非以飾其慾也，所以重宗社、廣本支也。恭惟殿下承列聖之丕緒，為一國臣民之主上，天之所眷命，祖宗之所保佑，子子孫孫，綿綿無窮，與天竝久，可前知也。然先王之子，唯殿下一身，未有繼嗣，國本久闕，臣等當食忘餐，中夜不寐。千思萬度，而為今宗社之計，莫急於納妃一事，殿下豈得而私其身哉？昔大舜不告而娶，孟子曰：『為無後也。不孝有三，無後為大。』聖賢之處變，其嚴如此，此殿下之明知也。非獨舜之事，魯公伯禽卒哭而征徐戎，孔子許之曰：『有為，為之也。』胡氏亦曰：『度緩急、輕重，

蓋有不得已為者矣。若此者為顯親，非不顧也。三年之喪，天下之通喪也。人子所當自盡，不可輕易從權也。』且世宗、文宗家法極正，不從先祖而廢古今天下祖宗之大法，則此言似是，而實迂遠矣。夫權者，非廢正也，乃所以不失其正也。朱子曰：『天下之事有正、有變，而其所以處事之術有經、有權。事有不幸，而不得盡如其常，則處之之術，不得專出於經矣。』當事之常而守其經，聖賢不外乎此，而眾人亦可能焉，至於遭事之變，而處之以權，則唯大聖、大賢為能不失其正，而非眾人之所及也。故孔子曰：『可與立，未可與權。』蓋言其難如此。故權者，聖人之所貴。假如人主春秋高，而無嗣居憂，則有一臣子，其欲守經者乎？豈有春秋高則緊，春秋富則不緊乎？以此觀之，則納妃之為與不為，事勢之緊與不緊，人情、天理之宜與不宜，此判然易見者也。蓋古今異宜，三王不襲禮。故祖宗以來，沿革者多，從權者多。今當莫大之事，而反不欲從權制，臣等尤為痛惘。臣等又〔以〕為，勅使之來，尚且從權而吉服，未審，敬朝廷與敬宗社，孰重孰大。且我國臣事大明，凡所制作，悉皆遵守。太祖高皇帝云：『禁令服內勿生子焉。』實非萬世不易之法。若果依前式，其孝子之家，為已死者，傷見生者，十亡八九，則孝禮頹焉，民人則生理罷焉，王家則國事紊焉。及我世宗大王，以上聖而集大成，考古禮，而察時宜，制禮、作樂，定為朝鮮億萬年不刊之典，有士大夫冒喪借吉之制，無非重人繼嗣也。況任大、責重，有大於一人一家者哉？不可同日而語也。大計固不顧細節，豈可盡守故常，不思適變，而虧大節、大孝耶？古典亦云：『凡君即位娶元妃，以奉粢盛，孝也。』先君未葬而即位，尚有娶妃之禮，今殿下已過小祥，而娶妃之典，何嫌不舉？古人云：『三十而娶，庶人之禮也，文王十五生武王。知人君之婚娶，不可以年三十，重婚嗣也。』故臣等以為，人君之事，不與臣下同，安可膠固而守經乎？宋恭帝之北去也，文天祥不隨，而事二王，元宇羅責之，天祥曰：『當此之時，社稷為重，君為輕。』為人臣子，棄前君而事新君，變之大者也，而以宗社之重，故後賢莫得而議其非，此禮文所謂，從權而以義起者也。又況是事，文宗於前年八月，欲為殿下納妃，計已定矣。伏望，殿下念宗社生民之大計，思先王定期之慈謨，善繼述而展大孝，勿區區於守小節，亟命禮官，議其大禮，以副父王在天之靈，以答臣子迫切之情，宗社幸甚。臣等職備維城，義同休戚，不宜緘默，以重罪戾。

　　傳曰：「予若聽之，初豈不聽？斷無聽從之理。」(《朝鮮端宗實錄》卷六)

4. 成宗七年（1476）八月癸未（13日）

御夕講。上曰：「《元史》云：『選用臺察官，若由中書，必有偏循之弊。』其意何也？」侍講官李孟賢對曰：「中書摠領國政，若非其人，則恐論己事，直言敢諫者皆擯不用，而任黨與。故曰：『必有偏徇之弊。』」都承旨玄碩圭曰：「臺諫人主耳目，宜選剛明者以任之。若昏亂之世，則權奸用事，率用門下諂諛之徒。善人在朝，則謀欲去之，陰喉臺諫，羅織論奏，人主顧問，從傍證成，使不得立於朝，然後恣其所為。一朝大權歸己，國隨以亡，此古今大患也。大抵君子小人不相容，故居相位者君子，則眾君子進，小人則眾小人進，故人君考慎其相。昔三代皆得賢相而天下治，唐明皇用姚崇、宋璟而治，用林甫、國忠而亂，至於宋亦莫不然矣。節義國家之大防也，古之人臣如文天祥者，世不多有。前朝之季，鄭夢周為太祖簡拔，位至政丞，其時人有言曰：『若一改心，開國元勳，誰出其右？』夢周終守臣節，死不失義。吉再以注書辭職，不事二君。其子孫已令敘用，而至今不用，銓曹之過也。」上曰：「有子孫乎？」碩圭曰：「夢周之孫，今授西班職，頗穎悟，吉再之孫，以母老辭職歸養，皆可用人也。宜擢顯官，以礪節義。」孟賢曰：「以唐、宋二代觀之，唐享國三百餘年，及其亡也，無一人盡節而死。宋朝享國四百餘年，及其亡也，僻處一隅，衰亂極矣。如文天祥、張世傑，皆以忠義自奮，至於殺身而不顧，忠臣之多，莫過於宋。此豈一朝一夕所能致哉？如文王、武王、周公三聖人，相承以仁義結人心，而漸磨既久，故雖後世衰微，其地不過曹、莒，而七國不敢犯，至八百年之久者，專以名教素明，不敢越分以輕犯也。願殿下修名教，以培養士風。」上深然之。（《朝鮮成宗實錄》卷七十）

5. 成宗二十四年（1493）正月丁丑（11日）

御晝講。侍讀官俞好仁啟曰：「《文天祥集》，忠憤激烈，實為詩史，使人讀之，自有感慨之心，印頒何如？」上曰：「可也。」（《朝鮮成宗實錄》卷二百七十三）

6. 中宗八年（1513）九月乙酉（20日）

御夜對。檢討官鄭士龍曰：「宋理宗雖不盡君道，然詔進《綱目》，又詔以《綱目》，送國子監刊進，可謂尚理學之主也。」上曰：「今亦有知理學者耶？」參贊官李自華曰：「近者識理學者蓋寡，唯金應箕一人而已。帝王之學，心學為重，治國之道，莫踰於此。」鄭士龍曰：「在世宗朝，金鉤、金末識理學。

其時諸儒，皆薰陶漸染，知理學者尚多，今則知理學者蓋少。上既以理學為心，則下自有理學之人矣。」李自華曰：「知理學者不世出，豈易多得？在世宗朝，非徒金鉤、金末，諸儒多知理學者。世宗崇尚理學，上行下效之明驗也。」檢討官蔡忱曰：「世宗、成宗朝，知理學者多，此世宗、成宗教育之效也。自廢朝以後，理學絕無，人君若以理學為心，則人人自然以理學為學矣。」鄭士龍曰：「臣聞昔有李行傳理學於中原，有僧卍雨傳授，世宗使文士往授焉。」李自華曰：「今之柳洵，稽古通暢，亦知理學者。洵之未死前，令年少文士，往授甚當。臣恐洵死，則無傳焉。」鄭士龍曰：「成宗使文士就學於柳允謙，今亦使文臣，學於柳洵甚當。」上曰：「知理學宰相在時，可就學矣。」鄭士龍曰：「元，夷狄之主也，然用姚樞、許衡，亦傳道學，況吾東方耶？」蔡忱曰：「近來災變荐至，城中多火災，漢江水濁。且自去年，太白經天，臣未知其由。願聖上更加修省，思所以弭災之道。」上曰：「所啟甚當。予亦每以此，夙夜憂懼。」鄭士龍曰：「世宗朝太白晝見，言者曰：『非我國災也。』世宗曰：『豈其然乎？』日以恐懼為應天之實。」上曰：「夜對所以論難古事，論治亂興亡，有益於治道，承旨及經筵官，論難自唐、虞以至方今所以治亂興亡之由。」李自華曰：「自唐、虞以下，治亂興亡，不過曰用君子、小人。用君子則治，用小人則亂，此古今之通理也。」鄭士龍曰：「唐、虞之時，舜進元凱，誅四凶，而天下治，此進君子退小人也。商湯、周文、武，用伊、呂、周、召，而天下治，幽王失道，宗周將覆滅，而宣王能中興者，用仲山甫、方叔、召虎故也。漢之光武、宣帝，皆能明辨君子小人，故漢室治。至晋俗尚虛無，士習大變，賢者蓋寡。然其時豈無人乎？但上之人不能用耳。隋文帝時，王通獻《大平十二〔太平十二〕》策，而一時小人如封德彝、宇文士及在焉，故王通之賢，亦不試用。唐太宗能辨君子、小人，而用王珪、魏徵及十八學士，皆賢士也。然許敬宗以陰險小人，亦列於十八學士，宇文士及，乃亡隋之小人，而太宗昵用不疑。此太宗之治，止於太宗而已。玄宗用姚崇、宋璟，開元之治，比隆貞觀，天寶以後，漸不如初。君心一蠱於女寵，萬事自此而皆墜，何以別君子小人之分乎？卒致安史之亂，有播遷之辱。憲宗用杜黃裳、裴度之賢，初若有為也，而終陷方士之術，服金丹暴崩。使憲宗始終如一，豈至於是哉？穆宗失道，有牛李之禍，李逢吉之黨，終有八關十六子之語。至文宗謂曰：『去河北賊易，去朝廷朋黨難。』此甚疾之之辭也。然而朋黨之禍，迄於唐亡。宋太祖正大光明，有堯舜氣像，用趙普之賢。太宗可謂賢矣，然柴禹錫之類，見用於當時，

此不及太祖處也。至於仁宗之時，一時賢士，如韓琦、富弼、范仲淹，皆有用之才，而不能專任，故不能致大治。然三代以下，無如此時焉。神宗初年，勵精圖治，用韓、范、歐、富，可謂賢矣。然王安石終為執拗青苗之法，手實之禍極矣。其後徽宗內作色荒，又為花石綱，故用蔡京、蔡卞、童貫，盡逐君子，禍亦極矣。欽宗雖無失德，然用汪伯彥、黃潛善，不用宗澤，故致大禍焉。高宗性暗劣，故用秦檜，不用李綱、趙鼎。秦檜陰助金虜者也，故史臣書曰：『女真參軍事秦檜卒。』光宗、寧宗時，有朱熹，使時君用之，則三代之治可致，而不能用，反以為偽學而斥之，用史彌遠、史嵩之，而卒致大亂。自是厥後，大事已去，天命已絕，雖有文天祥、陸秀夫，亦何為哉？元世祖雖夷狄之君，然用姚樞、許衡，故幾致小康，厥後不知用君子退小人之道，何足道哉。」李自華曰：「古今治亂興亡，不過今所啟，當明辨君子小人而已。」鄭士龍曰：「人君用心，無偏著處，則辨之甚易。古人云：『人主一心，攻之者眾。』一有偏著，則小人輒逢迎而入之，故未能辨焉。」蔡忱曰：「治亂興亡，在君子小人，辨君子、小人，在人主之一心。明則君子以類進，不明則小人以類進，在人主導之何如耳。」上曰：「辨君子小人難矣。然若鑑空衡平，則不難辨矣。一君子進，君子以類進，一小人進，小人亦以類進，君子、小人之進退，在於得一賢相耳。」

　　史臣曰：「夜半前席，披閱古史，遂問古今治亂興亡之由，其求治之志慨然，善端之萌無窮焉。進言者當知格君先後之要，審治道本末之序，極論天理人欲之分，使方寸光瑩，無有蔽障，則事事物物，皆裁制於吾心之權度，而用人處事，皆得其當。進賢退不肖，雖曰治道之要，為吾君論治本，則何遽乎是也？自華、士龍、忱，本無學術工夫，皆凡庸苟且之人，故其言論不精究切的，徒外而不內，有孤聖上大有為之志，惜哉！」（《朝鮮中宗實錄》卷十八）

7. 中宗九年（1514）正月壬辰（28日）

　　御夕講。講《宋鑑》，至李庭芝、姜才憤罵不已。許硡曰：「宋之先王，以仁厚之德，接群下，故李庭芝、姜才、文天祥、陸秀夫之徒，當國勢危亡之際，思祖宗待士之誠，欲圖報於萬一。在上之道，不可不崇獎節義，以培植國家之元氣。」（《朝鮮中宗實錄》卷十九）

8. 中宗九年（1514）二月丙申（2日）

　　御夕講。講《宋鑑》，至文天祥至燕京，許硡曰：「文天祥在元，則乃敵國

之臣也，嘉尚節義，供張甚盛。大抵人君必崇獎節義，扶植綱常，然後大防立而人心定矣。前日教云：『當褒獎節義。』又命治廢朝承旨等失節之罪。自後朝廷，稍有肅然之氣。」（《朝鮮中宗實錄》卷二十）

9. 中宗十七年（1522）正月丙辰（8日）

　　御朝講，講《續通鑑綱目》。侍讀官金銛臨文啟曰：「文天祥、陸秀夫、張世傑當危難，操節義，守死不貳，此宋朝培養人才之力也。大抵平居無犯顏極諫之人，則臨亂無伏節死義之臣也。頃者，培養失道，年少浮薄之輩，競生躁進之心，假托經術，號稱賢良者，反生反逆之謀（指安處謙等事也）。士習至今不變，非細事也。」領事南袞曰：「今時之士，妄皆以宋儒自處，不知其本源。」許衡曰：「東漢之末，尚節；南宋之末，尚利。近來士習似尚東漢之節？而實趨宋末之弊。」知事張順孫曰：「頃者，年少之輩托以經學，以媒躁進，盡斥異己，以此士習如此，至今猶存其弊，今可曉諭中外，使是非定，而公論明也。」上曰：「朝廷之上，誰有不知乎？但村巷之人有或不知是非矣。雖不曉諭，日久則是非將自定矣。且昨見弘文館之箚，輔養世子之言，甚當。近日，世子病勢彌留，移避空宮。雖似未安，勢不得不爾，近將還東宮矣。且世子國本，輔養之道，宜無所不盡。今久廢書筵，恐弛輔養之意也。」南袞曰：「日候寒酷，姑待其和暖可也。」司諫尹仁鏡曰：「平安道築城，今可姑停其役，以寬民力也。」上曰：「今日，欲與大臣議定耳。」掌令魚得江曰：「今雖議之，必曰：『農前可及築爾。』臣聞諸正言沈思遜，云：『前日，高荊山監築時，董役嚴急，故基址全不牢固，不數月即頹。』云。荊山今入侍在坐，任事如此，而敢供職事乎？其時分監守令，亦既坐罷，荊山獨不受其責，得無愧乎？」南袞曰：「臣等非欲厲民也，義州舊城甚狹，居民半在城外，脫有不虞，其將奈何？今不修築，則已頹之石，必散無遺矣。然則後難為改築之備。徒慮小弊，而不急修築，非長策也。閭延、茂昌來居者，今雖不敢跳梁，滋蔓則將窺我邊境，然則義州將難守矣。前年農事稍稔，邊境幸且無事，不可不於此時修築也。」上曰：「築城重事，事在不得已，小弊不可計也。」仁鏡曰：「雖反覆思之，今不當築，待秋成而為之，未為晚也。」得江曰：「在天顏咫尺之下，亦曰可築，況退議其事乎？當斷自宸聰。古人亦以不時為重，故《春秋》譏之曰：『城中丘。城郎。』」上謂宰相曰：「改嘉靖官號為嘉正，無乃不可乎？」（先是，新皇帝則嘉靖紀元，本朝改嘉靖官號為正）。南袞曰：「中朝音韻，與本國不同，故

欲以此改之耳。」得江曰：「自古天使之來此邦者，必謁先聖，而今則不然，此，館伴之失也。」上曰：「予亦初以為，必謁先聖，而終不為，果為非也。然自彼請可也，館伴不必先請之也。」南袞曰：「捨遊觀，謁先聖，固合於宜，然彼自為之，我何必先請？」（《朝鮮中宗實錄》卷四十三）

10. 宣祖十一年（1578）六月庚子（20日）

經筵官李元翼，啟請刊行《文山集》。傳于政院曰：「《文山先生集》，內藏有之。予曾讀《指南集》，悲涼感慨者久矣，不忍見也。夫文山，夷、齊後一人而已。為萬世人臣標準，可速印出，頒之。」政院仍啟曰：「伏承聖教，不勝感激。人主一言，傳之四方，垂之後世。今此聖教，實扶植節義，激厲頑俗之一大機也。臣等捧讀再三，不知所達。」傳曰：「知道。」政院又以此意上箚。答曰：「言則是矣。但政院非論思之地，上箚古無其例，做出新例，實非所宜，後勿踵之。」（《朝鮮宣祖實錄》卷十二）

11. 宣祖二十八年（1595）三月甲申（11日）

罪人黃廷彧，拿來入京，三省推鞫。廷彧供曰：「傳旨內屈膝事，則被擄宰臣、朝士、儒生，不為不多，彼賊皆不使之屈膝而致辱。況王子，則賊以為奇貨，待之以禮，清正上堂脫冠以謁，諸賊下庭脫冠以謁。待王子如此，故陪臣亦無屈辱之事，人所共知。及到釜山，馬島諸賊，見臣拜曰：『曾於禮曹判書、參判時得謁』云云，頗致敬禮。屈膝之事，千萬無理。推問前後陷賊之人則可知。當在京城時，沈遊擊深責清正之不恭，將與行長，定其約和，清正憤其功之不出己。適金千鎰幕下李盡忠者，來入清正陣中，正賊於王子座前，求以其意，通書于行在。書既成，使賊卒送于臣處，求臣着名。臣以為此不過詿賊之偽書，姑調柔賊心，尋見應署處，只書長溪君三字，其次亦只書行護軍三字，皆不書臣字姓字，乃無心着偽書以送。以此偽書，前日李弘業、趙仁徵、金貴榮出來時，亦皆有之，或誤傳、或不傳，而不書臣字，終始如一。李弘業持來偽書，則金貴榮亦同着名以送，而其時則寂無人言。大抵如平調信，舉大兵直向西路，而臨津牛角之書，亦用臣字。彼自稱臣於我國，安有禁我之自臣於君父乎？若妄用此字於賊眼所見處，使賊又知我國文書行用之式，則恐有後日難處之患，故一切不用臣字。區區用意深處，正在於此。且賊輩，常時稱關白，或曰大閣，或曰司馬，不稱殿下。適沈惟敬通書于王子，有關白殿下之語，

賊纔見之，故成此偽書之際，使依天將所稱而書之。其簡謄本亦在，遊擊出來，則可以憑準。其偽書辭緣，依俙憶得，則正賊以為：『大明許和，而朝鮮獨不許和。若不與我相和，則關白殿下，將渡海而來』云云。此殿下云者，乃彼賊自稱其主之言。人之聞者，不暇致察上下文義，徒執殿下二字，有如此議論，不勝痛哭。至如割地之言，當賊在安邊之日，屢發此言。一行之人以為，賊情不可不達于朝廷，乃因其情而直書其賊請，送人于行在。出於不意，欲達密狀，而蒼黃窘束，不及檢看，其措辭失誤處何限？若按其文，而求其罪，則可死者，固非一二，而臣竊念割地之言，不可不熟思而預防，使咸廷虎等宣言於賊中曰：『諸侯土地，受之天子。非諸侯之所得擅割』，至引樂浪、臨屯等語以拒之。其後，賊絕口不言割地之事。大抵臣之萬死回生者，實由遭遇聖明，待以宰相，位封勳爵，聞見自別，故賊以為大官，終始不害之。此實聖上平日寵待之餘恩。古人有殺身成仁，捨生取義者，皆見其可死而死，不可徒死於不死之地。若文天祥，崎嶇全命於宋亡七年之後者，其志欲圖存趙氏，更為興復，而乃捐生於賊刃之下。此豈忘讎而苟活者哉？以臣等之義言之，王子不幸，則陪官當死，王子得保，則陪官亦何敢徒死乎？況兵家之事，本不厭詐。劉備敗軍之後，歸依曹操，常稱為忠臣，而密與董承圖之。謂備推尊曹操，可乎？顏真卿始陷于賊，至着柘黃衣，以安賊心，終始收復之功。謂真卿附賊，可乎？至如金方慶，親子、愛子之辨，能使蒙古信之，此無非用詭道也。臣垂死之年，重得罪名，遠竄荒裔，人皆賤棄，隣近守令，頓無顧見之人，有何氣力，可以指使州縣，有流毒貽害之事乎？其為虛實，下書本道，詳加窮覈，若有一分作弊之狀，則鼎鑊不辭。並為相考分揀。」（《朝鮮宣祖實錄》卷六十一）

12. 宣祖三十二年（1599）四月甲子（15日）

　　前刑曹佐郎臣姜沆，齋沐百拜，西向慟哭，謹上言于主上殿下：「伏以臣在往年丁酉，以分戶曹參判李光庭郎廳，督運楊摠兵糧餉于湖南。糧餉幾集，而賊鋒已薄南原，光庭亦向京師，臣與巡察使從事官金尚寯，傳檄列邑，收召義兵，思漢之聚者，僅數百人，而顧戀家屬，旋即解散。臣不得已舟載父、妻子、兄弟，遵西海，以謀西上，而篙士齟齬，不能運船，倘佯海曲，猝遇賊船。臣自度不得脫，與家屬俱墜水中，艤岸水淺，盡為奴倭所執，惟臣父獨乘別船，故得免同時俘殺。分戶曹募粟空名告身數百通，竝為淪沒。奉職無狀，上辱朝廷，益無所逃罪焉。賊認臣為士族也，齊縛臣及兄弟於船樓徽纏，所着手服盡

裂，越三年，痕未磨滅。賊遽回船，至務安縣一海曲，賊船彌滿數里許。我國男女，與倭幾相半，船船號哭，聲震海山。至順天左水營，賊將一人，載臣及臣兄潘、渙、妻父金瑋等及臣等家屬於一船，押送于倭國。到倭國，南海道、伊豫道、大津城，囚置我國被擄者，無慮數千，盡為卒倭廝殺。新來者，晨夜啼哭，曾來者，或化為倭，歸計已絕。臣以李顯忠挺身南走，一事開誘，莫有應者。至翌年四月晦，京師竹肆居人被擄於壬辰者，自倭京逃至伊豫，洞曉倭奴言語。臣誘以西歸之意，其人遂與定計。以臣了不解倭語，不帶舌人，則寸步亦無以自致故也。遂以五月二十五日，自髡為倭語，乘夜西出，妻子則結棄於伊豫，二兄則約會於豐後，從臣者，舌人及妻父金瑋而已。行三日，潛憩于海上，竹林中有一倭僧，年可六十餘，洗身瀑布，假眠岩石。舌人潛告臣等所以來之意，僧哀嘆再三，許以船濟臣于豐後，此舌人橐中銀四錢償債。臣等喜甚，從僧下來，十步之內，忽逢值渡守者之部曲道兵者，領卒倭遽至，知臣之逋播也，勒還于大津城。自是之後，防禁益嚴。有金山出石寺僧好仁，頗解文字，見臣哀之，禮貌有加。因示臣以其國題判、方輿、職官，諺錄無餘，臣旋即謄寫。又聞倭僧日雲家，有其國輿圖，甚詳備，因舌人換出，復以目擊之形勢，參我國廟算之得失，而間以愚者之千慮，竊議於其間。嗚呼！敗軍之將，尚不得不以語勇。況臣被擄，偷生於賊窟中，輒敢饒筆，犯分論事，極知僭越，無所逃罪，然竊伏惟念，古之人有以尸諫，臨死而不忘其君者。苟有利於國家，則亦不可以罪人而遂已也。萬里鯨海之外，九重獸闥之上，或未洞燭此奴情狀。前後使蓋之出入，不但往還忽遽，戒禁密嚴，所得或未詳備，被擄脫還之人，又多氓隸之人，菽粟不分者，所聞見，或未的實，故茲敢冒陳。倭僧題判中，以倭諺書填處，臣即以我國諺書謄注，而蔚山人金福者自言：「都元帥權慄之家奴也，癸巳秋被擄，亦來伊豫州。謀以重貨，賃倭船西歸。」故臣即以所謄錄者，付其人。萬一得徹於睿鑑之下，則扶桑一域，雖在絕海之表，而此奴肝膽，照在八彩之前，變詐百出之醜奴，必以明見萬里為神，而防禦應接之際，不無絲毫之裨補矣。賊以其年八月初八日，移臣置於（大坂城）〔大阪城〕，船行幾滿月，始至（大坂）〔大阪〕。坂者，倭之西京也。居數日，又移臣置于伏見。伏見者，倭之新京也。賊魁既死，賊路情狀，與前日每異。臣竊恐我朝之注措、改守，或（共）〔供〕機會。因與被虜士人之在倭京者東萊金禹鼎、河東鄭昌世、姜天樞、晉州姜士後、尼山宋廷秀等，謀取朝夕米，各貿銀一錢，因擇舌人之洞曉言語，莫能辨異國人者，資其路費船價，使達于彊域

之表，書未發而群倭已撤還矣。臣百計謀還，手無一錢，不得已傭倭書，得白銀五十餘錢，潛買倭船，陰結壯士十餘人，與東萊金禹鼎等，共謀西歸。臣兄潘，率篙卒、舌人，以今年三月十二日，先往船所，臣與兄渙、妻父金瑋及禹鼎等，未起身時，水邊之人，潛告守倭家，倭奴發卒搜捕，囚繫二十日，久乃得解。舌人二名斬死。嗚呼！計窮矣，技竭矣，千里萬計，竝落虛空矣。豈臣之區區向日之誠，不足以感動天地，有此萬端阻礙耶？嗚呼！嬴秦棄禮而上功，仲連欲蹈東海；武王以仁而伐暴，伯夷猶餓西山。況倭何等醜奴，此地何等絕域，於我國臣民，何等讎虜也？況臣之家世，自國初以來，巡問使臣淮伯以下，越若碩德希顏、希孟，以及龜孫、鶴孫，祖、子、孫、兄弟四世，公卿將相，其不受一命者，只臣祖、臣父耳。臣之從兄昆弟四十餘人，不識一行書者，咸以勳臣苗裔，得免負羽從軍之役，茂林豐草，雨露百年。臣又以漢南布衣，冒忝科第，職秩雖下，履歷雖淺，而往年甲午秋冬，猥以銀臺假郎，入侍便殿者，幾二十數。日月之光，近臨咫尺，天語溫溫，降問姓名。丙申冬，又忝尚書郎，自頂至踵，盡歸造化，生成大澤，未報塵垢，而遽陷於絕域之外，虺蜮之穴，一日偷生，萬死無赦。鴻毛之命，豈暇顧惜，片時之痛，非不堪耐，而顧念一時滅名，有同溝瀆之自經。上之不能建忠立節，報補國家，下之不能明處死，以留榮名而圖復者，在昔忠臣烈士之如文天祥、朱序者，俱不得免。前史不以為非，而予其全節者，良以身雖被擄，而所未嘗被擄者猶在也。臣之陋劣，雖下古人萬分，而願忠之志，不讓古人。一脈螻蟻之命，一息尚存，則犬馬之誠，萬折不已。即當竭節圖還，就顯戮於王府之下，縱令身首異處，猶勝死葬蠻夷。況醜奴情狀，已落臣堵中，萬一天假其便，釁有可乘，則即當以不費之身，首三軍之路，憑國家之威靈，上雪山陵、宗社之辱，下灑秦臺、燕獄之恥。此臣之所以耿耿自奮，腸一夜而九回也。嗚呼！遠托異國，古人所悲，在歇後語也。此生餘年，不敢望復覩漢官威儀，而生還對馬島，望釜山一抹，而朝以至夕以死，更無絲髮餘憾矣。其在伊豫時，所錄倭情及賊魁斃後擬上倭將，竝錄如左。伏願殿下，勿以小臣之偷活無狀，而竝錄臣言，陽開陰闔，雷厲風亂，間以此書從事，則於折衝禦侮之際，豈曰小補之哉？云云。（《朝鮮宣祖實錄》卷一百十一）

13. 宣祖十八年（1585）七月庚午

命刊布文天祥、方孝孺、鄭夢周文集。上欲崇表節義，以勵風俗，故有是

命，命盧守慎作序文。又刊行《岳王精忠錄》，柳成龍作序文。(《朝鮮宣祖修正實錄》卷十九)

14. 宣祖十九年（1586）十二月壬戌（2 日）

傳于政院曰：「予見聞見事件，一行歷柴市云。予感而命題。諸承旨、注書、翰林宜作七言近體詩，各二首以進。題則《過柴市》，韻與限則各隨意。且此題，送于玉堂，亦使製進。且見禮部題本，則有曰：『該國陪臣通事人等，疏怠失火，念係遠人，應免查究。』云。是欲治而不得之意也。上國二百年館舍，以下邦使臣，不自慎檢，一朝焚燬，詎是細事？使臣之不謹，誰之過也？移咨禮部，恐歸一幅休紙，朝廷何由知之？予意上奏謝罪為穩，議啟。」大臣議：「上教允當，命遣陳謝使。」(《朝鮮宣祖實錄》卷二十)

15. 光海君即位年（1608）二月戊申（21 日）

《昭敬大王行狀》：……嘗教儒臣曰：「予嘗讀文山《指南錄》，悲涼慷慨，不忍終篇。夫文山，夷、齊後一人，而已為萬世人臣之表准，我國鄭夢周節義文章，可與文山儷美，其文集竝速印出頒布。」仍命相臣盧守慎作序以進。儒臣李珥撰進《聖學輯要》。王深加嘉獎，即命刊行。(《朝鮮光海君日記》卷一)

16. 光海君三年（1611）四月乙酉（16 日）

禮曹郎廳以大臣意啟曰：「國家取人而不為放榜，至於經月之久，乃古所未有之變也。近以任叔英削科一事，三司將舉國公論，論執請改，自上久不允許以致放榜無期。累百舉子，多是鄉人，賣裝苦留，終不能堪耐，而發還者已多矣。其餘留而呼悶者，所聞亦極未安。自上安知外間種種事狀，有難以盡達者乎？文天祥對策，多題外之意，而取為第一，古今以為美談，劉蕡所對，非所問，考官黜之，而貽譏笑於千載，科第取舍之不拘於程式，則此可以見矣。言路之通塞係國存亡，朝著氣象，日漸索莫，有識之憂歎久矣。今有韋布之狂士，知盡所懷，不知科製自有程式，此亦恃聖明而然矣。夫使士不遜言，豈非彰聖世好直之士乎？叔英之文，謄播於都下，人人盡看，彼三司之官，亦慣見矣。何故必欲取違格之作，而強爭於君父乎？顧大體所關，有不得不已者，只是愛君之心，欲國家無後日之指點耳。既明程式，以警後弊，繼納公論，以快群聽，則豈不為俱美乎？日昨有儒生，因此抗疏，下教褒答，至命之除職，朝野聳動，欣欣胥慶，有若防川得決之為快，人心所同，真不可誣矣。臣等於此，

尤不勝賀祝之至。想三司之官，既發公論，雖閱累月，不得命不退，上下相持，所損愈甚。曷若早賜快從，速為放榜，以伸多士之氣，以快國人之情，以慰舉子之怨閔，以全朝家之事體乎？臣等區區之忠悃，不敢容默，惶恐敢稟。」答曰：「大臣所論亦好矣。但此時士習不美，予懼後弊也。一人削科，不關於放榜進退，放榜日推擇，速為舉行。」（《朝鮮光海君日記》卷四十）

17. 光海君六年（1614）七月壬戌

兵曹判書朴承宗上箚辭職。略曰：「臣之才局本淺，雖無疾病，不合重任，國人所知。矧今心恙已痼，日甚一日，妨公害私，曷有極哉？中夜念及，繞壁彷徨。本兵、金吾俱是劇務，自祖宗朝，未嘗有一人兼察者，臣之前後疏箚，既已悉陳。第臣之帶本兵，在於辛亥秋，兼禁府在於壬子春，職兼重地，安有如臣之久者哉？近又推鞫，緣臣停止，此臣之悶迫乞骸者也。推鞫事體，至嚴且重，裁斷則有大臣，論正則有臺諫。左右相有故，尚且為之，臣之有無，豈能輕重於其間，而必欲待臣，而為推鞫哉？此臣之狼狽尤甚者也。建夷熾張勢，必犯順天朝，將有問罪之舉，事之大者，孰逾於此？設使天朝，不徵我兵，而奴酋未滅之前，邊上之虞未艾也。規劃策應，雖在廟堂，調兵備器，策專本兵。如臣駑劣，抱病叨銜，未曾發一言、建一策，或有人問以西事者，垂頭不能答，脫有警急，噬臍何及？此臣之憂惱欲死者也。西北列鎮，碁布星羅，只備竊發零賊而已。此賊之勢，不下西夏，必須大段變更，大段布置，某為必守之鎮；某為必犯之處，聚兵峙糧，專力以備，緩急之際，尚難保其必勝，況可悠泛度日，而能制此虜之命哉？汪立信曰：『內郡何事多兵？宜盡出之江邊。』文天祥：『請分境內為四鎮，建都統於其中。』南宋危亡之勢，不可擬於聖明，而聚兵建帥，古今無異。體察、元帥之建廢，當視賊勢之盛衰，不知今日賊勢如何。中朝諸路，各有撫鎮，而連三四路，又立摠督，以備九邊，良有以也。臣辭職之箚，妄及他說，尤不勝屏營之至。伏乞（聖慈天地父母），諒臣危懇，亟命遞差。（公私幸甚。）」答曰：「省箚，具悉憂國之誠。當令廟堂議處。此時豈可辭退？安心調理，速為出仕。」仍傳曰：「此箚下備邊司議處。」（《朝鮮光海君日記》卷八十）

18. 仁祖元年（1623）六月甲申（25日）

賜廢人祬死。義禁府都事李惟馨往江華，論傳旨于廢人祬，廢人曰：「非不知早為自決，而至今苟活者，欲知父母安否而從容處之。曩日之掘地逃出，

亦以此也。豈有他意哉！」即入房中，浴身梳頭，整其冠履，仍索刀，欲剪手足瓜，都事不許，則曰：「可於死後剪取。」即起出廳事，又笑而言曰：「尚今未死者，如前所云。且古人臨死，多有告于皇天后土者。」仍令設席明燭，北向四拜者再。又問其父母所在，即西向，拜者如前。起而言曰：「文天祥在燕獄八年，有人責以不死，豈知其心者哉！及其死後，後人有詩曰：『大元不殺文丞相，君義臣忠兩得之。』還入房中，以細條帶結其項自引，而條帶中絕。又自以熟紬縊死。」惟馨以聞。上下教曰：「衣衾、棺槨、禮葬等事，依廢嬪例舉行。」（《朝鮮仁祖實錄》卷二）

19. 仁祖三年（1625）十月己亥（24日）

延平府院君李貴上箚，歷陳贈判書趙憲平生忠節，仍請印出安邦俊所纂《抗義新編》，頒賜中外，以追先朝印頒文天祥、方孝孺、鄭夢周文集之美意，以為振作士氣之地。答曰：「激勵節義，當今所務。卿之意見，實非偶然。趙憲，治世憂危，亂世效忠，可謂希世之士矣。但朝廷既已推獎其人，表著其行，斯亦可矣。先朝之事，至於今日，乃為開刊頒布，則予以為過矣。箚辭當留念焉。」（《朝鮮仁祖實錄》卷十）

20. 孝宗元年（1650）正月丁卯（13日）

右議政金堉乞掃先壟，退歸楊州。先是，堉請行大同之法，上問於吏曹判書金集，集以為不可，又建議，請詢訪人才於元老大臣，不次用之。堉上疏以為：

「用人之權，人主之大柄，下不可專擅。」由是，二人不協，其後累上疏乞致仕曰：「人臣事君之道，明於進退，不變其心而已。可進而退非也，可退而進，亦非也。微官尚然，況忝於大臣之列者乎？蓋不可退者三，不可不退者三。身佩安危，繫國存亡者一也；來自山林，德望蓋世者二也；年富力強，擔當國事者三也，此則不可退者也。才德不足，自知甚明者一也；年已衰老，病有難醫者二也；受人嗤點，言不合用者三也，此則不可不退者也。今臣寵逾涯分，年過致仕，在所當退乎，在所不退乎？以古人言之，諸葛亮之於漢，身繫存亡；謝安石之於晉，望切蒼生；文天祥之於宋，年未及衰，僭而方之，不翅若霄鵬之與壤蟲，而時勢之難，不至於漢、晉、宋，有何一分冒進之道乎？伏乞聖明，亟許致仕。」上慰諭不許。（《朝鮮孝宗實錄》卷三）

21. 孝宗三年（1652）六月乙丑（25日）

史臣曰：「古人謂，文天祥收宋三百年正氣，世之論者以為天祥之後，東方唯尚憲一人而已。」（《朝鮮孝宗實錄》卷八）

22. 顯宗三年（1662）三月己卯（6日）

副護軍金佐明上疏略曰：「臣於頃者，疏陳修理從簡之事，仍及數款語於疏末，概出憂愛之忱也。輦轂之下，蠆蠆之伏，乃是文天祥對策中指楊么、李朱之語，此非深僻難知之事。而日間頗聞外間，指摘疏中語，以為某句話，則指某事，某句話，則未知謂何，臣心竊怪之，豈料推以加之於將領之臣乎？徐必遠既有所聞，慮或轉輾致宿將不安，思欲快釋於上前，其意善也。但遠舉先臣請換兩局大將之語，繼達於天聰，是何其言之極有源委，有若傅會云云者之語歟？臣既遭千萬慮不及之事，區區陳暴，固不足以上廓宸聰，下釋群疑，不容含默，冒死仰瀆。乞治臣罪，以謝人言。」

上答以人心不淑，白地造言，摘文字謂指某人而發也。此乃奸細輩之常態，何用介懷。卿宜安心勿辭。（《朝鮮顯宗實錄》卷五）

23. 英祖十年（1669）元月辛酉（27日）

鼎重曰：「李澥之請老已久，今若以禮許退，則實是國家之盛事也。」上曰：「予非不知以禮許退，而非但古今不同，異於時平之日。且念仁祖朝正勳，只有此一人。故予心眷戀，不許其退矣。」積曰：「自上以勳舊之臣，許其致仕為缺然，意甚盛也，而李澥之請老，乃其素志，年紀已暮，不可勞以職事，許其致仕，乃所以優待也。」鼎重曰：「以古事見之，宋時則許其致仕者甚多，亦有致仕而後復仕者。文天祥年未四十而致仕，其後值宋亡而立節也。且有罪者，則勒令致仕矣。麗朝亦多致仕者。」善澂曰：「宣廟朝，許其致仕者，亦多有之矣。李澥以不得致仕之故，一向引入，若許其致仕，則可以奉朝賀，而如問安之列，亦當進參云矣。」鼎重曰：「廷臣之意，亦皆以為許其致仕，以成其志，實為優待老臣之禮云，自上特令以本職致仕，則誠為美哉。」上曰：「咸陵府院君累次請老，而予心缺然故不許矣。今聞年迫八十，且群議如此，特許致仕，可也。」（《承政院日記》212冊，脫草本第11冊）

24. 英祖二年（1726）十二月丁卯（10日）

上曰：「前見此兼春秋，年已老矣，而入侍不至屢次，則舉措之或失，無

足怪矣，勿為推考。」宗伋曰：「此第三板也。宋以不用文天祥，用賈似道亡，自古人君未嘗不由於親小人遠君子而亡也。」上曰：「上番之言是矣。」師聖曰：「宋、元兩國之所以興亡得失，亦可為監戒之一道也。」宗伋曰：「宋則國勢垂亡，已無可為，至於元則以夷狄而入主中國，皆不足道，而至於元則能用劉秉忠，委任責成，故其興也如此。若度宗時，則賈似道專權忌能，雖有江萬里之稍勝於群臣者，而擯斥之，故宋室促亡，此皆由於任用失人之致矣。」上無發落。師聖曰：「臨文疑晦之處，固當講論剖析，得其指義，而第制度文字，各隨其國而有別，且宋、元間方言，不無古今之異宜，多有未詳者，實難強解，至於此等處，則疑者闕之，亦似無妨矣。」（《承政院日記》628 冊，脫草本 34 冊）

25. 英祖二年（1726）十二月壬申（15 日）

上曰：「節義之盛，至此尤多。如文天祥、陸秀夫者，比漢、唐有勝，千載之下，令人感歎。」龍慶曰：「宋末忠臣烈士，如是甚多，此莫非宋朝歷世培養之效也。」上曰：「至于帝昺，宋之一脈，尚幸未泯，若於當時，早用文、陸兩賢，則豈至於此乎？」龍慶曰：「聖教誠然矣。雖晚用，若能聽其言，何必如是？」上曰：「若用於度宗時則庶幾矣。」龍慶曰：「趙昂發之死於從容堂，亦可謂文、陸一般人。宋之文教大行，扶植節義之效，至此而著矣。」上曰：「李若水之死，虜人云，南朝有李侍郎一人。此亦濂洛關閩之化，至於如此矣。」龍慶曰：「濂洛諸君子，雖不見用於時君，而若其扶奬世教之效，能至於此。若使宋帝，能用濂洛諸賢於當日，則其效當如何哉？」上曰：「桐江一絲救漢，信然矣。」上曰：「劉剡之論賈似道一款，比朱子筆法，果何如耶？若紫陽《綱目》，則將何以書之？」龍慶曰：「無國命而殺之不可，故陳宜中殺虎臣，虎臣之罪，於此益著矣。」龍慶曰：「天祥之入真州時，苗再成所畫之策，若得見用，則庶有興復之幾，而李庭芝信讒不從，終至敗亡。苗、李皆宋之忠臣，而猶不知天祥之為人，豈非可惜之甚者乎？」上曰：「孔子大聖，而尚不得見知於當時，況文天祥乎？天祥之劄，附於此者，何也？」龍慶曰：「文體甚簡，不知其為好，而古人取之矣。」又曰：「厓山舟中，雖使後人思之，可謂岌岌危亡之時，而日書《大學章句》講之，濂洛之化，於斯尤驗。」上曰：「文、陸兩人，事六歲幼君，而猶夫如此，此豈非後世為人臣者所可監法處耶？」又曰：「陸秀夫事，漏於《三綱行實》，予嘗慨然。今見此書，此不過當初編錄之臣

以精約為主，故兩賢事，未免見漏，良可惜也。」上又曰：「張世傑瓣香告天
之事，使治世見之，可謂神矣。然論者每以此等事，歸之於天數。天數，雖非
人力所可容，凡事每歸之於天數，而不知自修之義，則實非守正之道，如此處，
但當修在我者而已。」（《承政院日記》628冊，脫草本34冊）

26. 英祖二年（1726）十二月癸酉（16日）

　　丙午十二月十六日酉時，上御熙政堂，夜對入侍。參贊官李顯祿、侍讀官
金龍慶、朴師聖、假注書鄭益河、兼春秋都永夏、全近思，持《宋鑑》元世祖、
成宗卷入侍。講畢，金龍慶以文義奏曰：「元之此時，即冠履倒置之日，有何
可觀事乎？昨日所奏上編文天祥事好矣。元雖夷狄，既服天祥之忠義，則固當
禮以待之，而末乃殺之。元世祖自是夷虜中豪傑之主，而畢竟處事乃如是，可
勝嘆哉？先儒曰宋三百年培養之效，得於文天祥一人。天祥之為後世所服，於
此可見。」上曰：「然矣。」

　　上曰：「元之設醮，豈非異事乎？自是夷虜本品，故終不免為好鬼神矣。」
又曰：「元雖胡虜，亦不無可觀事矣。」龍慶曰：「回回、剌可等獻珠，元主不
受，此豈非可法者乎？」上曰：「然矣。」又曰：「一事尤可觀矣。自古創業之
主，必多猜疑。宋太祖杯酒釋兵之事，自古罕有，而元祖亦能保全功臣，豈非
可法處耶？伯顏挾不賞之功，而終得全安，可謂模法宋祖也。」龍慶曰：「謝
枋得亦賢人矣。」上曰：「然矣。」李顯祿曰：「謝疊山，即文天祥之甥姪也。」
上曰：「然乎？」上曰：「昨以劉剡事，問之矣。許衡事，何如耶？若使朱子書
之，則必加一元字矣。」龍慶曰：「誠如聖教矣。」龍慶曰：「元當中原乏主之
時，得為天下之主，久據中國，豈無變異之事耶？雖以即今言之，中原，便一
後元。先正臣宋時烈亦嘗慨然，上疏論列，聖上亦已見其文集矣。伏願益勉繼
述孝廟志事之道。」上曰：「爾言好矣。當留念焉。」金龍慶曰：「臣朝以晝仕，
出去實錄廳，得伏見小報，領相疏批，多有未安之教，臣心竊驚惑，夕還番次，
得見原疏及政院覆逆後，始得其詳矣。頃於領相初疏時，臣縷縷陳暴於前席而
終未蒙開納，臣至今惶悚。今則與初疏尤異，泛然論之而已，別無指的之處。
雖以臣等言之忝在三司之列，而終不能感回天聽，伸此討復大義，只為因循苟
且，荏苒時月，元老憂慨之言，固其宜矣。彼元老之平日直道事君，剛愎嫉惡，
求之古人，亦豈易得？目見時象之如此，不勝忠憤之激發，有此前後疏論之舉，
究其本心，豈有一毫近似於喜事起鬧之人耶？今者聖批中，猶執前意為教者，

蓋與前批，語意一般，此豈非未安之旨耶？殿下自前待元老之道，果何如也，而今因一言之不合於聖心，有此厭薄之事，是欲其入而閉其門也。殿下試思之。其言豈專攻兩大臣耶？不果欲使殿下，警動奮發，責勵群工，而在廷諸臣，亦各戒其嘵啁而已。原疏若命還入詳覽，則可知其出於斷斷無他矣。前後批旨中未安處，一竝收還，則其於聖德，豈不有光？喉舌之臣，隨事繳還，此其職分內當然之事，而殿下反以多事，斥之，至於未滿一哂之教，帶得無限譏嘲之意。彼兩承宣，雖不足恤，而王言之體，不當如是。此後則辭令之間，益加謹慎，是臣等區區之望也。」（《承政院日記》629 冊，脫草本 34 冊）

27. **英祖十二年**（1736）**九月丙辰**（25 日）

丙辰九月二十五日酉時，上御興政堂。召對入侍參贊官南泰溫、侍講官吳彥胄、侍讀官俞健基、假注書沈景先、記事官金埴、李成中。上曰：「上番讀之。」彥胄讀韓世忠一傳。上曰：「下番讀之。」健基讀劉光世一傳。上曰：「承旨讀之。」泰溫讀岳飛一傳。健基曰：「韓世忠天姿高矣。亦可謂守貞之人，事有不合，則視功名如脫屣耳。當時秦檜用權，一世人皆附以為自全計，而世忠於班列，見檜一揖而已，其人高矣。」上曰：「韓世忠，不易得之人，雖言學問工夫，能以理勝慾，此如子路所謂南方之剛也。」健基曰：「世忠守分謹慎，而夫人梁氏亦賢，嘗隨世忠於行伍，多贊謀畫矣。」上曰：「此如諸葛亮之黃氏也。」泰溫曰：「高宗所謂世忠武人，不識大體，若因無備而襲之，是乘亂而幸災也。終不聽世忠之計，其言何如？」上曰：「此乃姑息之意也。高宗之事，本如此也。」彥胄曰：「世忠少時，慓悍絕人，嗜酒豪縱，不拘檢繩，而晚乃絕口不言功名，高臥十年，若未嘗有權位者，其氣像安靜，殆若近道之人，雖無學問之喫緊，而天姿甚高矣。」上曰：「如此之人，其守能如此，豈不奇哉？」上曰：「劉光世拓〔妬〕賢嫉能，無足言者。」彥胄曰：「光世早貴為將，御軍姑息，無克復之志，論者亦以為咎矣。」泰溫曰：「高宗戒光世以卿不可徒為虛言，當見諸行事，以此見之，則光世名實不相副之人也。」健基曰：「當時如李綱輩，不合學問，未免豪侈，自有一端疵累，而獨文天祥氣節炳炳，誠萬古忠臣，無一點疵累矣。」（《承政院日記》834 冊，脫草本 46 冊）

28. **英祖十三年**（1737）**九月丁未**（22 日）

九月二十二日辰時，上御熙政堂，召對右議政宋寅明、參贊官李益炡、侍

讀官吳遂采、徐命臣、假注書趙載敏、記注官柳詧、記事官李光瀗入侍，諸臣進伏訖……上曰：「下番讀之。」命臣讀「自三月文天祥」，止「皆附于元」。上曰：「承旨讀之。」益炡讀自「冬閏十一月」，止「乃赦之」。上曰：「注書讀之。」載敏讀自「徵處士劉因」，止「往征之」。上曰：「兼春秋上番讀之。」詧讀「自以阿答海」，止「有是命」。上曰：「下番讀之。」光瀗讀自「詔盧世榮」，止「不敢救之」。遂採曰：「別無文義可陳者，而此等處，真古人所謂廢卷不讀者也。」上曰：「宋末誠極亂矣，然亦足為監戒之資也。自古何國不亡，而宋氏之亡，尤為殘忍矣。」寅明曰：「兩儒臣，皆優於文學，自上若反覆討論，則必有裨益矣。」上曰：「唯。不必逐句釋之，只舉大綱而陳之，可也。」遂採曰：「興亡皆天數，然宋安得不亡，群小相繼執國，忠賢相繼竄逐，國脈斬喪，以底亡矣。」上曰：「自古小人之用事，無如宋者也。」命臣曰：「宋大抵以武立國，中世大尚文治，儒臣相繼輩出，享國之長，亦其效也。」寅明曰：「天下固可畏也。仁宗誠仁君，而仁弱少過，神宗亦英主，而任用非人，竟為宋室基禍之主，若是乎姿稟之不足恃也。」上曰：「安石亦非小人，末終所為，乃小人也。」寅明曰：「大臣休休有包容之心，然後眾善可容，人見之不同，固其理也。而安石盡逐不附己者，此其為小人也。」上曰：「小人亦隨氣數而降殺，蔡京不如王安石之難，秦檜、賈似道不如蔡京之難，只以上無明君，故亂政至此，若逢神宗，則似道輩得志，必不若是之，甚也。」命臣曰：「上教誠然矣。然宋之當初立國，近於正大，故及其亡也。君死於國，臣死於君，比之漢唐，最為正大。」上曰：「下番之言是矣。尤可憫者，崖海泛舟時也。然以舟中數萬兵，猶成國樣，以麗史言之，虐民聚財，甚至造成金塔而民國猶能支撐，我國則別無所為，而三空至此，百官俸祿，或至不足，以此言之，則我國反有愧於宋矣。」命臣曰：「平常無事之時，忠節何由見之，唯能勵廉尚恥，則亂時自多有忠節矣。」遂採曰：「風節消磨，則國必亡，故張栻亦以求忠臣於諫諍，告其君矣。平時阿諛，則亂時豈能捐身殉國乎？近來士夫之名節掃地，此最為悶矣。」寅明曰：「此不可以一概言之，人君固當以容諫為先，而用人則當以學識為重，高麗之不即亡，亦以其容諫，故恭愍殺二諫臣而國遂亡。然人有學識，則平時必不阿諛，亂時必不偷生矣。」上曰：「卿言好矣。趙明履嘗陳此言，而予亦是之矣。洪福以賤隸而立節，固奇矣。文天祥一日盡職之言，誠可為後世人臣之法矣。」遂採曰：「天祥一日盡責之言，八日再食之事，亦賴學識，大臣先學識之言誠是矣。」上曰：「天祥在舟中，則亦將負君而入海

乎？」寅明曰：「當事而盡力，臨急而盡節，易地則皆然矣。」上曰：「使文、陸得行其志，則宋將不亡乎？」寅明曰：「二人固聖賢姿質，而其才則似不及於李綱，若李綱者十餘日在朝，而百度已修舉矣。文、陸非特忠節，其才亦豈下於李綱乎？」（《承政院日記》857 冊，脫草本 47 冊）

29. 英祖十三年（1737）九月戊申（23 日）

九月二十三日巳時，上御熙政堂。大臣備局堂上引見右議政宋寅明、行吏曹判書趙顯命、刑曹判書宋真明、戶曹判書尹陽來、右參贊尹惠教、判尹閔應洙、大司憲金始炯、吏曹參判鄭錫五、禮曹參判徐宗伋、司諫吳彥胄、副校理徐命臣、左副承旨俞健基、假注書李永福、趙載敏、記注官柳詧、記事官李光瀷入侍，進伏訖。……

上曰：「……文天祥八日不食而猶生，故復食，是順命也。元輔雖不免冠，豈終卻膳，而既已卻膳之後，盡棄諸臣，則勢將與鋤耰棘矜為國，故不得不復用諸臣，而其時以毋使予，為無所據之君為教矣，多言無益，故但賜酒而無他下教，若以此為出於顛倒諸臣則非也。」（《承政院日記》857 冊，脫草本 47 冊）

30. 英祖十三年（1737）九月己酉（24 日）

九月二十四日辰時，上御熙政堂召對，參贊官李益炡、侍讀官徐命臣、檢討官金尚重、假注書趙載敏、記注官柳詧、記事官李光瀷、長陵參奉李夏錫入侍，諸臣進伏訖……

命臣讀《宋元綱目》，自「二月元世祖」，止「阿合馬為承相」。上曰：「下番讀之。」尚重讀自「十九年春二月」，止「遂皆來降」。上曰：「承旨讀之。」益炡讀自「二十一年春正月」，止「遂奏罷之」。上曰：「夷狄之君，似無足觀，而視諸宋末，猶為開眼矣。」命臣曰：「其規模氣象，誠有可觀，而崇用許衡，敦尚儒術，尤可貴矣。至於文天祥三年一樓，處義從容，而時人猶以不即死為非，此豈知天祥者耶？」上曰：「天祥八日不死而復食之，此似有志而然矣。」尚重曰：「其再食，猶有一分有為之志也。不然天祥豈活者耶？元本以神人之後，至太宗而開創，世祖嘗言，宋所以亡，以其輕殺人命也。予則再三按覆，未嘗枉殺一人，嘗謂寶默曰予雖未即用爾言，安知終不用之乎，此等事豈宋末所及耶？宋則不用文天祥，而元世祖則必欲用之，此其宋亡而元興也。」上曰：

「然矣！宋則每使小人害君子，而元則始雖用小人，終必能擊去之矣。」尚重曰：「何代無小人，唯在辨別之如何，人才之盛，固莫如宋，而平時不能用之，故雖以文、陸之賢，不能成一事功，而只得成就其卓卓之節，豈不可惜乎？元世祖嘗賜諫者金而罪不諫者，一時賢才，皆為之用，此其享國之不草草也。」上曰：「元之規模比宋固大矣。」命臣曰：「衍聖公孔洙仕元至尊官，此亦奇矣，近聞康熙皇帝亦嘗親拜聖墓，聚孔氏子孫，使居於聖墓近處，多給田土云矣。」上曰：「此說在何冊耶？」命臣曰：「嘗觀昭代摠書為名冊，此說有之矣，我朝則先賢子孫尚皆錄用，而孔氏子孫，無收用之事，此亦欠典也。今有姓孔者，自言能續夫子後世系，中廟朝，有孔瑞麟者，官至副提學為聞人矣。」上曰：「儒臣言是矣，當留意耳。」（《承政院日記》857冊，脫草本47冊）

31. 英祖十三年（1737）十月癸卯（19日）

　　丁巳十月十九日辰時，上御熙政堂。召對參贊官李日躋、侍讀官吳遂采、侍讀官李錫杓、假注書朴坪、記事官尹澤厚、記事官李宗迪入侍。……

　　上曰：「丘濬，明時大儒，而亦有學術乎？」遂采曰：「丘濬學術則誤入，是秦檜而非文天祥矣。」日躋曰：「其議論則大段非矣，而若無識見，則安能如許耶？」上曰：「其識見如許，則不足言，而反不如無學識者之無弊矣。」上曰：「明日次對相值，故法講不得為之，則今日夕講為之，而時刻以申初為之，可也。」日躋曰：「向日禁府都事，尚在囚中矣。本事既已處分，則放送，何如？」上曰：「依為之。」（《承政院日記》861冊，脫草本47冊）

32. 英祖十八年九月甲戌（18日）

　　上覽春坊冊置簿曰：「《夙興夜寐箴》，春坊亦多有之矣。」翬良曰：「《成仁錄》，即論列文天祥及文忠公鄭夢周事實之冊也。」上曰：「圃隱畫像，亦有否耶？注書出去持來，可也。」臣漢蕭承命持入。上曰：「此冊誰所作也？」俊一曰：「先正臣李珥之所作。而臣之十二代祖與文天祥同節，故合為一冊矣。臣家亦有梅竹帖，皆是名臣碩輔畫像也。」上曰：「予則初聞矣。儒臣亦未聞承旨家，有此冊乎？持來入之，可也。其奉祀孫家，亦有之耶？」翬良曰：「未能的知其有無，而其奉祀孫，頃者使之錄用矣。」上曰：「朱子畫像及古名臣像，皆有之耶？」俊一曰：「有之矣。」上曰：「冶隱像亦有之，而儒臣見之耶？」光毅曰：「其畫像小本，見之，則貌甚磅磚敦厚矣。李穡像，亦見之而眉目如

畫，所見甚端妙奇特矣。」諸臣以次退出。(《承政院日記》949 冊，脫草本 51 冊)

33. 英祖二十三年 (1747) 七月乙卯 (27 日)

丁卯七月二十七日二更，上御歡慶殿，承旨入侍。時右副承旨李宗迪、假注書黃處浩、記事官鄭恒齡、沈鏡以次進伏⋯⋯

上曰：「今日見武士，因思岳武穆事，其言曰『捉虎易，蹤虎難』，覽此八〔六〕字，不覺慘憐。其供辭曰，若過三日，則邊境可恢，其言尤殘忍矣。諸葛、岳武穆、文文山三人，謂之三忠，而三忠之中，岳武穆尤慘矣。秦檜事，以今思之，實為切痛矣。」(《承政院日記》1018 冊，脫草本 55 冊)

34. 英祖二十三年 (1747) 十月乙亥 (18 日)

丁卯十月十八日未時，上御歡慶殿。知中樞府事元景夏儒臣持冊子入侍時，左副承旨洪鳳漢、侍讀官吳彥儒、檢討官李奎采、假注書金光緯、記注官丁錫天、南雲老⋯⋯

上下詢景夏曰：「今則卿欲留在輦下乎？」景夏曰：「臣以矢心自廢之意，質言於君父之前者，極知惶悚，而身名已僇辱矣。臣若忍恥冒進，則豈不有辱於朝廷乎？臣雖庸愚無似，名位猥忝八座，古人所謂大臣廉隅大防，豈敢放倒乎？近來國綱日紊，世道日非，朝廷不為尊重者，未必不由於如臣僇辱之身，彈冠剽纓〔影纓〕，揚揚而進，其於國家有何所益？只是貽羞而已。錢若水其所遭與臣有異，臣非得罪君上，則不欲自比於若水，而文天祥見世道無可奈何，年未四十而致仕，自上許臣休致，則臣豈敢遠離輦轂之下乎？錢起，不過唐之詩人，其詩曰：窮達戀明主，耕桑亦近郊。今臣不歸先臣松楸，而低徊於江郊者，臣之微悃，寔出耕桑近郊之意矣。」

上曰：「卿以文天祥自比，而古言曰願為良臣，不願為忠臣，如此之不可為也且卿以今日朝廷，謂若崖山耶？」景夏曰：「臣豈敢比於崖山乎？休退之請，適符古人，故以天祥事，仰達矣。」上笑曰：「元景夏之奉朝賀，豈有之乎？」景夏曰：「雖如臣者，情勢不可以在朝廷，則豈可不請休致乎？」上曰：「予今衰矣，卿當規予勉強，而必欲求退，豈不非乎？」景夏曰：「臣無父母，且許身於殿下，夷險燥濕，豈敢有避乎？臣雖休致，長在輦下，以供國事，而有所議則同參，有外事則固當聞命即往，而雖航海之行，亦不敢避也。臣有必死奇疾，雖顛仆於道路，如有一分仰酬國恩，則何敢有所辭乎？至若貪榮忍恥，

不知引退，貽辱朝紳，則實有傷於廉隅大防矣。雖於休致之後，至於關係國家事，臣當不顧禍福利害，而或求對或陳章，盡言不諱，犬馬戀主之悃，不任耿耿，則亦當如奉朝賀李秉常之入侍，而仰瞻耿光矣。」上曰：「卿非矣，其欲自潔乎？此非潔名之時也。」（《承政院日記》1022 冊，脫草本 56 冊）

35. 英祖二十六年（1750）二月丙子（3日）

庚午二月初三日午時，上御歡慶殿。大臣備局堂上引見入侍時，左議政金若魯、行副司直金聖應、禮曹判書徐宗伋、吏曹參判金尚星、行副司直趙榮國、禮曹參判洪鳳漢、刑曹參判鄭翬良、同副承旨洪益三、記事官南鶴老、李宜哲、金聖佑進伏訖……

上下文丞相畫像。仍下教曰：「此今番使行時得來者也。曾聞閔鼎重、南九萬為北伯時，頗興文教，予則以為無益。而至於文丞相樹立，如彼卓爾，欲為建祠於北道五國城近處，以為邊人觀感之地，而又欲以陸秀夫配享，於卿等意何如耶？」若魯曰：「文丞相節義之卓卓，果如聖教，而至於五國城建祠，似無依據矣。」榮國曰：「五國城在於北道云，而何以詳知也？」宗伋曰：「永柔之臥龍山，海州之首陽山，地名有所偶合，故雖有取名建祠之事，而今此五國城，既無可據事迹，則不可以此援例矣。」上曰：「歐陽澈何以立祠於太學耶？」若魯曰：「欲使太學生觀感，故立祠於此矣。」上曰：「五國城，既無的證，則配享於諸葛廟何如耶？」若魯曰：「以岳武穆配享於諸葛武侯，則以文丞相，又配於諸葛武侯及岳武穆，宜矣。」鳳漢曰：「與岳武穆竝享於諸葛廟，似宜矣。」榮國曰：「永柔縣梨花亭，是宣廟、孝廟駐蹕之所，而中間頹廢，聞近纔重修云矣。」上曰：「既是兩聖駐蹕之所，則其重修宜矣。」上曰：「今覽燕行收得文丞相畫像，覽也不覺英氣之射人，精忠義烈，令人起敬。曾聞六鎮，有皇帝陵，五國城，與《宋史》符合，故其命修治矣。」

噫！文、陸兩人，貫日之忠，不朽百代，臥龍祠、夷齊廟，皆因昔年偶感而命者也。今於此處，建宇祀兩人，使二帝無臣而有臣，二忠百代之下，可以依君。以此詢問入侍大臣諸臣，僉議不叶，俱以文天祥一人，同配祀於臥龍祠岳武穆云，予意亦不自信，欲為廣問。而噫至於陸秀夫，舟中講學，負帝入海，今若表其節與文，奚間建宇配祀，不可闕一也。其令禮官，問于時原任大臣、儒臣，稟處。（出傳教）

上曰：「文丞相與陸秀夫何如耶？」若魯曰：「一般矣。」上曰：「文、陸竝配何如耶？」若魯曰：「殿下覽其畫像，而興感建祠，宜矣。又為推及於陸

秀夫，似涉如何矣？」諸臣皆曰：「大臣所達誠是矣。推而廣之，則漸至太多矣。」榮國曰：「五國城，分明無疑，則以二人立祠竝享，宜矣。而六鎮、五國城無可據文跡，則甚苟且矣。」榮國曰：「雲觀天文學，則近來頗有勸獎興起之效，而至於禁漏官，則疲弊忒甚，傳漏重地，生事可慮矣。蓋在前名屬禁漏，永除坊役，銓曹亦或收用久勤，故閭閻富實之類，多願入屬。而近日則入屬者，俱是疲孱之類，三十餘人，只以八窠單料，輪回受食，故太半無祿而應役，為役則甚苦重，如是之故，人皆厭避，亦無以充其員數，殆不成貌樣，誠為可悶。臣未知何以則或有好樣變通之道乎？」若魯曰：「漏局之弊誠如此，各別勸獎，然後可以有效。觀象監兼教授五窠，每以方外閑散人差除，此窠如以本學及漏局官員擇差，則可為勸獎之道矣。」（《承政院日記》1053 冊，脫草本 57 冊）

36. 英祖二十六年（1750）二月丙子（3日）

命以宋丞相文天祥畫像建祠配享當否，問議于大臣、儒臣。是時謝恩正使趙顯命，得天祥遺像於燕中，歸獻于上，教曰：「文丞相精忠義烈，令人起敬。曾聞六鎮有皇帝塚、五國城，今以文、陸二人建祠配享，欲使二帝無臣而有臣。」仍命禮官問議。（《朝鮮英祖實錄》卷七十一）

37. 英祖二十六年（1750）二月丁丑（4日）

庚午二月初四日午時，上御歡慶殿。藥房入診，領敦寧同為入侍時，都提調閔應洙，領敦寧趙顯命，副提調鄭必寧，記事官南鶴老、李宜哲、金聖佑，醫官金應三、金壽煃、鄭行謹、李道吉、柳徵瑞、卞誼和，進伏訖……

上曰：「以文丞相事，有所下教，而使之收議於大臣、儒臣矣。卿等入來，故先為下詢矣。文丞相畫像，陽刻耶？陰刻耶？」顯命曰：「陰刻印出後，使畫員模寫，而必得其真本而傳刻，故其畫本甚奇異矣。」上曰：「其樹立如彼卓異，六鎮五國城近處，欲為建宇以祀，於卿等意，何如？」顯命曰：「五國城，雖有流傳之說，而無可據的證。諸葛武侯廟，以岳武穆配享，則以文丞相同配於諸葛廟似好矣。」應洙曰：「五國城無的證，則不可以此援據矣。臣於諸葛廟事，有所慨然，故敢達。肅廟閱《宋史》，岳武穆事以為討復大義，與諸葛武侯同，仍命配享於諸葛廟，而又命館閣堂上，撰記立碑矣。其後因循終不立碑，而碑石至今埋置，此後如以文丞相，配於諸葛廟，則一體豎碑，似好矣。」上曰：「我國事例多如此矣。陸秀夫以文丞相同時人，其負帝入海之節

尤卓然，以此人竝享，何如？」顯命曰：「不必如是太廣矣。」上曰：「永柔縣令誰耶？」應洙曰：「趙榮進矣。」上曰：「承旨之意，何如？」必寧曰：「五國城，流傳已久，而不能的知，且在彼地矣。」上曰：「然則雖有的證，不可為矣。五國城與高麗相近，故其時有使高麗通使之事矣。使儒臣博考宜矣。」諸臣以次退出。

　　庚午二月初四日初更，上御歡慶殿。儒臣持夙夜箴入侍時，修撰金陽澤、副修撰趙重晦、同副承旨南泰耆、假注書金養心、記事官李宜哲、金聖佑以次進伏訖……上曰：「承旨自北道而還，見所謂皇帝塚乎？」泰耆曰：「小臣曾經北評事，目覩皇帝塚矣。」上曰：「然乎？其塚何如？」泰耆曰：「其塚在於行營之西三十餘里，而其墳形，甚為高大。其時誰能厚葬如此乎？此甚怪訝，而其傍又有許多眾塚，謂之陪葬，自古傳說如此。即今甫下僉使設鎮處，即雲頭山城，而自古指謂五國城。此城周圍為三十餘里，而四面皆是千仞絕壁，東邊只有一路，此真天險之地。金人生擒中原天子而來，則必置於險塞之所，然則北方險塞，毋過於此。小臣歷過此城時，聞居民，得置宋時錢，而求之得三箇，則是至和通寶，至和者，即宋仁宗年號也。且聞古時僉使，掘得一火爐，而置之火塊，終不消滅，此亦異常，傳以為徽欽時器也。宋臣洪皓所囚處冷山，今人謂三水地是也。」陽澤曰：「臣等在外時，詳聞承旨所傳，則五國城皇帝塚之說，雖不的實，而七分近似矣。」上曰：「昨日大臣以為，兩五國城，皆在於彼地云，北道五國城則果在於我地矣。岳武穆精忠大節，以恢復中原為心，故曾在先朝，特配於臥龍祠者，以此也。今以文丞相竝配，則何如也？」泰耆曰：「殿下此舉，實出於曠感之意，而其立祠，無處不可，何必竝配於臥龍祠乎？」陽澤曰：「臥龍立祠，取其地名之偶同，而五國城，既有六七分近似者，則立祠於此，似為勝矣。臣在外時，又聞陸秀夫竝祀之教云，此似如何矣？」上曰：「豈不曰擎天者文天祥，捧日者陸秀夫乎？」（《承政院日記》1053 冊，脫草本 57 冊）

38. 英祖二十六年（1750）二月丙子（13 日）

　　庚午二月十三日申時，上御歡慶殿。編次臣入侍時，左尹趙明履、右承旨李普昱、假注書李賢汲、記事官李宜哲、金聖佑以次進伏……諸臣少退閣外，二更三點，更為入侍。上命承旨書文丞相畫像贊序，命明履釐正訖，明履先退。上命承旨書之曰：「頃日下教，意在申飭。今日出榜，禁推試官，竝以制書有

違，勘律放送。摘奸時，令該府處之之郎，不過申飭，飭已行矣，分揀放送。」
承史退出。(《承政院日記》1053冊，脫草本57冊)

39. 英祖二十六年（1750）二月壬辰（19日）

傳于李普昱曰：「內局入侍御製編次人，持文丞相贊入侍，而朝報則勿為書出。」

又以禮曹言啟曰：「《傳》曰：今覽燕行攸得文丞相遺像，覽也不覺英氣之射人，精忠義烈，令人起敬。曾聞六鎮有皇帝陵五國城，與《宋史》符合，故其命修治矣。噫，文、陸兩人貫日之忠，不朽百代，臥龍祠、夷齊廟皆因昔年偶感而命者也。今於此處，建宇祀兩人，使二帝無臣而有臣，二忠百代之下，可以依君。以此詢問入侍大臣諸臣，僉議不叶，俱以文天祥一人，同配祀於臥龍祠岳武穆云。予意亦不自信，欲為廣問，而噫陸秀夫舟中講學，負帝入海，今若表其節，與文奚間？建宇配祀，不可闕，一也。其令禮官問于時原任大臣、儒臣，稟處事，命下矣。問于大臣，則領中樞府事金在魯以為，下詢文信國建祠之議，出於聖上曠感激勸之至意，不勝欽歎。而第五國城皇帝陵之說，既無明據，流聞難準，而信國又非靖康死節之人，則未知其果為襯合。且夷齊廟、臥龍祠皆因山名之同，而特為興感肇祀，非無端，只尚其忠節而為也。今此信國遺像，幸而得來於燕行，則不忍泯沒，圖所以建宇安靈，亦在所不已。至於陸丞相，則其烈烈精忠，固合與信國同配，而倘又如是，推類則或恐將限節矣。若其妥侑之所，則信國之竭忠盡節，必欲扶將亡之國，與忠武武穆，未必不同，而配於清聖廟，亦未見其十分相襯。臣意則配祀於臥龍祠，恐為得宜。伏惟上裁云。

領敦寧府事趙顯命以為：區區淺見，業已面達於筵中，今無可以更陳者云。行判中樞府事閔應洙以為：區區淺見，曾已仰陳於筵席，今無更達之辭云。左議政金若魯以為：日昨入侍時，因下詢，已有仰對云。右議政鄭羽良以為：今此文天祥真像建祠之議，實出於聖上百代曠感風聲永樹之意，臣不勝欽歎之至。而第所謂五國城皇帝陵之說，雖有自古流傳，而不見於可信文字，有不可的知，至於諸葛武侯、岳武穆，其忠義同，而有志未就，亦同，故竝祀一祠。而文山則與兩人忠義雖同，而跡則少異，先朝既立夷齊廟，甚盛意也。文天祥日月爭光之大節，無愧於夷齊，臣謂配祀於此廟，則恐似得之。今日建祠之議，適在於真像東來之際，而陸秀夫則其精忠大節，固與文山一般，然若推類而祀，則似無限節，臣之愚見如此，唯在聖上裁處云。奉朝賀金興慶以為：淹病濱死，

神識昏迷，不能仰對云。大臣之意如此，為先書入之意，敢啟。傳曰：「在外儒臣獻議畢到後，當下教矣。」（《承政院日記》1053 冊，脫草本 57 冊）

40. 英祖二十六年（1750）三月丁巳（14 日）

趙載敏以禮曹言啟曰：「《傳》曰：今覽燕行攸得文丞相遺像。覽也，不覺英氣之射人也。精忠義烈，令人起敬。曾聞六鎮有皇帝陵、五國城，與《宋史》符合，故其命修治矣。噫，文、陸兩人貫日之忠，不朽百代，臥龍祠、夷齋廟，皆因昔年偶感而命者也。今於此處，建宇祀兩人，使二帝，無臣而有臣，二忠，百代之下，可以依君。以此詢問入侍大臣諸臣，僉議不叶，俱以文天祥一人，同配祀於臥龍祠岳武穆云。予意亦不自信，欲為廣問，而噫至於陸秀夫，舟中講學，負帝入海，今若表其節，與文奚間，建宇配祀，不可闕一也。其令禮官，問于時原任大臣、儒臣，稟處事，命下矣。

發遣郎廳，問議于在外儒臣處，則行副護軍朴弼傳以為：臣病伏郊坰，頃者，猥蒙恩資，杜門惶懍，恭俟物議之際，今者王人儼臨，問以文信國、陸丞相建祀之意，顧臣蔑識淺學，何敢容喙，而第其五國城皇帝陵等說，雖無真的可據者，聖上之特命修治，不害於一時念舊之道，而今此兩節士之建祠此地，恐未合當矣。文、陸兩人，俱以精忠大節，為國殉義之狀，聞者尚今掩泣，則信國遺像，幸而得來，我國立祠妥靈，在所不已。而推類而竝及於陸丞相，寔出於我聖明，曠感激勸之至意。凡在觀聽，孰不聳動？伏念伯夷、叔齊、諸葛武侯、岳武穆、文信國、陸秀夫等諸賢，同一大義，則雖謂之前後一揆，可也。而處地不同，事業或異，若清聖廟、臥龍祠，追配兩賢，未必襯合。臣意則或清聖廟或臥龍祠近處，參酌別建祠宇，恐合事義。而諸大臣以陸丞相竝舉，雖慮其無有限節，而聖上不可闕一之教，其亦推類而義起者，迷臣所見，何敢異同？第臣愚昧蔑蒙，如上所陳，蹤跡極為惶慄，不敢隨眾獻議，伏地死罪，不知所達云。

祭酒沈鉛以為：今此禮官，銜命遠臨，而如臣愚賤，猥與於詢問之列，臣誠惶恐不知所對。而臣竊仰見聖意有感於曠世之忠節，思有以樹立風聲，聳動興起。夫文、陸二人之精忠大節，日月高懸，百世之下，猶使人激勵，今於廣詢之下，臣不勝欽頌。而第念建祠之意，本國事體與中朝有異，苟非典禮所載，而可以義起者，不可不十分鄭重，務歸至當。臣雖不敢覼縷為說，亦不敢默然於明問之下，而狗馬賤疾增劇，神識昏蔽，言不知裁，伏地惶恐之至云。

　　進善尹鳳九以為：臣本愚昧，知見素蔑，每當國家典禮，輒蒙詢問之命，惶愧之極，實莫知仰喻也。第文天祥貞忠大節，昭乎日星，峯乎山岳，百代之下，孰不聳動瞻仰？今此遺像，得脫腥塵，流傳於我東衣冠之邦者，已是奇事，而聖教將欲立祠於五國城下，其體得文山之意，誠出尋常萬萬。文山精靈，必有知於冥冥，能得侍於二帝塚傍，則豈不悲咤感激，以為千古之幸也耶？但會寧在邊城數千里外，京師士民，無以觀感而興動。且今世衰道微，人心苟賤，氣節掃地，尤思所以激勵之道。若更模一本，擇城外閑地，建祠妥奉，使一代士大夫，人人得以觀瞻，以為慕尚之地，則亦足以立懦勵頑之一助矣。至於陸秀夫之苦心忠節，實與文山無異。而文山則因其真像之適來，有此祠奉之議，只以節義之同，而竝欲祠享，則何獨陸丞相一人而已耶？臣之愚見如此，伏惟上裁云。

　　和順縣監李養源以為：蟣蝨賤臣，自知空疎，不敢當儒臣之名，故從前累蒙詢蕘之命，而一不敢越分仰對，其所日夜恭俟者，朝廷俯燭其實狀，亟加綜核之政，得蒙汰去之典矣。因循謬例，至今未已，意外禮官，銜命又臨，臣驚惶震悸，措躬無地。噫，文、陸忠節之卓然，百世之下，與日月爭光。至於建祠之議，寔出於聖上曠感激勸之盛意，臣尤不勝欽頌之至。第事係義起，何敢以昧識淺見，僭易可否，以犯不韙之罪乎？每令王人，虛辱遠程，臣罪至此，萬殞難贖云。

　　副護軍韓元震以為：臣抱病十年，奄奄垂盡，不意禮官遠來，傳宣聖旨，特詢以宋臣文天祥、陸秀夫祠享事，臣聞命驚惶，不知所以為對也。第念此事，實係尊周之義，顯忠之謨，凡在聽聞，孰不欽仰聖德？而顧臣鹵莽，從前不敢以儒臣自居，今何敢破戒，而遽有所論列也哉？致使王人，虛辱草莽，伏地俟罪而已云。副護軍申暻以為：臣猥以庸陋之品，濫廁抄選之列，既無一分近似之實，自無一分冒當之理，故從前詢訪之下，一不敢妄有論列，則今亦處義，安有所殊哉？徒致奉命禮官，虛辱於賤穢之所，而不克仰對明旨，臣無任惶悚震灼之至云。工曹參議閔遇洙以為：臣以憃陋，素蔑知識，從前詢問之下，未能隨例獻議，今於此事，何敢妄有論說哉？虛辱明命，只自隕越而已云。諮議宋明欽以為：如臣賤微無似，本不合比數於儒臣之列，前年再度問議，敢爾冒對者，只以前王不忘，小人所同，愚衷感激，竊附芻蕘，而僭汰屑越，至今惶恧。今以文、陸二忠建祠事下詢之命，又及於臣。臣是何人，輒敢靦然襲謬，重污聖聰乎？況臣蒙陋寡聞，此等曠絕之舉，尤昧可否之宜，王人遠臨，

不能仰對，惶恐俟罪而已云。前掌令宋能相以為：臣既不忍為吳起之遺親叨榮，又無華陽子差處士閑居，則山郿小人，有不可以當仕有官職自處，而與聞於制度文為之末議，每承詢問之下，徒切惶蹙之至云。儒臣之意如此，上裁何如？」傳曰：「其將下教矣。」（《承政院日記》1054冊，脫草本57冊）

41. 英祖二十六年（1750）三月己未（16日）

乾隆十五年庚午三月十六日辰時，上御歡慶殿。禮房承旨引見，右副承旨趙載敏、記事官崔台衡、李宜哲、金聖佑入侍，大提學李觀彬追後入侍。諸臣進伏訖……

又命承旨書傳教曰：「永柔臥龍祠，御龍灣時，曠世興感而命建。岳武穆追配，亦昔年曠世興感而有命。于今欲配信國，亦繼述曠世興感而然也。噫，臥龍欲復漢室之忠，武穆欲迎二帝之忠，信國欲擎宋祚之忠，其雖三賢，其忠一也。使三忠，志不就而恨，此正忠臣志士淚滿襟者也。可謂孔聖所云求仁而得仁，又何怨者也？當初問議中五國城，意則深也。亦為信國，而僉議不同，置之於真贋之間，至於陸秀夫。今若建祠於五國城，文、陸兩人，豈云彼此？而既不於五國，則因興感於信國，又追配于陸相，事近張大。吁！宋文相英特，與臥龍同稱，今者同配永柔，禮固當也。其亦繼述昔年曠世感忠之聖意，文信國同配於永柔臥龍祠，遣近侍三忠同為致祭。而祭文，當親製以下，其令儀曹舉行。遺像今番所模者下送，同奉一祠。」上曰：「文天祥有擎天之忠，陸秀夫有炳日之節矣。尹鳳九有意欲建祠於畿內，若然則當配享於南陽矣。」上曰：「此傳教。」注書持往，分付大提學進去，後入儒生，則必稽遲，儒生先入事，亦為分付。待大提學入來，仍為率入，可也。臣台衡承命，分付。仍與大提學偕入。

乾隆十五年庚午三月十六日酉時，上御歡慶殿。承旨引見，同副承旨南泰耆、記事官崔台衡、李宜哲、金聖佑入侍。試所承旨趙載敏、戶曹判書朴文秀、編次人趙明履追後入侍。諸臣進伏訖……

上曰：「宰臣進伏。文信國畫像追配時，於武侯、武穆，亦當有祭文，故三祭文，方欲製下矣。」仍親呼，命承旨書之。先製祭武侯文，次製祭武穆文，次製祭信國文，各四字二十句。製訖。命宰臣讀一遍。泰耆曰：「御製祭文已成，當從速下去矣。何承旨進去乎？」上曰：「臨時更稟，可也。」仍命書傳教曰：「文信國追配事，雖有命，院宇三間。武穆追配時，若無添建之事，則

于今舉行，不過祭床、祭器等物，而抑或二間，必將添建。」其令禮曹，即問于本道後，擇日舉行。又命書傳教曰：「岳武穆追配後，因筵臣建白，有建碑之命，磨碑以置，尚不舉行云，其涉寒心。而于今文山追配之後，亦宜有記實。以此觀之，事若有待於今日。碑文已撰，則令大提學又撰一文，同刻一碑，而前文，其若無焉。今番撰進時，前後追配事，合一文製進。」書寫官，令吏曹善寫人啟下。（《承政院日記》1054 冊，脫草本 57 冊）

42. 英祖二十六年（1750）三月己未（16 日）

以宋信國公文天祥配享於永柔臥龍祠。先是上命禮官，問議于大臣、儒臣，至是教曰：「臥龍祠，即宣廟御龍灣時興感而命建者。岳武穆追配，亦昔年曠感之聖意也。今欲以信國公追配，亦繼述之意也。噫！臥龍欲復漢室，武穆欲迎二帝，信國欲存宋祚，三賢忠則一也。當初問議中舉陸秀夫者，欲建祠於五國城故也。不於五國而於永柔，則陸相追配，事近張大，以信國公同配于臥龍祠。」而親製文，遣近侍致祭。其後命豎碑，使大提學南有容，記其事。（《朝鮮英祖實錄》卷七十一）

43. 英祖二十六年（1750）五月戊午（17 日）

庚午五月十七日辰時，上御歡慶殿。大臣、備局堂上引見入侍時，領議政趙顯命、左議政金若魯、右議政鄭羽良、戶曹判書朴文秀、司直金聖應、司直具聖任、禮曹判書申晚、吏曹判書金尚魯、兵曹判書李天輔、吏曹參判金尚星、司直趙榮國、禮曹參判李鼎輔、右尹洪鳳漢、右副承旨李膺協、假注書李厚達、記注官沈毅、記事官趙台命諸臣以次進伏訖⋯⋯

晚曰：「岳武穆追享後，曾有建碑之命矣。碑石則伊時即為磨置，而碑文則元無撰出之事云，今當依下教舉行。而岳武穆、文信國前後追配之意，合一文撰出，下送刻立事，分付，何如？」若魯曰：「當此癘疫熾盛之時，役民一節，不可不念，姑令待秋舉行，無妨矣。」上曰：「然矣。待秋成為之，可也。」（出舉條）

晚曰：「永柔臥龍祠添建與否，問于本道後，文信國追配，擇日舉行事，命下矣。即為問議于本道，則以為，祠宇乃祠宇八雀當中竝享武侯、武穆兩位，而左右頗空闊，今雖追享信國，加設床卓，別無狹窄之患云。然則今此文信國追配時，既無祠宇添造之舉，遣近侍追配，致祭吉日，即為推擇舉行，何如？」

上曰：「依為之。」（出舉條）

晚曰：「取《考謄錄》，則諸葛武侯、岳武穆合享時，兩位俱以位版奉安，而畫像則別為藏置矣。今此文信國追享時，亦當依此為之。而即接平安監司移文，則位版所入栗木，即為下送。位版書式及春秋享祝文，磨鍊指揮云，位版所入栗木，分付下送。而書式則似當依兩位例，以有宋文信國公書之，祝文亦依前例。分付撰送，何如？」上曰：「依為之。」出舉條。（《承政院日記》1056冊，脫草本58冊）

44. 英祖二十六年（1750）五月庚申（19日）

南泰溫以禮曹言啟曰：「今此文信國畫像，遣近侍追配於永柔臥龍祠，三忠同為致祭事，命下矣。奉安致祭吉日，令日官推擇，則今五月三十日，來六月初二日為吉云。以此日中下去，推移設行，而祭物執事，令本道差定進排事，分付，何如？」傳曰：「允。」（《承政院日記》1056冊，脫草本58冊）

45. 英祖二十六年（1750）五月癸亥（22日）

鄭翬良啟曰：「文信國畫像，遣近侍追配於永柔臥龍祠，三忠同為致祭事，命下矣。自該曹既已擇日啟下，何承旨進去乎？敢稟。」傳曰：「右承旨進去。」（《承政院日記》1056冊，脫草本58冊）

46. 英祖二十六年（1750）七月壬寅（2日）

庚午七月初二日辰時，上御歡慶殿。大臣備堂引見入侍時，左副承旨洪益三、假注書金瑞應、記事官趙台命、金道元、領議政趙顯命、左議政金若魯、右議政鄭羽良、行司直金聖應、具聖任、禮曹判書申晚、吏曹判書金尚魯、兵曹判書李天輔、吏曹參判金尚星、行副司直趙榮國、江華留守金光世、戶曹參判洪鳳漢、以次入伏……

上曰：「永柔臥龍祠閣制，何如？」益三曰：「制樣頗宏大，三間前退矣。」上曰：「畫像掛乎？」益三曰：「每間各奉安一位，武侯居左，其次武穆，其次文信國也。」上曰：「梨花亭何如？」益三曰：「居在客舍之右，眾梨樹之中矣。」上曰：「閣制何如？」益三曰：「一如此歡慶堂，而無東邊房也。」上曰：「御筆已掛耶？」益三曰：「於中堂北壁上奉安矣。」上曰：「其亭一新乎？」益三曰：「重修改丹艧矣。」遂退出。（《承政院日記》1058冊，脫草本58冊）

47. 英祖二十六年（1750）十月乙酉（16日）

又以禮曹言啟曰：「去五月十七日，大臣備局堂上引見入侍時，永柔縣諸葛武侯廟，岳武穆、文信國，前後進配之意，合一文撰出建碑，而待秋成為之事，定奪矣。碑文，令藝文館即為撰進，楷、篆字書寫官，亦令吏曹差出，自京繕寫，北漆下送，令本道監刻以立之意，並為分付，何如？」傳曰：「允。」（《承政院日記》1061冊，脫草本58冊）

48. 英祖三十年（1754）十一月癸巳（18日）

十八日未時，上御崇文堂。藥房入診。摠戎使同為入侍時，藥房都提調李天輔、提調洪象漢、副提調韓師得、摠戎使洪鳳漢、假注書尹蓍東、記事官李忠國、鄭光漢、醫官方泰輿、許鋼、許碇、李以楷、金德崙、李春敷，以次進伏……天輔曰：「永柔臥龍祠，配享岳武穆、文信公，而曾有立碑之命矣。關西伯李台重方治石以待云，碑文，令兵曹參判南有容製送，何如？」上曰：「依為之。」「岳武穆如無其碑其文，此碑一體撰進事，分付，可也。舉條。（《承政院日記》1113冊，脫草本61冊）

49. 英祖三十三年（1757）正月戊申（16日）

乾隆二十二年丁丑正月十六日巳時，上具翼善冠、袞龍袍，御明政門。朝參入侍時，左議政金尚魯、右議政申晚、判府事李宗城、行都承旨南泰耆、左承旨金尚耉、右承旨金始煥、左副承旨韓光肇、右副承旨金孝大、同副承旨朴道源、假注書朴師海、安杓、記事官李仁培、記事官李東泰進伏……

興祖曰：「吉州有先正臣趙憲祠宇，而宋臣文天祥，即中州吉州人也。地名偶同，慕義益深，使本道追配於趙憲之祠，宜矣。」上曰：「文天祥豈可配享於趙憲耶？首陽有夷齊廟，永柔有臥龍祠，爾等聞此而欲效之耶？」尚魯曰：「文天祥既已配享於臥龍祠，則豈可隨地名立祠乎？」上曰：「夷齊廟、臥龍祠，創立於何時耶？」尚魯曰：「壬辰年回鑾時，歷臨永柔，有是命矣。」興祖曰：「安邊有丁丑戰亡之場，宜有愍恤之典矣。」（《承政院日記》1140冊，脫草本63冊）

50. 英祖三十三年（1757）十一月癸卯（15日）

丁丑十一月十五日三更一點，上御居廬廳。儒臣入侍時，校理洪梓、修撰宋瑩中、同副承旨李吉輔、假注書任希孝、記事官李東泰、嚴璘，進伏訖……

上曰：「韓琦，何如人也？在宋臣中，當為第一矣。」梓曰：「以宋名臣言之，則必以范仲淹稱首，而若論其社稷之大功，則韓魏公，當為第一矣。」上曰：「然矣。韓魏公真社稷之臣也。有文集乎？」梓曰：「有之矣。」上曰：「《文山集》，亦有之乎？」瑩中曰：「有之矣。」上曰：「宋之名臣，文山外，韓琦當為第一矣。《韓魏公文集》，在於玉堂乎？」梓曰：「本館無之矣。」上曰：「《范文正集》則在於本館耶？」梓曰：「此則有之矣。」上曰：「明日《范文正集》入之，《韓魏公集》，亦廣求以入，可也。」諸臣退出。(《承政院日記》1150 冊，脫草本 64 冊)

51. 英祖三十九年（1763）十一月丁丑（24 日）

癸未十一月二十四日辰時，上御景賢堂。三覆入侍時，行都承旨金善行、左承旨沈履之、右承旨尹得雨、左副承旨宋瑩中、右副承旨金華鎮、同副承旨趙慇、記事官李惠祚、假注書沈墺、記事官吳泰章、趙玫、領議政洪鳳漢、右議政金相福、左參贊洪啟禧、判尹金陽澤、兵曹判書李昌壽、刑曹判書南泰齊、戶曹參判洪樂性、禮曹參判洪麟漢、刑曹參判安允行、參議金勉行、吏曹參議鄭存謙、執義趙擎、司諫金載順、校理李性源、校理尹承烈、諸臣以次進伏訖……

上曰：「臥龍祠致祭承旨入侍。」「出榻教」。上曰：「注書出去，召鄭尚淳入來。」臣墺承命出，召尚淳入侍。上曰：「臥龍祠大乎？丹雘如何？」尚淳曰：「不甚大而皆畫像，諸葛武侯則綸巾羽扇，而文丞相在西，岳武穆處東矣。」上曰：「注書出去，持臥龍祠致祭祭文以來。」臣墺承命出去，奉祭文入來。上命尚淳讀之。上曰：「不覺垂涕矣。祭物如何？」尚淳曰：「有羊豕而無牛矣。」上曰：「懸板已懸之乎？」尚淳曰：「自監營往懸之矣。」上曰：「此後三忠祠致祭時祭文，稱有漢、有宋，頭辭維歲次下，只書某年干支事，定式施行。」出傳教。(《承政院日記》1224 冊，脫草本 68 冊)

52. 英祖四十五年（1769）四月甲戌（22 日）

御製諸葛武侯、岳武穆、文文山祭文，上曰：「凡於尊敬之事，予不敢臥而酬應，此祭文，豈可臥而呼寫？」索冠起坐。仍命芸館，印《精忠錄》，送置永柔縣臥龍祠，又命致祭。先是上因嶺伯狀啟，聞故宣傳官趙孟道家，特賜《精忠錄》尚今見在，異之，命取來覽之，有是命。(《朝鮮英祖實錄》卷一百十二)

53. 英祖四十六年（1770）七月癸丑（9日）

庚寅七月初九日申時，上御集慶堂。藥房入診，禮堂禮郎，同為入侍時，都提調韓翼謩、提調元仁孫、副提調具允鈺、假注書金重燮、記注官柳翰申、金致恒、醫官方泰輿、許磏、李以楷、慶絢、吳道炯、柳光翼、鄭允說，禮曹參判鄭運維、禮曹佐郎許鋠、前永柔縣令趙璞、以次進伏⋯⋯

命讀《禮曹謄錄》中，武候廟營建時，宣廟教文與其時永柔縣監校理李敏敍上疏。此上疏，請其武候廟物力疏也。又讀《岳武穆配享備忘記》，又讀《文文山配享備忘記》訖。上問前縣監趙璞曰：「俄聞領相所奏，其祭用武士者，何也？」璞曰：「自前創建時，武士為之主張，而武士守之，故或有儒林行祭之時，而至於相詰呈單矣。祭時所着用，帽帶樣矣。」上曰：「其時揭板，至今存乎？」璞曰：「書下梨花亭三忠祠，至今留置矣，癸未書下云矣。宣廟五月，駐蹕於永柔矣。命讀其時回鑾之日金璽等願留疏，且讀其時批答訖。上曰：「癸卯建祠，戊申賜額，而乙亥配享岳武穆，庚午配享文文山矣。其後戊申二月，昇遐於慶運宮矣。遂命書傳教曰：

「今日因筵中所奏，初則欲問臥龍祠故事，因此知本事，癸卯創建，乙亥合享，庚午同祔，次第詳知。嗚呼猗歟！兩朝盛事，其敢繼述？儒武互爭，非所可論。聞其先即武，此後縣儒，因此其若復起，非予今日詳問之意，政院知悉。雖有此事，切勿捧章，以息其鬧。此事今止於此，而嗣服後，三次親製致祭，執事互爭，亦無可論。義州聚勝堂，永柔梨花亭，海州芙蓉堂，皆追慕，而前後親書揭板，此亦少伸微忱，亦何復論？因此聞永柔前參奉金璽，再次陳章，奉聞御批，憶昔萬倍，不覺掩抑。嗚呼，其時若是勤懇，今乃聞焉，而莫知後孫之有無，此豈憶昔之道乎？金璽，縣令、道臣訪問以聞，況至於終當更巡，必與此道父老，共置一酌以敍之御教，不覺望穆陵而飲涕。

嗚呼此後十六年禮陟！嗚呼永柔之民！於戲，不忘之心若何？民猶若此，況予心乎？因臥龍祠，近八聞此，是豈偶然？嗚呼，戊申二月，尚御慶運宮也，聞此豈可曠日？再明日當詣慶運宮，永柔文、蔭、儒、武在京者，曾任永柔縣令者，依宣醞例，令度支賜饌，予亦體昔教之未遂，依今春同食堂之例，同食以來。嗚呼，憶己丑賜饌廚院，況今日乎？且其時予則坐視，意蓋深矣。即為舉行，饌品比諸宣醞從略，御饌賜饌，皆不過五品，令道臣即詣永柔縣，招集七十以上父老，依此例梨花亭中，道臣本縣令共食，各賜帛一疋，以示予憶昔繼述之意。

上曰：「再明日詣慶運宮時，三嚴辰正，三刻單嚴，儀註與世孫祇迎，留營留陳，皆安徐，只備堂曾經關西道臣，曾經本縣令者，隨駕、挾輦軍八十名，前後廂軍一百名，皆以內外入直，訓將只率新營標下隨駕，禁軍亦入直隨駕，當以延和門乘輦，軒架副輦亦安徐，前後部鼓吹，動駕時、回駕時，依例為之。其餘入直，皆仍入直。永柔儒武，當賜帛，令度支知悉，賜饌賜帛，當於前冬御筆揭板庭中為之，而先拜後賜饌，分付排設房，道路依昨年仲冬初二日例舉行，服色皆以黑團領。」出傳教。(《承政院日記》1307 冊，脫草本 73 冊)

54. 英祖五十二年（1776）附錄（英祖）行狀曰

二十六年庚午春正月，王以正風俗，當先崇儒，乃遣官致祭于故贊成鄭齊斗、朴弼周、故贊善金榦，擢前執義閔遇洙、朴弼傅通政階。時癘疫熾，禁衛御營上番軍多死亡，王命兩營助之葬，其寡妻孤兒，令所在邑撫恤。二月，使燕還者，以宋丞相文天祥像獻之。王以六鎮五國城，有宋帝陵，欲建祠其下，以文天祥、陸秀夫竝享之，詢于大臣，大臣以為不便。遂命配其像于臥龍祠，遣承旨致祭。(《朝鮮英祖實錄》卷一百二十七)

55. 正祖二年（1778）二月乙巳（14 日）

戊戌二月十四日未時，上御誠正閣。右承旨與李家煥入侍時，右承旨李鎮衡、記事官鄭東浚、林錫喆、金勉柱，以次進伏訖……

上曰：「宋時節度使，亦虛銜乎？」家煥曰：「然矣。」上曰：「宋時文天祥欲復設藩鎮，其時若復置之，果可有益乎？」家煥曰：「宋明皆於敗局之後，欲復藩鎮，事已去矣，終無所益矣。」上曰：「唐則藩鎮為痼弊，宋則去之而亦有弊，何也？」家煥曰：「雖設節度使，惟在駕御之得宜矣。」上曰：「漢為封建而有七國之亂，唐則有節度使而至於魏博，終不能管領，宋則又不如兩代。以此觀之，尚論千古，似無良法，而無良法三字，非識者之言，有何可言之法歟？」家煥曰：「自古及今，法久而無弊者，未之有也。」(《承政院日記》1413 冊，脫草本 78 冊)

56. 正祖二年（1778）二月乙巳（14 日）

予曰：「宋時節度使亦虛銜乎？」家煥曰：「然矣。」予曰：「宋時文天祥，欲復設藩鎮，其時若復置之，果可有益乎？」家煥曰：「宋、明皆於敗局之後，欲復藩鎮，事已去矣，終無所益矣。」予曰：「唐則藩鎮為固弊，宋則去之，

而亦有弊。何也？」家煥曰：「雖設節度使，惟在駕御之得宜矣。」予曰：「漢為封建而有七國之亂，唐則有節度使，而至於魏博，終不能管領。宋則又不如兩代，以此觀之，尚論千古，似無良法。而無良法三字，非識者之言，有何可言之法歟？」家煥曰：「自古及今，法久而無弊者，未之有也。」（《日省錄》）

57. 正祖二年（1778）二月乙巳（14日）

召見承文正字李家煥……上曰：「宋時節度使，亦虛卸乎？」家煥曰：「然。」上曰：「文天祥欲復設藩鎮，果可有益乎？」家煥曰：「宋、明皆於敗局之後，欲復藩鎮，事已去矣，無益也。」上曰：「唐則藩鎮為痼弊，宋則去之，而亦有弊何也？」家煥曰：「惟在駕御之得宜也。」上曰：「漢則封建而有七國之亂，唐有藩鎮，而至於魏博不能管領。宋則又不如兩代。尚論千古，似無良法，而無良法三字，非識者之言法。何如，則久而無弊歟？」家煥曰：「自古及今，法久而無弊者，未之有也。」（《朝鮮正祖實錄》卷五）

58. 正祖四年（1780）七月甲午（18日）

綱：召見承旨朴祐源、副司直沈念祖于誠正閣。

目：予曰：「凡例盡撰乎？」念祖曰：「末端十餘張，姑未盡述矣。」予曰：「持來乎？」念祖曰：「姑未正書，以草持來矣。」命讀凡例草，念祖讀奏。予曰：「何間當畢成乎？」念祖曰「來月間，當畢成矣。」予曰：「徐奉朝賀作之乎？爾其作之乎？」念祖曰：「相議撰述矣。」予曰：「文雖多，減刪為貴。以諸博中儒士見之相議則為好矣。」念祖曰：「畢撰後，將欲示之矣。」予曰：「五賢外，有誰可入乎？」念祖曰：「此外無可入之人，而至於勳臣趙普之入選，未知如何矣？」予曰：「趙普則功大，難去矣。」念祖曰：「趙普有骨肉之讒，此似難入矣。」予曰：「創業之臣，誰當入之乎？」念祖曰：「曹彬可以入之矣。」予曰：「忠臣誰可入選乎？」念祖曰：「韓琦、李綱、司馬溫公、岳飛、文天祥等人、必當入之。而惟在自上裁定矣。」予曰：「周三臣中，韓通可以入之乎？」念祖曰：「當入之矣。」予曰：「遼金史選入乎？」念祖曰：「然矣。」予曰：「此甚好矣。」讀至樂章。念祖曰：「大成樂章，用於我朝，故未能多刪矣。」予曰：「以校書館正書後，入梓如何？」念祖曰：「以奎章閣檢書官考書似好矣。金敏材頗熟《宋史》，而今聞徐命瑞亦甚多識云。然否？」祐源曰：「此是善文之士矣。」予曰：「奎章閣部篇見之乎？」念祖曰：「未見矣。」予曰：「我國書音，與華語有異。故下懸諺註如何？」念祖曰：「大抵蒙與清語多

註，漢語亦多爽矣。」(《日省錄》)

59. **正祖四年**（1780）**七月己亥**（23日）

綱：召見承旨李亨逵、兵判李衍祥于誠正閣。

目：……予曰：「沈念祖入侍。」召入進前。予曰：「其冊幾何撰成乎？」念祖曰：「其後姑未加撰矣。」予曰：「所選為十五人云。誰果入乎？」念祖曰：「姑未滿十五人，而當以趙普入之乎？」予曰：「使予欲裁定否，此實難矣。與奉朝賀相議抄選也。」念祖曰：「奉朝賀亦未能簡選矣。」予曰：「與鄭志儉相議好矣。」念祖曰：「抄選為十一人，而趙普、韓琦、當（富）弼、寇準、呂晦、張浚、李絳、范仲淹、韓世忠、岳飛、文天祥矣。」予曰：「如或誤選，則千載之下，將為疵議。必須量選，勿為貽笑，亦勿畫葫蘆也。歐陽修、蘇軾，則文章外，事事功最難。江萬里、文天祥，專是忠義。而忠亦一節，世家必為善簡也。石介當入之乎？」念祖曰：「似當歸之於世家矣。」予曰：「賈似道入於奸臣乎？」念祖曰：「然矣。而以嚴嵩作魁入之何如？」予曰：「從好為之也。」念祖曰：「楊億、曾鞏，歸之《文苑》，何如？」予曰：「好矣。來月內可以畢成乎？」念祖曰：「目錄則從近可成矣。」予曰：「世家從簡為之，而專尚事功也。」念祖曰：「趙普當為首題，次次以定。而宋之三百年，實由於趙普一人矣。」予曰：「右副出去。」院例即為考納。(《日省錄》)

60. **正祖十年**（1786）**三月己巳**（25日）

綱：命三忠祠致祭文，揭板本祠。

目：檢校待教尹行任啟言：「院宇致祭後祭文揭板，多有已例。三忠祠致祭文，請令箕營揭板本祠。」從之。教以印出封上事，一體分付。又啟言：「三忠祠追配岳武穆時，先朝特賜德池屯三結，以供犧粢。及夫文信國公並享也，朝家未及加劃，至今以三結所收，分作三位享需，在朝家崇獎之道，不宜若是苟簡。採諸輿頌，莫不抑鬱。既奉肅廟御贊圖像，則事體自別。臣意則依追配武穆時例，該屯三結，加劃本祠，以為芬苾之資，似好矣。」教以令該曹稟處。(《日省錄》)

61. **正祖十四年**（1790）**十月辛酉**（14日）

京畿幼學金相穆、李東楫……等疏曰：「皇天眷佑，元良誕降，慶溢宗祊，喜騰寰宇，猗歟我東方萬億年無疆之休，八域含生之類，莫不歡欣抃賀，而臣

等適值伏閣叫闍之際，尤不勝蹈舞頌祝之忱，臣等竊伏念褒忠獎節，有國之令典，慕賢尊祀，斯文之盛事，乃所以立人紀而勵世教也。苟有節義之炳烺，道學之高明，樹風聲於百代，喇倫彝於一世，心期之相符也，樹立之相同也，則必也竝祀而齊享，以盡其崇報闡揚之道，是以先朝建武侯廟，而以岳飛、文天祥合享者，貴其心期之符也，樹立之同也。歷數我東數千載之間，非無忠賢之表表可稱者，而當其板蕩之際，其所心期之符而樹立之同，至今竝稱而無異辭者，惟麗季之鄭夢周、趙狷兩臣是已，非但講明道學，義同師友，以倡東土性理之學，必欲以隻手，而扶將頹之棟樑，以一身而任無窮之綱常，雖或一時生死之殊，而實有千秋志事之同，其竝建祠院，而棟宇之相望也，合享俎豆，而筵几之相聯也，而崧陽創院，于今數百載，尚未有院宇之竝建於一都，祠版之同配於一室者，豈非昭代之闕典乎⋯⋯（《承政院日記》1682 冊，脫草本 89 冊）

62. 純祖十九年（1819）五月庚午（10 日）

己卯五月初十日未時，上御興政堂。別講入侍時，參贊官韓義運、侍讀官金熙華持《國朝寶鑑》第十一卷，檢討官李瀅夏持《國朝寶鑑》第十一卷，待教徐憙淳、假注書徐左輔、記事官朴永元、李憲球以次進伏訖⋯⋯

上曰：「下番讀之。」憲球讀自「孝宗元年」，止「旌其門」。上曰：「文義陳之。」熙華曰：「崇節獎義，有國之先務也。文文山、岳武穆等節義文章，允為萬世人臣之表準，而我國鄭夢周可以儷美于此三子矣。肆我宣廟聖祖命刊文集，特施崇獎之典，樹風聲於百代，扶綱紀於千古，此實為鑑法之美事，而唐臣魏徵有言，願為良臣不願為忠臣。伏願我殿下圖致昇平安樂之治，克闡都俞吁咈之化焉，則古之如文、岳者流，我朝之如鄭夢周者，咸效反忠為良之誠矣。益加體念之道，是臣區區之望耳。」上命掩卷，仍命玉堂先退，熙華、瀅夏退出。（《承政院日記》2115 冊，脫草本 109 冊）

第三編　朝鮮王朝私修中國史書中文天祥資料

1. 宋理宗寶祐四年（1256）

五月，賜禮部進士文天祥及第。天祥以「法天不息」為對，其言萬餘，帝親拔為第一。考官王應麟奏曰：「是卷古誼若龜鑑，忠肝如鐵石，臣敢為得人賀。」（金宇顒《續資治通鑑綱目》卷十中）

五月，賜禮部進士文天祥及第。天祥以「法天不息」為對，其言萬餘，帝親拔為第一。考官王應麟奏曰：「是卷古誼若龜鑑，忠肝如鐵石，臣敢為得人賀。」（李恆老等《宋元華東史合編綱目》卷二十一）

夏，賜禮部進士文天祥及第。天祥以「法天不息」對策萬餘言，帝親拔為第一。考官王應麟奏曰：「是卷古誼若龜鑑，忠肝如鐵石，臣敢為得人賀。」（林象鼎《林氏歷代史統》卷六十二）

2. 宋度宗咸淳六年（1270）

夏四月，罷直學士院文天祥。賈似道以去要君，帝勉留益堅，命學士降詔，天祥當制。時內制相承，必先呈稿於相，天祥不從。似道意不滿，諷別院改作。天祥援楊大年故事，亟求解職，遷秘書監，似道使臺官張志立劾罷之。（金宇顒《續資治通鑑綱目》卷十一上）

夏四月，罷直學士院文天祥。似道以去要君，帝勉留益堅，命學士降詔，天祥當制。時內制相承，必先呈稿於相，天祥不從。似道意不滿，諷別院改作。

天祥援楊大年故事，亟求解職，遷秘書監，似道使臺官張志立劾罷之。（李恆老等《宋元華東史合編綱目》卷二十二）

3. 宋度宗咸淳八年（1272）

十二月，文天祥致仕。天祥引錢若水例，乞致仕，時年三十七矣。（金宇顒《續資治通鑒綱目》卷十一上）

十二月，直學士院文天祥致仕。時天祥年三十七矣。（李恆老等《宋元華東史合編綱目》卷二十二）

4. 宋恭宗德祐元年（1275）

二月，江西提刑知贛州文天祥起兵勤王。勤王詔至贛，天祥奉之涕泣，發郡中豪傑，並結溪洞山蠻，有眾萬人，遂入衛。其友止之曰：「敵兵三道鼓行，破郊畿，薄內地，君以烏合萬餘赴之，何異驅群羊而搏猛虎？」天祥曰：「吾亦知其然，第國家養育臣庶三百餘年，一旦有急，征天下兵，無一人一騎赴者，吾深恨之。故不自量，欲以身徇。庶天下忠臣義士，將有聞風而起者。義勝者謀立，人眾者力濟，如此則社稷猶可保也。」天祥性豪華，平生自奉甚厚，聲伎滿前。至是痛自抑損，盡以家貲為軍費。每與賓客僚佐語及時事，輒流涕撫几言曰：「樂人之樂者，憂人之憂；食人之食者，死人之事。」聞者為之感動。（金宇顒《續資治通鑒綱目》卷十一中）

八月，文天祥知平江府。天祥至臨安，上疏言：「本朝懲五季之亂，削藩鎮，建都邑，一時雖足以矯尾大之弊，然國以寖弱，故敵至一州，則一州破；至一縣，則一縣破；中原陸沉，痛悔何及。今宜分境內為四鎮，建都統御於其中。以廣西益湖南，而建閫於長沙；以廣東益江西，而建閫於隆興；以福建益江東，而建閫於番陽；以淮西益淮東，而建閫於揚州。責長沙取鄂，隆興取蘄、黃，番陽取江東，揚州取兩淮，地大力眾乃足以抗敵。約日齊奮，有進無退，日夜以圖之。彼備多力分，疲於奔命。而吾民之豪傑者，又伺間出於其中。如此，則賊不難卻也。」時議以為迂闊，不報。命知平江府。

十月，文天祥遣兵救常州不克。常州告急，天祥使尹玉、麻士龍將兵赴援。士龍戰虞橋，先死。玉戰五牧，前後殺傷數千人，復收殘卒五百，與北兵相持一夕，手殺數十人，遂死，麾下無一人降者。

十一月，元陷廣德軍四安鎮，召文天祥入衛。阿剌罕破銀樹東壩，戍將趙

淮死之，遂陷廣德軍四安鎮。陳宜中倉皇發臨安民年十五以上者，皆藉為兵，號武定軍，召文天祥于平江。淮，葵之子也。

十二月，以文天祥簽書樞密院事。（金宇顯《續資治通鑑綱目》卷十一中）

二月，江西提刑文天祥起兵勤王。勤王詔至贛，天祥奉之涕泣，發郡中豪傑，並結溪峒山蠻，有眾萬人，遂入衛。天祥性豪華，平生自奉甚厚，聲伎滿前。至是，痛自抑損，盡以家貲為軍費。每與賓客僚佐語及時事，輒撫几言曰：「樂人之樂者，憂人之憂；食人之食者，死人之事。」聞者為之感動。（李恆老等《宋元華東史合編綱目》卷二十三）

八月，文天祥知平江府。天祥至臨安，上疏言：「本朝懲五季之亂，削藩鎮，建都邑，一時雖足以矯尾大之弊，然國以寖弱。故敵至一州，則一州破；至一縣，則一縣破。中原陸沉，痛悔何及。今宜分境內為四鎮，建都統御於其中。以廣西益湖南，而建閫於長沙；以廣東益江西，而建閫於隆興；以福建益江東，而建閫於番陽；以淮西益淮東，而建閫於揚州。責長沙取鄂，隆興取蘄、黃，番陽取江東，揚州取兩淮，地大力眾，乃足以抗敵。約日齊奮，有進無退，日夜以圖之，彼備多力分，疲於奔命。而吾民之豪傑者，又伺間出於其中。如此，則賊不難卻也。」時議以為迂闊，不報。命知平江府。張氏時泰曰：「信國公之謀，其條理謹嚴，謂不世出之高識，信禦敵之良策也。議者反為迂闊而不報，宋事遂不可為矣。」

十月，文天祥遣兵救常州不克。常州告急，天祥使尹玉、麻士龍、張全、朱華將兵赴援。士龍戰虞橋，先死；玉戰五牧，前後殺傷數千人。復收殘卒五百，與北兵相持一夕，手殺數十人，遂死，麾下無一人降者。全、華不戰而遁。

十一月，元阿剌罕陷銀樹東壩，戍將趙淮死之，遂陷廣德軍四安鎮，召文天祥入衛。陳宜中倉皇發臨安民年十五以上者，皆藉為兵，號武定軍，召文天祥于平江。淮，葵之子也。

十二月，以文天祥簽書樞密院事。（李恆老等《宋元華東史合編綱目》卷二十三）

江西提刑文天祥起兵勤王。初勤王詔至贛，天祥奉之涕泣，發郡中豪傑，並結溪峒山蠻，有眾萬人，遂入衛。其友止之曰：「今敵兵三道鼓行，破郊畿，薄內地，君以烏合萬餘赴之，何異驅群羊而搏猛虎？」天祥曰：「國家養育臣庶三百餘年，一旦有急，徵天下兵，無一人一騎赴者，吾深恨之。故不自量，欲以身徇，庶天下忠臣義士，將有聞風而起者，義勝者謀立，人眾者力濟，如

此則社稷猶可保也。」天祥性豪華，平生自奉甚厚，聲伎滿前，至是痛自抑損，盡以家貲為軍費，每與賓客僚佐語及時事，輒流涕撫几言曰：「樂人之樂者，憂人之憂；食人之食者，死人之事。」聞者為之感動。（林象鼎《林氏歷代史統》卷六十三）

江西提刑文天祥起兵勤王。勤王詔至贛，天祥奉之涕泣，發郡中豪傑，並結溪峒山蠻，有眾萬人，遂入衛。天祥性豪華，平生自奉甚厚，聲伎滿前，至是痛自抑損，盡以家貲為軍費，每與賓客僚佐語及時事，輒流涕撫几言曰：「樂人之樂者，憂人之憂；食人之食者，死人之事。」聞者為之感動。（李昰應命撰、申應朝編《綱目集要》卷七）

5. 宋恭宗德祐二年，五月以後宋端宗景炎元年（1276）

正月，以文天祥為右丞相，及左丞相吳堅如元軍，伯顏執天祥，遣堅還。楊應奎還，言伯顏欲執政面議，太后乃以天祥為右丞相，與吳堅偕往。天祥辭不拜，遂行，因說伯顏曰：「北朝若以宋為與國，請退兵平江，或嘉興，然後議歲幣，北朝全兵以還，策之上也。若欲毀其宗社，則淮、浙、閩、廣尚多未下，利鈍未可知，兵連禍結，必自此始。」伯顏以天祥舉動不常，疑有異志，留之軍中，遣堅還。天祥怒，數請歸，曰：「我之此來，為兩國大事，何故留我？」伯顏曰：「勿怒。君而宋大臣，責任非輕，今日之事，正當與我共之。」令唆都等館伴，羈縻之。

二月，元人以文天祥北去。伯顏嘗引天祥與吳堅等同坐，天祥面斥賈餘慶賣國，且責伯顏失信。呂文煥從旁諭解之，天祥並斥文煥及其姪師孟：「父子兄弟受國厚恩，不能以死報國，乃合族為逆，尚何言！」文煥等慚恚，伯顏遂拘天祥，隨祈請使北行。

三月，文天祥自鎮江亡入真州，遂浮海如溫州。天祥至鎮江，與其客杜滸十二人夜亡入真州。苗再成出迎，喜且泣曰：「兩淮兵足以興復，特二閫少隙，不能合從耳。」天祥問：「計將安出？」再成曰：「今先約淮西兵趨建康，彼必悉力以扞吾西兵。指揮淮東諸將，以通、泰兵攻灣頭，以高郵、寶應、淮安兵攻楊子橋，以楊兵攻瓜步，吾以舟師直擣鎮江，同日大舉。灣頭、楊子橋皆沿江脆兵，且日夜望我師之至，攻之即下，合攻瓜步之三面，吾自江中一面薄之，雖有智者，不能為之謀矣。瓜步既舉，以淮東兵入京口，淮西兵入金陵，要其歸路，其大帥可坐致也。」天祥大稱善，即以書遺李庭芝。

　　初，天祥未至真時，楊有脫歸兵，言元密遣一丞相入真州說降。庭芝信之，以天祥來說降也，使再成亟殺之。再成不忍，給天祥出相城壘，以制司文示之，閉之門外。芝之復遣二路分覘天祥，果說降者，即殺之。二路分與天祥語，見其忠義，亦不忍殺，以兵二十人道之如楊。四鼓，抵城下，聞候門者談，制置司下令捕文丞相甚急，眾相顧吐舌。天祥乃變姓名為清江劉洙，東入海，道遇元兵，伏環堵中得免，然飢莫能起，從樵者乞得餘糝糞。行入板橋，元兵又至，眾走伏叢篠中，兵入索之，執杜滸、金應以去，滸、應以所懷金與卒，得逸。二樵者以簣荷天祥，至高郵秞家莊，秞篢迎天祥至其家。遣子德潤衛送至泰州，遂由通州泛海，如溫州，以求二王。

　　五月，文天祥至自溫州，以為樞密使、同都督諸路軍馬。天祥至行都，拜右丞相兼樞密使、同都督諸路軍馬。天祥以國事皆決于陳宜中，固辭不拜，乃以為樞密使、同都督。天祥使呂武招豪傑于江、淮，杜滸募兵于溫州。

　　七月，文天祥開府南劍州，經略江西。天祥欲還溫州進取，陳宜中不從。乃命天祥開府南劍州，取江西。

　　冬十月，文天祥帥師次于汀州。天祥遣趙時賞、張日中等將一軍趨贛，以取寧都，吳浚將一軍取雩都，劉洙等自江西起兵來會。（金宇顒《續資治通鑑綱目》卷十一中）

　　正月，左丞相吳堅、簽書樞密院事文天祥如元軍，伯顏執天祥，遣堅還。楊應奎還，言伯顏欲執政面議，太后乃以天祥為右丞相，與吳堅偕往。天祥辭不拜，遂行。因說伯顏曰：「北朝若以宋為與國，請退兵平江或嘉興，然後議歲幣，與金帛犒師。北朝全兵以還，策之上也。若欲毀其宗社，則淮、浙、閩、廣尚多未下，利鈍未可知，兵連禍結，必自此始。」伯顏以天祥舉動不常，疑有異志，留之軍中，遣堅還。天祥怒，數請歸，曰：「我之此來，為兩國大事，何故留我？」伯顏曰：「勿怒君，而宋大臣責任非輕，今日之事，正當與我共之。」令忙兀台、唆都館伴羈縻之。

　　二月，元人以文天祥北去。伯顏嘗引天祥與吳堅等同坐，天祥面斥賈餘慶賣國，且責伯顏失信。呂文煥從旁諭解之，天祥並斥文煥及其姪師孟：「父子兄弟受國厚恩，不能以死報國，乃合族為逆，尚何言！」文煥等慚恚，伯顏遂拘天祥，隨祈請使北行。

　　三月，文天祥自鎮江亡入真州，遂浮海如溫州。天祥至鎮江，與其客杜滸十二人夜亡入真州。苗再成出迎，喜且泣曰：「兩淮兵足以興復，特二閫少隙，

不能合從耳。」天祥問：「計將安出？」再成曰：「今先約淮西兵趨建康，彼必悉力以扞吾西兵。指揮淮東諸將，以通、泰兵攻灣頭，以高郵、寶應、淮安兵攻楊子橋，以楊兵攻瓜步，吾以舟師直擣鎮江，同日大舉。灣頭、楊子橋皆沿江脆兵，且日夜望我師之至，攻之即下，合攻瓜步之三面，吾自江中一面薄之，雖有智者，不能為之謀矣。瓜步既舉，以淮東兵入京口，淮西兵入金陵，要其歸路，其大帥可坐致也。」天祥大稱善，即以書遺李庭芝。初，天祥未至真時，楊有脫歸兵，言元密遣一丞相入真州說降矣。庭芝信之，以天祥來說降也，使再成亟殺之。再成不忍，紿天祥出相城壘，以制司文示之，閉之門外。芝之復遣二路分覘天祥，果說降者，即殺之。二路分與天祥語，見其忠義，亦不忍殺，以兵二十人道之如楊。四鼓，抵城下，聞候門者談，制置司下令捕文丞相甚急，眾相顧吐舌。天祥乃變姓名為清江劉洙，東入海，道遇元兵，伏環堵中得免，然飢莫能起，從樵者乞得餘糝羹。行入板橋，元兵又至，眾走伏叢篠中，兵入索之，執杜滸、金應以去，滸、應以所懷金與卒得逸。二樵者以簣荷天祥至高郵秏家莊，秏聳迎天祥至其家，遣子德潤衛送至泰州，遂由通州汎海如溫州，以求二王。

五月文天祥至自溫州，以為樞密使、同都督諸路軍馬。天祥至行都，拜右丞相兼樞密使、同都督諸路軍馬。天祥以國事皆決于陳宜中，固辭不拜，乃以為樞密使、同都督。天祥使呂武招豪傑于江、淮，杜滸募兵于溫州。

秋七月樞密使文天祥開府南劍州，經略江西。天祥欲還溫州進取，陳宜中棄溫州入閩，欲倚張世傑復浙東、西，以自洗濯，乃命天祥開府南劍州，取江西。

冬十月文天祥帥師次于汀州。天祥遣趙時賞等將一軍趨贛，以取寧都，吳浚將一軍取雩都，劉洙等皆自江西起兵來會。（李恆老等《宋元華東史合編綱目》卷二十三）

吳堅、文天祥如元軍，伯顏執天祥，遣堅還。〇元人以文天祥北去。

文天祥自鎮江亡入真州，遂浮海如溫州。天祥至鎮江，與其客十二人夜亡入真州。乃變姓名為劉洙，汎海如溫州，以求二王。

文天祥至自溫州，以為樞密使、同都督諸路軍馬。天祥既至行都，拜右丞相。天祥以國事皆決于陳宜中，固辭不拜，乃以為樞密使。（林象鼎《林氏歷代史統》卷六十三）

6. 宋端宗景炎二年（1277）

正月文天祥移屯漳州，汀守黃去疾及吳浚降元。

二月文天祥誅吳浚。浚既降元，因至漳州說天祥降，天祥責以大義，斬之。

三月文天祥復梅州。

五月文天祥引兵自梅州出江西。吉贛兵皆會之，遂復會昌縣。

六月文天祥敗元軍于雩都。

八月元李恆襲文天祥于興國縣，天祥兵潰走循州，諸將鞏信、趙時賞、張日中等皆死之。李恆遣兵援贛，而自將攻天祥于興國。天祥不意恆猝至，遣兵戰鍾步，不利。時鄒洬聚兵數萬于永豐，天祥引兵就之。會洬兵先潰，恆追天祥至方石嶺，及之。鞏信以短兵接戰，恆駭其以寡敵眾，疑有伏，斂兵不進。信坐巨石，餘卒侍左右，箭雨集，屹不動。恆從間道就視之，創被體而死，不仆。天祥至空坑，恆又及之。張日中拒戰，元兵少卻，恒急麾鐵騎橫衝擊之，日中身被數十創而死。兵盡潰，日中載十三世孫也。天祥妻歐陽氏、男佛生、環生及二女皆見執。趙時賞坐肩輿後，元軍問為誰，時賞曰：「我姓文。」眾以為天祥，擒之。天祥由是得與杜滸、鄒洬乘騎逸去。至循州，散兵頗集，乃屯于南嶺。時賞至隆興，奮罵不屈，有係累至者，輒麾去，云：「小小僉廳官耳，執之何為？」得脫者甚眾。臨刑，劉洙頗自辨，時賞叱曰：「死耳，何必然！」於是被執者皆死。恆送天祥妻子家屬于燕，二子佛生、環生死于道。（金宇顯《續資治通鑑綱目》卷十一下）

春正月文天祥移屯漳州，汀守黃去疾及吳浚降元。元軍破汀關，天祥欲據城拒敵。汀守黃去疾聞車駕航海，擁兵有異志，天祥乃移軍漳州。時賞、孟濚等軍還，惟吳浚不至。未幾，浚與去疾降元。

二月文天祥誅吳浚。浚既降元，因至漳州說天祥降，天祥責以大義，斬之。

三月文天祥復梅州。

五月文天祥復會昌縣。天祥引兵自梅州出江西，吉贛兵皆會之，遂復會昌縣。

六月文天祥敗元軍于雩都。

七月文天祥使參督趙時賞等分道復吉、贛諸縣，遂圍贛州。

八月元李恆襲文天祥于興國縣，天祥兵潰走循州，諸將鞏信、趙時賞等皆死之。李恆遣兵援贛，而自將攻天祥于興國。天祥不意恆猝至，遣兵戰鍾步，不利。時鄒洬聚兵數萬于永豐，天祥引兵就之。會洬兵先潰，恆追天祥至方石

嶺，及之。鞏信以短兵接戰，恆駮其以寡敵眾，疑有伏，斂兵不進。信坐巨石，餘卒侍左右，箭雨集，屹不動。恆從間道就視之，創被體而死，不仆。天祥至空坑，兵盡潰時，趙時賞坐肩輿後，元軍問為誰，時賞曰：「我姓文。」眾以為天祥，擒之。恆遍求俘虜人識認，有曰：「此趙督參時賞也。」天祥由是得與杜滸、鄒㵢乘騎逸去。至循州，散兵頗集，天祥妻子及幕僚客將皆被執。時賞至隆興，奮罵不屈，有係累至者，輒麾去，云：「小小僉廳官耳，執之何為？」得脫者甚眾。臨刑，劉洙頗自辨，時賞叱曰：「死耳，何必然！」於是被執者皆死。恆送天祥妻子家屬于燕，二子死于道。周氏禮曰：「天祥敗走，而諸將皆死，得非天祥忠義有以固結之乎？」（李恆老等《宋元華東史合編綱目》卷二十三）

文天祥敗元軍于雩都。○秋，元李恆襲文天祥于興國縣，天祥兵潰奔循州。（林象鼎《林氏歷代史統》卷六十三）

7. 宋端宗景炎三年，五月後為宋帝昺祥興元年（1278）

三月文天祥收兵復出麗江浦。天祥以弟璧及母在惠州，乃趨之行，收兵出海豐縣，次于麗江浦。

八月加文天祥少保、信國公。天祥聞帝即位，上表自劾敗于江西之罪，乞入朝，優詔不許而加官爵。天祥移書陸秀夫云：「天子幼沖，宰相遁荒，詔令皆出諸公之口，豈得以游詞相拒！」會軍中大疫，士卒多死，天祥母亦病沒，詔起復之。天祥長子道生復亡，家屬皆盡。

冬閏十一月元張弘範襲執文天祥于五坡嶺。天祥屯潮陽，鄒㵢、劉子俊皆集師會之，討劇盜陳懿、劉興于潮。興死，懿遁，以海舟道張弘範兵濟潮陽。天祥帥麾下走海豐，先鋒將張弘正追之。天祥方飯五坡嶺，弘正兵突至，眾不及戰，天祥遂被執，吞腦子，不死。鄒㵢自剄死。劉子俊自詭為天祥，冀可免天祥，及天祥至，各爭真偽，元遂烹子俊。天祥至潮陽，見弘範，左右命之拜，天祥不屈，弘範釋其縛，以客禮之。天祥固請死，弘範不許，處之舟中，求族屬被俘者悉還之。（金宇顒《續資治通鑑綱目》卷十一下）

三月文天祥收兵復出麗江浦。天祥以弟璧及母在惠州，乃趨之行，收兵出海豐縣，次于麗江浦。

八月加文天祥少保、信國公。天祥聞帝即位，上表自劾敗于江西之罪，乞入朝，優詔不許而加官爵。天祥移書陸秀夫云：天子幼沖，宰相遁荒，詔令皆

出諸公之口，豈得以游詞相拒！會軍中大疫，士卒多死，天祥母亦病沒，詔起復之。天祥長子復亡，家屬皆盡。

十一月閏月，元張弘範襲執信國公文天祥于五坡嶺，江西招諭副使鄒㵆及劉子俊死之。天祥屯潮陽，鄒㵆、劉子俊皆集師會之，討劇盜陳懿、劉興于潮。興死，懿遁，以海舟導張弘範兵濟潮陽。天祥帥麾下走海豐，先鋒將張弘正追之。天祥方飯五坡嶺，弘正兵突至，眾不及戰，天祥遂被執，吞腦子，不死。鄒㵆自剄死。劉子俊自詭為天祥，冀可免天祥，及天祥至，各爭真偽，元遂烹子俊。天祥至潮陽，見弘範，左右命之拜，天祥不屈，弘範釋其縛，以客禮之。天祥固請死，弘範不許，處之舟中，求族屬被俘者悉還之。（李恆老等《宋元華東史合編綱目》卷二十三）

春文天祥收兵復出麗江浦。

加文天祥少保、信國公。

冬元張弘範襲執文天祥于五坡嶺。天祥屯潮陽，劇盜陳懿道。張弘範兵濟潮陽，天祥走海豐，先鋒將張弘正追及之。天祥方飯五坡嶺，遂被執，吞腦子，不死。天祥至潮陽，見弘範，弘範釋其縛，以客禮之。天祥固請死，弘範不許，處之舟中，求族屬被俘者悉還之。時軍中大疫，天祥母亦病沒，長子復亡，家屬皆盡。（林象鼎《林氏歷代史統》卷六十三）

8. 宋帝昺祥興二年（1279）

冬十月文天祥至燕，不屈，元人囚之。崖山之破，張弘範等置酒大會，謂天祥曰：「國亡，丞相忠孝盡矣，能改心以事宋者事今，將不失為宰相也。」天祥泫然出涕，曰：「國亡不能救，為人臣者死有餘罪，況敢逃其死而貳其心乎！」弘範義之，遣人護送天祥赴燕。道經吉州，痛恨不食八日，猶生，乃復食。十月至燕，館人供張甚盛，天祥不寢處，坐達旦。遂移兵馬司，設卒守之。既而丞相博羅等召見於樞密院，天祥入長揖，欲使跪，天祥曰：「南之揖，北之跪。予南人，行南禮，可贅跪乎？」博羅叱曰：「跪。」主者曳之地，或抑項，或扼背。天祥不屈，仰首而言曰：「天下事有興有廢，自古帝王及將相滅亡誅戮，何代無之。天祥今日忠於宋氏，以至於此，願早求死。」博羅曰：「自古曾有人臣將宗廟土地與人而復逃者乎？」天祥曰：「奉國與人，是賣國之臣也！賣國者，有所利而為之。必不去，去者必非賣國者也。予前除宰相不拜，奉使軍前尋被拘執。已而有賊臣獻國，國亡矣，吾職當死，所以不死者，以度

宗二子在浙東，老母在廣故耳。」博羅曰：「棄德祐嗣君，而立二王，忠乎？」天祥曰：「當此之時，社稷為重，君為輕，吾別立君，為宗廟社稷計也！從懷愍而北者，非忠，從元帝為忠；從徽、欽而北者，非忠，從高宗為忠。」博羅語塞，但曰：「爾立二王，做得甚事！」天祥曰：「國家不幸喪亡，吾立君以存宗廟，存一日，則盡臣子一日之責。人臣事君如子事父母，父母有疾，雖不可為，無不下藥之理。盡吾心焉。不可救，則天命也！今日天祥至此有死而已，何必多言！」博羅欲殺之，而元主及大臣不可。弘範亦表奏天祥忠於所事，願釋勿殺，乃囚之。（金宇顒《續資治通鑑綱目》卷十一下）

　　冬十月信公文天祥至燕，不屈，元人囚之。崖山之破，張弘範等置酒大會，謂天祥曰：「國亡，丞相忠孝盡矣，能改心以事宋者事今，將不失為宰相也。」天祥泫然出涕，曰：「國亡不能救，為人臣者死有餘罪，況敢逃其死而貳其心乎！」弘範義之，遣人護送天祥赴燕。道經吉州，痛恨不食八日，猶生，乃復食。十月至燕，館人供張甚盛，天祥不寢處，坐達朝。遂移兵馬司，設卒守之。既而丞相博羅等召見於樞密院，欲使拜，天祥長揖不屈。博羅曰：「自古曾有人臣將宗廟土地與人而復逃者乎？」天祥曰：「奉國與人，是賣國之臣也！賣國者，有所利而為之。必不去，去者必非賣國者也。予前除宰相不拜，奉使軍前尋被拘執。已而有賊臣獻國，國亡矣，當死，所以不死者，以度宗二子在浙東，老母在廣故耳。」博羅曰：「棄德祐嗣君，而立二王，忠乎？」天祥曰：「當此之時，社稷為重，君為輕，吾別立君，為宗廟社稷計也！從懷愍而北者，非忠，從元帝為忠；從徽、欽而北者，非忠，從高宗為忠。」博羅語塞，怒曰：「晉元帝、宋高宗皆有所受命，二王不以正是篡也。」天祥曰：「景炎皇帝乃度宗長子，德祐親兄，不可謂不正。登極於德祐去位之後，不可謂篡。陳丞相以太后命奉二王出宮，不可謂無所受命。」博羅等皆無辭，但以無受命為解。天祥曰：「天與之，人歸之，雖無傳受之命，推戴擁立，亦何不可！」博羅怒曰：「爾立二王，竟成何功？」天祥曰：「立君以存宗社，存一日，則盡臣子一日之責」曰：「既知其不可，何必為？」天祥曰：「父母有疾，雖不可為，無不下藥之理。盡吾心焉。不可救，則天命也。今日天祥至此有死而已，何必多言！」博羅欲殺之，而元主及大臣不可。弘範病中亦表奏天祥忠於所事，願釋勿殺，乃囚之。

　　天祥在獄中乃作《正氣歌》曰：

　　　　天地有正氣，雜然賦流形。下則為河瀆，上則為日星。於人曰

浩然，沛乎塞蒼冥。皇路當清夷，含和吐明庭。時窮節乃見，一一
垂丹青。在齊太史簡，在晉董狐筆。在秦張良椎，在漢蘇武節。為
嚴將軍頭，為嵇侍中血。為張睢陽齒，為顏常山舌。或為遼東帽，
清操厲冰雪。或為出師表，鬼神泣壯烈。或為渡江楫，慷慨吞胡羯。
或為擊賊笏，逆豎頭破裂。是氣所磅礡，凜烈萬古存。當其貫日月，
生死安足論。地維賴以立，天柱賴以尊。三綱實繫命，道義為之根。
嗟余遘陽九，隸也實不力。楚囚纓其冠，傳車送窮北。鼎鑊甘如飴，
求之不可得。陰房闃鬼火，春院閟天黑。牛驥同一皂，雞棲鳳凰食。
一朝蒙霧露，分作溝中瘠。如此再寒暑，百沴自辟易。哀哉沮洳場，
為我安樂國。豈有他繆巧，陰陽不能賊。顧此耿耿在，仰視浮雲白。
悠悠我心憂，蒼天曷有極。哲人日已遠，典刑在夙昔。風檐展書讀，
古道照顏色。（李恆老等《宋元華東史合編綱目》卷二十三）

冬文天祥至燕，不屈，元人囚之。崖山之破，張弘範等置酒大會，謂天祥
曰：「國亡，丞相忠孝盡矣，能改心以事宋者事今，將不失為宰相也。」天祥
泫然出涕，曰：「國亡不能救，為人臣者死有餘罪，況敢逃其死而貳其心乎！」
弘範義之，遣人護送天祥赴燕。道經吉州，痛恨不食八日，猶生，乃復食。至
燕京，館人供張甚盛，天祥不寢處，坐達旦。丞相孛羅召見於樞密院，天祥入
長揖，欲使跪，天祥不屈，仰首而言曰：天下事有興有廢，自古帝王及將相滅
亡誅戮，何代無之。天祥今日忠於宋氏，以至於此，願早求死。」孛羅曰：「汝
謂有興有廢，且道自古以來曾有人臣將宗廟社稷土地與他國，而復逃者乎？」
天祥曰：「丞相豈以余前為宰輔，賣國與人而後去之耶！賣國者，有所利而為
之。必不去，去者必非賣國者也。予前日辭右相之命，而使伯顏軍前被留不遣。
已而賊臣獻國，國亡矣，吾職當死，所不死者，以度宗二子在浙東，老母在廣
故也。」孛羅曰：「德祐幼君非爾君耶？棄嗣君而立二王，忠乎？」天祥曰：
「德祐，吾君也，不幸失國。當此之時，社稷為重，君為輕，吾別立君，為宗
廟社稷計也！從懷愍而北者，非忠，從元帝者為忠；從徽、欽而北者，非忠，
從高宗者為忠。」孛羅語塞，徐曰：「汝立二王，做得甚事！」天祥曰：「國家
不幸喪亡，存一日，則盡臣子一日之責。人臣事君如子事父母，父母有疾，雖
不可為，無不下藥之理。盡吾心焉。不可為，則天命也！今日天祥至此有死而
已，何必多言！」孛羅命囚於獄。

其忠義見於詩作《正氣歌》曰：

　　天地有正氣，雜然賦流形。下則為河岳，上則為日星。於人曰浩然，沛乎塞蒼冥。皇路當清夷，含和吐明庭。時窮節乃見，一一垂丹青。在齊太史簡，在晉董狐筆。在秦張良椎，在漢蘇武節。為嚴將軍頭，為嵇侍郎血。為張睢陽齒，為顏常山舌。或為遼東帽（管寧，居遼東，家貧，常著皁帽），清操厲冰雪。或為出師表，鬼神泣壯烈。或為渡江楫，慷慨吞胡羯。或為擊賊笏，逆豎首破裂。是氣所磅礴，凜烈萬古存。當其貫日月，生死安足論。地維賴以立，天柱賴以尊。三綱實繫命，道義為之根。嗟余遘陽九，隸也實不力。楚囚纓其冠，傳車送窮北。鼎鑊甘如飴，求之不可得。陰房闃鬼火，春院閟天黑。牛驥同一皁，雞棲鳳凰食。一朝蒙霧露，分作溝中瘠。如此再寒暑，百沴自辟易。哀哉沮洳場，為我安樂國。豈有他繆巧，陰陽不能賊。顧此耿耿在，仰視浮雲白。悠悠我心憂，蒼天曷有極。哲人日已遠，典刑在夙昔。風檐展書讀，古道照顏色。（林象鼎《林氏歷代史統》卷六十三）

9. 元世祖至元十九年（1282）

　　十二月殺宋右丞相少保信國公文天祥。天祥留燕三年，坐臥一小樓，足不履地，時帝求南人有才者甚急，王積翁薦之，帝欲用之，遣積翁諭之，天祥曰：「國亡，吾分一死耳。倘緣寬假，得以黃冠歸故鄉，他日以方外備顧問，可也。若遽官之，非直亡國之大夫不可與圖存，舉其平生而悉棄之，將焉用我？」積翁欲釋為道士，留夢炎不可，曰：「天祥出，復號召江南，置吾等於何地！」事遂寢。至是閩僧言土星犯帝座，疑有變。未幾，中山有狂人自稱宋主，有眾千人，欲取丞相。京城亦有匿名書，言某日燒蓑城葦，率兩翼兵為亂，丞相可無憂者。朝廷疑之，遂撒蓑城葦，遷瀛國公及宋宗室於上都。疑丞相為天祥，乃召天祥入，諭之曰：「汝移所以事宋者事我，當以汝為相矣。」天祥曰：「天祥為宋宰相，安事二姓，願賜之一死足矣。」帝猶未忍，遽麾之退，左右力贊從其請，遂詔殺之於都城之柴市。天祥臨刑，殊從容，謂吏卒曰：「吾事畢矣。」南向再拜，死年四十七。其衣帶中有贊曰：「孔曰成仁，孟曰取義，惟其義盡，所以仁至。讀聖賢書，所學何事，而今而後，庶幾無愧。」其妻歐陽氏收其屍，面如生。南北人聞者皆為流涕。天祥為人豐下，兩目炯然，博學善談論，飲酒能多而不亂，有忠孝大節。志廣才疏，卒以窮死，世哀其忠。所居對文筆峰，

自號文山。平生作文未嘗起草，尤長於詩，流離中感歎悲悼，一發於詩。在京口有指南集，在燕獄有集杜詩百首，又有吟嘯集行于世。有義士張毅甫者，負其骨歸葬吉州，適林某亦自惠州奉其母曾夫人之柩同日至城下，人以為忠孝所感云。天祥子俱亡，治命以弟璧之子叔子為後。（金宇顒《續資治通鑑綱目》卷十二上）

十二月殺故宋右丞相少保信國公文天祥。時有閩僧言土星犯帝座，疑有變。未幾，中山有狂人自稱宋主，有眾千人，欲取丞相。京城亦有匿名書，言某日燒蘻城葦，率兩翼兵為亂，丞相可無憂者。朝廷疑之，遂撤蘻城葦，遷瀛國公及宋宗室於上都。疑丞相為天祥，乃召天祥入，諭之曰：「汝移所以事宋者事我，當以汝為相矣。」天祥曰：「天祥為宋宰相，安事二姓，願賜之一死足矣。」帝猶未忍，遽麾之退，左右力贊從其請，遂詔殺之於都城之柴市。天祥臨刑，殊從容，謂吏卒曰：「吾事畢矣。」南向再拜，死年四十七。其衣帶中有贊曰：「孔曰成仁，孟曰取義，惟其義盡，所以仁至。讀聖賢書，所學何事，而今而後，庶幾無愧。」其妻歐陽氏收其屍，面如生。南北人聞者皆為流涕悲慟。有得其一履者，亦寶藏之。尋有義士張毅甫者，負其骨歸葬吉州，適家人自廣東奉其母至曾夫人之柩同日至城下，人以為忠孝所感云。

○初，天祥開督府，置僚屬，一時知名者四十餘人，而遙請號令稱幕府文武士者不可悉數，然皆一念向正，至死靡悔。盧陵鄧光薦曰：「天祥奉詔勤王，獨行其志，屢躓而愈奮，故其軍日敗，勢日蹙，而歸附日眾，從之者亡家沈族而不悔，雖人心向中國，思趙氏，亦由天祥之神氣意度足以感悟之也。」史臣曰：「自古志士欲信大義於天下者，不以成敗利鈍動其心，君子命之曰仁，以其合天理之正，即人心之安爾。宋德祐亡矣，文天祥奉兩孱王崎嶇嶺海，以圖興復，兵敗身執，終不可屈，而從容伏鑕，就死如歸，是其所欲有甚於生者，可不謂之仁哉。」（李恆老等《宋元華東史合編綱目》卷二十四）

冬殺宋少保樞密使信國公文天祥。先時天祥留燕三年，坐臥一小樓，足不履地，時帝求南人有才者甚急，王積翁薦之，帝遣積翁諭旨欲用之，天祥曰：「國亡，吾分一死。倘緣寬假，得一黃冠歸故鄉，他日以方外備顧問，可也。若遽官之，非但亡國之大夫不可與圖存，舉其平生而盡棄之，將焉用我？」積翁欲請宋官謝昌言等十人釋為道士，留夢炎不可，曰：「天祥出，復號召江南，置吾兩人於何地！」事遂寢。帝知不可屈議。將執之。未幾，中山有狂人自稱宋主，有眾千人，欲取文丞相。帝乃召天祥入，諭之曰：「汝何願？」天祥曰：

「天祥受宋恩為宰相，安事二姓，願賜之一死足矣。」帝猶未忍，左右力贊，帝從其請，乃詔有司殺于燕京之柴市。俄有詔使止之，至則天祥死矣。天祥臨刑，殊從容，謂吏卒曰：「吾事畢矣。」南向再拜，而死年四十七。其衣冠中有贊曰：「孔曰成仁，孟曰取義，惟其義盡，所以仁至。讀聖賢書，所學何事，而今而後，庶幾無愧。」數日其妻歐陽氏收其屍，面如生。翰林學士王盤以詩哭之曰：「大元不殺文丞相，君義臣忠兩得之。義似漢王封齒日（謂漢高帝封雍齒），忠如蜀將斬顏時（謂蜀將張飛斬嚴顏也）。精神貫日華夷見，氣節凌霜天地知。卻恐史臣編不到，老夫和淚寫新詩。」有義士張毅甫者，負天祥骸骨歸葬吉州，會家人自廣東奉其母曾夫人之柩同日而至，人以為忠孝所感。天祥子俱亡，遺命以弟璧之子叔子為後。天祥為人豐下，兩目炯然，博學善談論，飲酒能多而不亂，有忠孝大節。志廣才疏，卒以窮死，世哀其忠。居獄四年，忠義之氣一著於詩歌，累數十百篇。至是，兵馬司藉所存上之，觀者無不流涕悲慟。有得其一履者，亦寶藏之。

補遺：天祥，廬陵人，所居對文筆峰，自號文山。平生作文未嘗起草，下筆滔滔不竭，尤長於詩，流離中感歎悲悼，一發於詩。其所著在京口有指南集，在燕獄有集杜詩百首，又有吟嘯集行于世。張千載，字毅甫，文山友也。文山貴顯，屢以官辟，皆不就。文山自廣遠至吉州城下，千載來見，曰：「丞相赴京，某亦往。」遂寓于文山囚所側近，日以美食奉之。凡留燕三年，潛造一櫝，文山受刑後，即藏其首。仍尋訪文山妻歐陽夫人於俘虜中，俾出其屍火之。千載拾骨置囊，并櫝南歸，祔其家葬之。次日，其子夢文山怒云：「繩綑未斷。」其子心動，竦然啟視之，果有繩束其髮。眾服公英爽可畏，而千載高誼，亦千載而下所不多見也。時有挽文丞相詩二首云：「塵海焉能活壑舟，燕臺從此築詩囚。雪霜萬里孤臣老，光嶽千年正氣收。諸葛未亡猶是漢，伯夷雖死不從周。古今成敗應難論，天地無窮草木愁。」又曰：「徒把金戈挽落暉，南冠無奈北風吹。子房本為韓仇出，諸葛安知漢祚移。雲暗鼎湖龍去遠，月明華表鶴皎遲。何人更上新亭飲，大不如前淚灑時。」（林象鼎《林氏歷代史統》卷六十四）

時有閩僧言土星犯帝座，疑有變。未幾，中山有狂人自稱宋主，有眾千人，欲取丞相。京城亦有匿名書，言某日燒簑城葦，率兩翼兵為亂，丞相可無憂者。朝廷疑之，遂撤簑城葦，遷瀛國公及宋宗室於上都。疑丞相為文天祥，乃召諭之曰：「汝移所以事宋者事我，當以汝為相矣。」天祥曰：「天祥為宋宰相，安事二姓，願賜之一死足矣。」帝猶未忍，遽麾之退，左右力贊從其請，遂詔殺

之於都城之柴市。天祥臨刑，殊從容，謂吏卒曰：「吾事畢矣。」南向再拜，死年四十七。其衣帶中有贊曰：「孔曰成仁，孟曰取義，惟其義盡，所以仁至。讀聖賢書，所學何事，而今而後，庶幾無愧。」其妻歐陽氏收其屍，面如生。天祥為人豐下，兩目炯然，博學善論事，作文未嘗起草，尤長於詩，居獄四年，忠義之氣一著於詩歌，累數十百篇。至是，兵馬司藉所存上之，觀者無不流涕悲慟。有得其一履者，亦寶藏之。尋有義士張毅甫者，負其骨歸葬吉州，適家人自廣東奉其母曾夫人之柩同日至城下，人以為忠孝所感云。（李昰應命撰、申應朝編《綱目集要》卷七）

第四編　朝鮮王朝有關文天祥的詩文資料

尹斗壽編《成仁錄》

《成仁錄》序〔註1〕

　　嗚呼！天地間剛正之氣，生出一箇不世之人，以扶萬世之綱常者，曰文丞相、鄭先生是已。丞相當宋室之季，以擎天之才，厄於陽九，拘囚燕獄；鼎鑊如飴，百鍊丹心。如水萬折而必東。先生逮麗運之訖，盡忠所事。國存乃存，國亡乃亡。竹橋之血，化而為碧。蓋其地歲相懸，不翅千百。而貞忠大節，若合符契。撐亘乎宇宙，立人極於無窮。嗚呼！《正氣》《死了》之歌，使後人誦之，孰不掩卷太息而垂涕也。然若以忠節，只論兩先生，則烏足以知先生哉！見《衣帶贊》，可驗夫學問之功；讀《斥元疏》，甚嚴於尊攘之義。此誠為先生之至也。世之尚論者。庶可謂吾言之不誣矣。此書所編之意，已備於梧陰尹公之跋。而鄭先生主鬯孫元教將鋟梓，而壽其傳，請余弁之。噫！見今天下分裂，華夷無別。三綱淪矣，九法斁矣。此時此刊，豈其偶然乎哉！竊有所感者深，略書景慕之私如右云。時昭陽草闕之端陽日，德殷宋秉璿謹序。（見於《成仁錄》書前，又見於宋秉璿《淵齋集》卷二十四）

〔註1〕《成仁錄》在朝鮮王朝有很多版本，本次整理以韓國國會圖書館藏宣祖十四年（1581）木版本（索書號：貴 181.14 ○ 456 人）為據。

祥興獎論文丞相詔略

方敵氛之正惡，鞠旅勤王及皇路之已傾，捐軀奉國，脫危機於虎口，涉遠道於鯨波。雖成敗利鈍，逆睹之未能；而險阻艱難，備嘗之已熟。如金百鍊而益勁，如水萬折而必東。

恭讓王獎論鄭忠義伯教略

天人之學，王佐之才，射策而聯捷魁科，廬墓而克伸孝志。惟根本培植於內者，確乎不援；故英粹發越於外者，煥乎有文！廊廟施為，實堯君舜民之志；經筵啟沃，皆伊訓說命之言。

本朝七休孫舜孝曰：文丞相忠義，伯雨先生肝膽相照。忘一身，立人極，千萬世，景仰無已。惟利所在，古今奔走；清霜白雪，松柏蒼蒼。

自贊〔註2〕

孔曰成仁，孟云取義；惟其義盡，所以仁至。讀聖賢書，所學何事？而今而後，庶幾無愧！

遺墨〔註3〕

過吉水且數里去，甫得師真難，且二弟傾心教學，不可舍也。餘頃面言。八月初七日，兄天祥平安，頓。

天祥皇恐，奉復制使、都承侍郎：天祥至汀後，即建、福以次淪失，朝廷養士三百年，無死節者。如心先生，差強人意，不知今果死否？哀哉哀哉！坐孤城中，勢力窮屈，泛觀宇宙，無一可為，甚負吾平生之念。三年不見老母，燈前一夕，自汀移屯至龍巖，間道得與老母相見，即下從先帝遊，復何云？峻都相公去年館伴，用情甚至，常念之不忘，故回書復遣羅輝來，永訣永訣！伏乞臺照。正月日，文天祥頓首。

讀杜詩

平生蹤跡只奔波，偏是文章被折磨。耳想杜鵑心事苦，眼看胡馬淚痕多。千年夔峽有詩在，一夜耒江如酒何！黃土一丘隨處是，故鄉歸骨任蹉跎。（參見《文天祥全集》卷十五）

〔註2〕原書在《自贊》前有《文山先生畫像》。

〔註3〕《遺墨》，原書意其是文天祥遺墨，乃文天祥親筆所書之詩文，有十頁之多，一直到《與吉水永昌赤岸陳應乙》，皆係《遺墨》。有見於今本《文天祥全集》者，則標出處，無出處者，則存而不論。

雨雪

　　秋色金臺路，殷殷半馬蹄。因風隨作雪，有雨便成泥。過眼驚新夢，傷心億舊題。江雲愁萬疊，遺恨鷓鴣啼。（參見《文天祥全集》卷十五）

偶成

　　燈影沉沉夜氣清，朔風吹夢度江城。覺來知打明鐘未，忽聽鄰家叫佛聲。烏兔東西不住天，平生奔走亦茫然。向來鞅掌真堪笑，爛熳如今獨自眠。（參見《文天祥全集》卷十五）

與吉水永昌赤岸陳應乙〔註4〕

　　天祥皇恐上稟，申奉陳義士應乙同年：天祥司應以義兵勢益大振，喜吾郵（鄉）之士數應，不勝雀躍幸甚。若能引向東攘相見，尤為大幸。諒忠義之士，神明所符，必立奇勳，願相與勉旃！汪先生若能送郎事，謹此拜鑄（鑄，疑衍文）。七月三十日，文天祥劄子。

　　文山對策，以法天不息為對，其言萬餘，不為稿。考官王應麟奏曰：「是卷古誼若龜鑒，忠肝如鐵石，臣敢為得人賀！」

　　文山在學士院，逆賈似道意，束擔出國門。張志立劾罷之，援錢若水例致仕。時年三十七，始闢文山於其鄉，窮山水之樂。

　　故相江萬里素奇文山志節，語及國事，愀然曰：「吾老矣！觀天時人事，當有變。吾閱人多矣！世道之責，其在君乎？君其勉之。」

　　元將伯顏以危言折之，文山謂：「宋狀元宰相，所欠一死報國耳！宋存與存，宋亡與亡。刀鋸在前，鼎鑊在後，非所懼也，何怖我為！」

　　明胡廣曰：「丞相之大忠大節，獨立萬古，直與日月爭光，天地悠久。比之夷齊，心則不殊，而所為反有難者。」

望祭文丞相文　梅邊王炎午

　　嗚呼！扶顛持危，文山、諸葛；相國雖同，而公死節。倡義舉勇，文山、張巡；殺身不異，而公秉鈞。名相烈士，合為一傳。三千年間，人不兩見。事

〔註 4〕陳應乙，吉水縣赤岸村人，字季良，號良齋，寶慶乙酉生。寶佑丙辰中文天祥同榜進士，授公安尉，咸淳間上書忤似道回籍。文天祥起兵抗元，陳應乙在鄉舉義師響應，文天祥陷元後，應乙憂憤長逝。此文不見於《文天祥全集》，核查《全集》底本及參校本其中兩種（明嘉靖刻本《文山先生全集》及同治景室本《文信國公集》）可知，景本逕刪此文，明本卷十八有此文翻刻墨跡，但無正文，較《成仁錄》所翻刻更清晰。

繆身執，義當勇決。祭公速公，童子易簀。何如天意，佑忠憐才。留公一死，易水金臺。乘氣捐軀，壯士其或。久而不易，雪霜松柏。嗟哉文山，山高水深。難回者天，不負者心。常山之髮，侍中之血。日月韜光，山河改色。生為名臣，死為列星。不然勁氣，為風為霆。干將莫耶〔邪〕，或寄良冶。出世則神，入土不化。今夕何夕？斗轉河斜。中有光芒，非公也耶！

哭文丞相　　邵庵虞伯生

徒把金戈挽落暉，南冠無奈北風吹。子房本為韓仇出，諸葛寧知漢祚移？雲暗鼎湖龍去遠，月明華表鶴歸遲。不須更上新亭望，大不如前灑淚時。

圃隱手跡〔註5〕

七月二十一日，忽奉佳章，讀之再三，乃知超然於物外者。其出語亦能灑然非俗人之所可及也。驪江，吾所樂也，亦先生之所知，不圖先生之先吾着鞭也，南望不覺為之悵然。況世間新事，歲異而月不同矣。近聞若齋廬墓，幸今官閑，欲與陶隱匹馬往弔。果得如願，川寧當作一夜話也。歲受新尖之惠，敢不銘感。僕自六月，患痢疾將三十日矣，比來少愈，幸并照及。余在途歸時。秋涼，千萬珍重。只此。鄭夢周頓首。

八月五日，忽承惠示，佳章披閱再三，如對面目，親賜慰問，喜慰可知也。宦情非予樂也。每逢秋至，山水之興，尤有感於中心。先生何人，能獨辦此？人回，不勝惘惘。餘希順序自玉，只此。昏黑草草。（參見《遁村雜詠附錄‧答遁村書圃隱》）

別後懸渴多也，即辰動止何如？區區亦無恙，毋勞念及。僕於今月十九日超拜密直提學，深懼亢滿，日夜不安，惟先生想督此意。余冀萬萬珍重，只此。鄭夢周再拜。

十一月二十四日，崔鄲之女之母族亦真兩班也，余聞之三寸李敬之判書。

右寄遁村手簡。

用首篇李供奉韻

美人在南方，路遠音塵絕。欲往從之遊，饕風吹虐雪。謇脩今安在，蘭佩護香烈。蛾眉肯我顧，已有邦之傑。延佇結桂枝，仍仍情已竭。不如賦歸來，退保平生拙。胡奈尚遲疑，區區學容悅。

〔註5〕「圃隱手跡」，係編者所加。以下為鄭夢周手跡，一直到「右寄遁村手簡」。

郭君同門人，今幸又同列。手操褒誅筆，高節不可折。昨自南方來，今還改車轍。歲暮獨淹留，相從嗟一瞥。白日慘不暉，陰雲擁無缺。何時春風場，會合無離別。並駕同長途，胸中共君說。君歸有可書，特書無緝綴。

壬寅冬十二月烏川鄭夢周書。（參見鄭夢周《圃隱集》卷二《用首篇李供奉韻二首》）

李崇仁曰：「達可學，博古今。氣醇以方，言溫而辨。」

圃隱臨命之歲春月嘗訪友，友不在，即就花階，折花吟賞。因起舞，呼取酒來。主媼以梨花酒一大器進，即盡飲。又索一器，飲立盡。嘆曰：「節物如是，惜也！風氣甚惡甚惡！」公登溷必移時，得詩句則於廁上取筆硯書之。夫人問曰：「近日何不廁上作詩？」公愀然曰：「詩思也沒。」《曹伸瑣錄》

本朝徐居正《詩話》：當麗季，國勢岌岌，有僧贈圃隱曰。「江南萬里野花發，何處春風無好山。」圃隱流涕曰：「嗚呼！其晚也，其晚也！」

成俔《叢話》：圃隱學問精粹，文章浩瀚。麗季為侍中，以盡忠輔國為己任。革命之際，天命人心，皆有所推戴。公獨毅然有不可犯之色。（以上均見於鄭夢周《圃隱集附錄》之《諸家記述》）

臨皋書院祭文　退溪李滉

嗚呼！海東一隅，箕子所臨。迨世陵夷，大道湮沉。不有先覺，孰淑人心。革命改物，天地大變。惟聖合天，既應帝眷。不有大忠，民彝孰見。嗟我夫子，天挺人傑。希聖之學，柱天之力。入則惟孝，出則惟忠。遭世孔棘，蹇蹇匪躬。聘隣服頑，朝天感帝。盡瘁經綸，興替補敝。廈顛木支，河決航濟。從古英雄，運去無成。泰山義重，鴻毛命輕。【我朝盛德，褒典甚寵。爰命禮官，從祀聖孔。上自國學，下及州縣。享右儀式，洋洋丕顯。矧茲古川，夫子遺墟。芒芒沃野，混混清渠。有儼綽楔，有讚孫公。高山景行，感激人衷。盍建祠學，明示欽崇。恭聞聖宋，書院創制。以尊先正，以範來裔。大明吾道，於斯最美。我王遵式，許彼豐始。我不承奮，一方之恥。曰遂應生，允良諧議。于胥斯原，出財敦事。鄉閭列邑，莫不喜施。作廟翼翼，堂舍秩秩。百爾求備，功未易訖。逮于方伯，陳聞天陛。頒書賜額，化原光啟。更幾星霜，慶告成功。乃卜吉日，將事廟中。同好鼎來，肅肅雝雝。樽俎淨潔，黍稷芬豐。其香始升，若覩英風。嗟我夫子，海東儒宗。】來者不幸，未及論著。當在泮宮，橫豎說語。我尋其緒，無所徵據。惟視所就，先立其大。天綱地維，萬世永賴。學求如是，道之

準程。【菁莪樂育，發揮遺經。闡教是務，弘道為榮。】匪仰夫子，誰作主盟。
【神之格思，監我中誠。歆我酒食，惠我光明。自今伊始，世世惟寧。】〔註6〕
（參見於《圃隱集附錄》《臨皋書院祭文》；又見《退溪集》卷四十五《臨皋書
院成　祭鄭文忠公文》）

憶鄭散騎〔註7〕　牧隱李穡

　　光風霽月鄭烏川，獨究遺篇續不傳。曾與病軀游泮水，故承交契已多年。
浮舟出使東看日，赴闕生還上有天。肯羨子長疏蕩氣，直將興喪望文宣。（參
見於《圃隱集附錄》《憶鄭散騎》；又見《退溪集》卷四十五《臨皋書院成　祭
鄭文忠公文》）

《成仁錄》跋　尹斗壽

　　昔年奉使燕京，出城日，謁三忠祠。見文山肖像，凜凜有生氣，竦然而起
蕭。及視延陵篆，往來松都，拜圃隱畫像，景仰之心，與前無間，大勝於對黃
卷糟粕文字間也。乃摹真像及其心畫，作為一編，時而觀之。未嘗不斂袵而加
敬。不知是心孰使然哉！

　　夫二公之出處生死，頗相類。捷魁於場屋，同也；拜相於國事既去之後，
似也。至其益王殂於井澳矣。衛王赴海死矣，博羅使之跪矣，而文山之志節不
少沮。困辱之，摧折之，甘言以誘之，高爵以啖之，迄莫能奪之，而竟死之。
九十日程而五十日乃進，隣邦方構亂，而嘀命無難色。圃隱之志節，為如何？
雖知天命有歸，眷眷本朝之心，夷險不改，欲以一木支大廈，終至於從容就義
而甘心焉。是皆所養之粹，所立之卓。皎然如秋霜烈日之光，屹然如岱宗喬岳
之高，而人不可狎近也。

　　文山之言曰：「父母有疾，雖不可為，無不用藥之理。」圃隱之言曰：「受
人社稷，豈敢有二心！吾已有所處矣。」二公之言，二公之心也。由其見得是
非利害、輕重取捨之分，極到盡處，故雖於顛沛流離之際，而處之裕如。可以
生而有不由，可以死而安若命，薪至於成就一箇仁字而已。嗚呼烈哉！嗚呼偉
哉！士大夫平居，食君之祿，畏不厚曰吾能國耳！及乎臨秋毫得失，其不動其
心、喪其守者鮮矣。觀是編者，有不泚其顙乎！吾為此懼。

　　刊是編，而首以當日詔教之略，附以諸公言論詩文于後。嗚呼！柴市、竹

〔註6〕本文收入《成仁錄》中有刪節，凡「【　】」內的文字，係刪節部分，現以原文補
　　　充。
〔註7〕原文有三首，此處僅摘錄第一首。

橋，既留千年之碧血，高山景行，寧闕後世之表的。

萬曆辛巳至日延安府使尹斗壽敬書。（參見《梧陰遺稿》卷三《成仁錄跋》）

題《成仁錄》後〔註8〕　李民宬

友有寄余一卷書，名曰《成仁》，乃故相尹海原之所編錄也。文山、圃隱，誠可謂殺身以成仁者。第恨是錄簡之太簡，無以考其出處之終始。至如登溷作詩等事，有不必錄也。吁！二公之名聲節義，貫古今，亘宇宙，如日月雷霆運行於天。雖愚夫愚婦，亦知誦其名字，則有不待是篇之有無也。而然既錄是書，則該終始，備記錄，深有望於後之君子云爾。萬曆戊午五月日，紫巖書。（《紫巖集》卷三《題成仁錄後》）

《成仁錄》跋〔註9〕　金德謙

仁之難成也久矣。能殺其身以服聖訓者，莫如兩先生。雖其精忠大節，不與骨皆朽；而昭揭烈烈者，得是錄益著。兵火之後，逸而罕見。圃隱之後，曰兵使鄭應聖，得一本而鋟諸梓，復使人人對其卷而想其人。所以表前後之共貞，而尤惓惓於家聲者。吁其至矣！謹跋。（《青陸集》卷六《成仁錄跋》）

至正二年菊月廿四日，同年松塦先生與俞長官携酒訪予。酒半，次文丞相詩韻，各賦一首　閔思平（1295～1359）

白日多榮辱，青山無是非。詩書誤國事，塵土污人衣。賈生似輕薄，馮老自依違。江上廢廬在，吾將與子歸。（《及菴詩集》卷二）

題古畫屏十二絕・文天祥　申叔舟（1417～1475）

大運將終天命移，英雄無術可扶危。成仁取義心中事，留照汗青人得知。（《保閑齋集》卷七）

題圃隱先生孝子碑閣　孫舜孝（1427～1497）

文丞相、忠義伯，兩先生肝膽相照，忘一身立人極。千萬世景仰無已，惟利所在，古今奔走。清霜白雪，松栢蒼蒼。構屋一間，將以蔽風。公靈安兮，我心安兮。（鄭夢周《圃隱先生集・附錄》；又見孫舜孝《勿齋集》卷一）

〔註8〕此文並未附入原書之中，乃編者所加。
〔註9〕此文並未附入原書之中，乃編者所加。

古今忠臣義士摠論　金時習（1435～1493）

三代盛時，無忠臣，但良臣而已。至於衰世，有直臣焉，有忠臣焉。

言良臣者，際明盛之世，居吁咈之朝，君臣以道相資而已。故其處身也甚安，其行道也甚易。咎、夔、稷、卨之類。《易》曰「與時偕行」，是也。

其次直臣者，處將興之世，逢有為之主，其君幸有過差，直言不諱，以道扶持，納君於善治，故其處身也雖難，其行道也無滯。《詩》曰「袞職有闕」，仲山甫補之是也。

至於忠臣，則其處身行道也極難。逢將危之世，處顛沛之際，惟以殺身成仁，見義則為。為責而已。《詩》曰「彼其之子，舍命不渝」是也。故云歲寒知勁草，世亂識忠臣，可不危哉！古之君子，必欲見幾而作，知難而退者，皆以是也。然既已委質而為臣，則無可去之義。故有先見之智，然後得不臣之節；有知幾之量，然後守靖退之機。非明哲保身者，不能與此。

然又有同姓異姓之異。異姓之臣之處危世也，其諫君也，反覆之而不聽，則理或可去。同姓之臣，屬籍相連，國亡與亡，與社稷同休戚，寧以死自處而自盡。業不可去，數諫不聽，或位可也。

之士之在世，讀書就仕，為直臣也固難，為忠臣也極難。古人說忠字，以盡己釋之。盡己者，死生危難，必盡臣道，竭力盡己而已也。不必敢忍以赴死，苟且以避難也，但觀其勢耳。然其事之成與不成，志之就與不就，命也。可為之事，當盡其力；可行之志，當竭其誠。而其為忠。不必苦為為臣不可為之事，只以為臣可為之事，盡其職分耳。龍逢、比干之死於桀、紂，職分也。諸葛亮、岳飛、文天祥之盡節於蜀、宋，亦職分也。何足為異哉！

或曰：臣之於君，竭力盡忠，職分也。而古今太史別為列傳以旌異也者，何也？曰：三代以降，世道澆漓，臣之於君，徑情直行。當危不避者，什無一二，巧言迎意，患得患失者，比比有之。故必旌其節義，筆之華袞，然後慷慨憤烈之士，競赴於義，樂以授命。無逡巡赵趄之容，有掉臂唾掌之勇者。間或有出，故必表而出之，以警萬世。然達人觀之，則以為我之職分，何必效古人，然後敢為可為哉。嗚呼！伊人不可屢得而見之也，曷勝歎哉！故列忠臣，追傷著贊。（《梅月堂集》卷十八）

文天祥傳　金時習

宋祥興戊寅，元將張弘範至潮陽，丞相文天祥被執，吞腦子不死。明年，

弘範至崖山，脅天祥令以書招張世傑。天祥曰：「我不能扞父母，乃復教人叛父母乎？」弘範曰：「國已亡矣，子欲殺身為忠，誰復書諸簡策乎？」天祥曰：「商非不亡，夷、齊不食周粟。為人臣者，各盡其心，何論書與不書！」弘範改容。送燕，不食八日不死。至燕，丞相孛羅問曰：「汝立二王，做得甚麼事？」天祥曰：「立君以存宗廟。存一日，則盡臣子一日之責。人臣事君，如子事父母。父母有疾，雖甚不可為，豈有不下藥之理！但死而已，何必多言！」繫獄月餘，在獄作《正氣歌》，其詞甚激烈。後又再問，辭愈不屈，乃放。及至元壬午，元賜死，南向跪而死。後見其衣帶中有《贊》，其詞曰：「孔曰成仁，孟曰取義。惟其義盡，是以仁至。讀聖賢書，所學何事。而今而後，庶幾無愧！」又作《六歌》，詞甚悽壯。（《梅月堂集》卷二十）

哀文山　三首　　金時習

國破家亡意若何，平生身計轉蹉跎。崖山浪倒天方蹶，燕地風靡事已差。大宋既無餘版籍，臊胡今欲止干戈。可憐二百年前事，竟作漁樵一曲歌。

素患堅貞志不移，可忘平昔讀書時。從容就義寧終斃，苟活偷生豈敢為。犬豕一朝生朔漠，風濤千丈起南陲。孤臣何必多言語，死耳寧論死後知。

嗟嗟胡羯迫驅牽，南望崖山路幾千。志大欲能肱捧日，才疏寧得掌撐天。生前有舌雖言語，歿後無心著簡編。唯欠一死那更問，委身君國志專專。（《梅月堂詩集》卷二）

文天祥贊　　金時習

元兵入宋，宋室將亡。元將弘範，至于潮陽。天祥被執，吞腦不死。脅威千般，不失所履。又令招他，壯言可恥。張曰國亡，以忠就殺。有誰書之，旌汝美節。曰商夷、齊，不食周粟。臣各盡心，何論筆冊。張為改容，嘉其忠烈。押送于燕，不食八日。孛羅又姓，略不少屈。其言慷慨，壯氣莫剉。遂繫于獄，亦無暫挫。乃歌正氣，其膽甚大。爰放遂志，其節如矢。後又賜死，死向南跪。帶中有贊，其詞可軌。偉哉文山，人臣所企。芳節綿綿，輝映青史。（《梅月堂文集》卷十九）

悲弔辭・弔文文山　　成俔（1439～1504）

為士當盡其美，為臣當盡其忠。凜忠義之不磨兮，惟有文山信國公。天不助乎我宋兮，屬豬之業將終。金氛既已染乎河洛兮，蒙騎又何充斥乎西東。挑

蟲變為飛鳥兮，拚大翼於長空。混六合以左袵兮，誰知烏之雌雄。黃屋飄飄兮，何許鼠為虎而魚為龍。保崖山一片之地兮，聚艨艦而為宮。欲收餘燼兮，猶欲背城借一而成功。天之所廢不可支兮，余何去而何從。噫《六歌》之已闋兮，望南極而忡忡。白日掩其無光兮，不照余之丹衷。孔成仁而孟取義兮，常佩服於心胸。顧內植之已固兮，甘就死而從容。死有輕於鴻毛兮，名萬古而無窮。至今華與夷兮，敬仰高風。（《虛白堂文集》卷二）

讀《文天祥傳》　俞好仁（1445～1494）

窮髮黑風大如屋，頓撼乾維掀地軸。薊門何處辨堯封，妖塵夜暗中原月。中原父老望日表，萬里厓山窮海渺。一片龍軻六尺孤，才辦區區天下趙。孤臣忠膽大於斗，慷慨自許撐天手。勤王盡悴十餘年，大物終非屬豬有。國破家亡何所托，天荒地老無終極。平生畏戉王鼎翁，汨羅一勺西山蕨。蒼茫燕市愁雲閉，萬古英魂直宋瑞。高歌正氣為君悲，定有坤靈道滄海。（《㵢谿集》卷四）

讀《文天祥傳》　李宜茂（1449～1507）

忍死胡天事已違，崖山遙指轉依依。但知許國忠誠在，那料勤王膂力微。萬古綱常雖不改，百年文物已成非。至今凜凜餘遺恨，讀盡殘篇淚滿衣。（《蓮軒雜稿》卷二）

謁文丞相廟　五首　曹偉（1454～1503）

丞相祠堂何處尋，天街北畔鳳城陰。清風肅肅廟庭邃，遺像堂堂歲月深。去國肯搖蘇武節，存劉不愧孔明心。百年忠義留天地，烈日秋霜照古今。

　　又

運去英雄阨老奸，要將獨力了艱難。松開虎旅來無數，崖嶺龍胡杳莫攀。燕市千年冤未洩，睢陽百代事堪班。數行血寫衣中贊，皎日冊衷激懦頑。

　　又

方倚扶顛盖世才，錢塘潮汐幾時回。已聞鄜上赤虹起，不覺江南白鴈來。當日衣冠那復見，舊宮禾黍亦堪哀。指南有錄無人識，留取聲名萬古雷。

　　又

坐見桑田碧海翻，屹然砥柱鎮橫奔。夢歸杭越山河在，骨化燕臺日月昏。自古天人巧相勝，于今凡楚竟誰存！一時成敗悠悠事，血食千秋廟貌尊。

又

曾於青史仰遺芩，今拜英姿聳舊聞。漠漠凝塵棲黼袞，峩峩古碣濕苔紋。懷鄉堪笑庾開府，識字那論楊子雲！正氣不隨黃土盡，至今昭晰揭人文。（《梅溪集》卷三《燕行錄》）

文天祥　李胄（1464～1504）

蒼松凌直幹，朝日射寒芒。古今無少欠，天地愁純剛。（《忘軒集》卷一）

重陽日　避寄芝舍，遇雨有作，錄奉仲擧　李賢輔（1467～1555）

當年丞相休言日，獨寓山齋我復傷。連哭喬山悲不耐，何從風雨又顛狂。（休言日，本文丞相之語。後詩，本金莘尹，白酒泛黃花之意。）

憂國憂家憂歲歉，百憂叢裏度炎涼。階前隱逸知時節，霜後殘英吐嫩香。（《聾巖集》卷一）

次梅溪謁文丞相廟韻　五首　鄭希良（1469～？）

茫茫往跡杳難尋，欲說當時日自陰。正氣蕭條南渡盡，胡風慘慽北來深。崖山一敗非人罪，燕嶽千秋未死心。血寫平生衣有贊，輝光皎潔照如今。

平生手疏為誅姦，末路傷心獨詠難。日迫虞淵誰取洗，天傾杞國欲躋攀。齧氈北海成雙節，恥食西山自一班。落落高名忠義傳，餘風能起賤夫頑。

一夜西風碧海翻，兩都冠蓋鳥驚奔。北來歲月忠心老，南望塵埃白日昏。即墨將危齊可恃，孔明未死漢猶存。堂堂正氣公俱逝，千古人間節更尊。

景炎承相仗雄才，王氣如絲挽不回。鼎水方驚龍御遠，祈山未見捷書來。謀張越國心逾壯，詩集杜陵事益哀。燕市豈銷忠憤氣，晴天應作一轟雷。

伏臘椒漿薦苾芬，文山高節昔曾聞。忠蛇古壁留丹篆，風雨苔碑長碧紋。寥落遺魂歸浙越，凄涼古廟只煙雲。豎儒不識先生志，何用區區草祭文。（《虛庵遺集》卷一）

謁文丞相廟　金世弼（1473～1533）

顛風怪雨自何方。簸蕩神州勢莫將。赤手欲撑天北極。黃袍胥溺海中央。綱常萬古留柴市。魂魄千秋在首陽。牲幣謨陳祠廟下。肯同元鬼食斯鄉。將一作當（《十清集》卷三）

讀文天祥《正氣歌》　金安國（1478～1543）

朔方妖氣埋神州，五嶽坼裂江河翻。豺狼跳躑梟鴟號，乾坤霧晦三精昏。中原億兆盡左衽，炎鼎已淪誰能援。隻手誓擎杞天崩，國亡與亡存與存。堂堂軀命尚如毛，百口況望全戶門。宇宙孤忠耿白日，萬古凜凜留英魂。世間秦賈狗彘輩，齊斧詎足污血痕。高聲一讀卷中歌，為公涕淚難禁捫。（《慕齋集》卷三）

擬詠史·文天祥　沈彥光（1487～1540）

燕獄幽幽日色昏，分明衣帶血書存。凄涼故國英靈返，應向崖山奉帝魂。（《漁村集》卷十）

崖山賦　梁彭孫（1488～1545）

滄溟萬頃之浩浩兮，一點山兮波之中碧。何所獨無江山兮，使余到此增鬱悒。自五國二帝之魂冷兮，值炎祚兩日之無瑞。中原地日蹙百里兮，孱孫帝昺同未在位。已矣天祿之欲終兮，胡元腥羶彌滿乎中國。哀舉族之北轅兮，悵燕山兮日色薄。世傑秀夫之忠赤兮，慷慨三百之社稷。忘國事既去之莫救兮，謀興復小康之夏業。吁嗟乎河渭之潰溢兮，類橫軀而欲抑。尚遷延一日之炎祚兮，流離趙肉乎茲山中。草草萬官之奔竄兮，六尺之孤不能安朝夕於行宮。頻年航海之間關兮，黃屋旌旗之無色。胡兵千艘之駕浪兮，杲耀雪霜之劍戟。糖槍氣焰之孔熾兮，忠義之士白手而無策。勢窮屬豬之國步兮，欲濟大洋之顛風。寧與偕亡舞屍駭浪兮，九重天子玉帶相公。夷狄世為中國患兮，何皇天在宋而尤酷。衣冠膚敏隨驚湍而淪沒兮，數百年神州遽染污俗。閩廣之都盡為灰燼兮，九廟不守兮狐兔窟。然國滅身死之以正兮，庶沖子瞑目於魚腹。第可恨者肇有此天地兮，泰往則否極。雖德懋如三代兮，統一如漢唐。及其後世之衰微兮，畢竟神器之等亡。豈嘗有噴薄滄溟兮，竝君臣載胥及溺。骨骸之無以為葬兮，靈魂之無以為托。繄祖宗神明之有知兮，應九泉之飲泣。是不特天命之靡常兮，固亦有人謀之不臧。噫木朽生蟲兮，河決毀防。秦檜議和而誤前兮，似道開邊而誤後。大理岳王之冤死兮，謀臣擯斥而鉗口。紀綱內圮乎中國兮，戎狄猖然而仄目。迨禍稔而顛蹟兮，縱將伯兮何及。忠膽義骨擎天之文山兮，已矣燕獄之孤囚。時不利兮奈何，歌六噫兮空涕流。悲乎哉！薪薪兮麥秀殷墟，離離兮黍稷西周。雲冷芒碭之山川兮，樹古彭城之日月。乾坤兮一場逆旅兮，帝王兮互相主客。興不必為福兮，亡不必為災。勿為元慶兮，勿為宋悲。雖然天之所

廢者必有桀紂之暴兮，所興者必有湯武之德。毒中夏而主生靈兮，反出乎鐵木之胡虜。海上群魂若嘯若啼兮，似怨時天之不仁。邈天意之吾不測兮，徘徊渡口兮怒膽輪囷。（《學圃集》卷一）

次翰林學士王先生《哭文丞相》韻　　李彥迪（1491～1553）

三百宗祊輸海窟，孤忠向北獨何之？（《考異》：「三百宗祊輸海窟」，一作「一點崖山慘浩渺」。）天昏慷慨扶舟日，雲暗從容就市時。大節已從衣帶決，丹心留取古今知。（《考異》：「留取古今知」，一作「貫日鬼神知」）山齋寂寞披青史，揮涕聊題弔古詩。（《晦齋集》卷二）

答趙士敬　辛酉　　李滉（1501～1570）

書來，具悉近況，如濯熱以清泠之水，幸甚。僕比日未免俗撓。有流傭在戶者，病於他而來死，其終可虞。故出在陶山，今已數日，而家無他患，方以為適。昨得宜寧書報，妻母病革，事且難料。自以病身，行止之間，又有甚礙，欲去不得。止令寯兒馳往，明當發去。見此來辭，甚為憂煎。人事如此，何時而得身入萬順境界中耶？

所詢《芙蓉絕》第二句，「芙蓉曾見足佳名」云爾。其餘諸作尚多，今此無興，未暇寫呈，可俟後也。示及清遠光霽二號，絕有佳致，可為彼中山水賀也。其末所自警之語，足見顧名省身。策勵不已之意。滉於此，占得佳勝如此。每念造物所餉，不為不厚，已逐處命名。又以詩句，略略點綴，時自惕念，只如此虛誇，所以律身者疎脫，恐古人所謂山園甚佳，而人志則荒者，人將以此加之我也。今見來喻，實獲我心。惟當相與勉之，庶不歸於自棄耳。

琴夾之謂文山不當出，其意未可喻。所論之意，鄙見亦然。文山乞斬董宋臣，不聽則致仕而去，若將終身。及其再出，則所謂被髮纓冠之急，何暇計陳宜中耶！今欲指小節，以議大節，恐未免蚍蜉撼樹之譏也。近少俟事定，當遣僮驢，庶幾一來款語。（《退溪集》卷二十三）

答趙士敬　　李滉

清遠光霽　士敬築二臺，以在芙蓉山下，取香清益遠之意，欲名清遠。以在風月潭上，取光風霽月之意。名光霽，並稟于先生。

山園　止　志則荒　（《語類》）周舜弼遊屏山歸，因說山園甚佳曰：園雖佳，而人之志則荒矣。

文山不當出 （士敬書）琴君應夾謂陳宜中當國，文山不合出。穆答以文山之才，擔當天下事，扶持宇宙，整頓乾坤，乃其素志，豈可退伏丘壑，為獨善一身計哉！

乞斬董宋臣 （《宋史》）理宗開慶元年，邊報日急，內侍董宋臣請帝遷都四明，以避賊鋒。文天祥乞斬宋臣，不報。

何暇計陳宜中 （《宋史》）帝昺德祐二年，勤王詔至贛，文天祥奉詔涕泣，發郡中豪傑入衛。元伯顏至長安，陳宜中違約不往議事，伯顏乃進次皋亭山。文天祥、張世傑請移三宮入海。已而率眾背城一戰，宜中不許。白太后遣楊應奎上傳國璽。應奎既行，宜中夜遁。伯顏欲執政面議，太后乃以文天祥為右相，與吳堅偕往。伯顏顧天祥舉止不常，疑有異志，留之。（《退溪集・退溪先生文集攷證》卷之五）

《文山集》序　盧守慎（1515～1590）

宋丞相信國公，非所謂常伸於萬物之上者歟！其生也非生，其死也非死。嗚呼！其亦間氣也。夫初入都也，乞斬臣鐺。尋忤當國，及請誅逆釁鼓，則國事已去後也。虜至，明日而授相，又明日而使虜，正社稷為重之日。其與虜抗陳大誼，特幸成焉爾。又明日而降表來，其如彼，何哉？自以舉墜續絕為己任，知有國不知有其身矣。不顏劉而華袁，亦義也。脫歸江南，復相復出，乃復數州。所至響應，諸公忌之。軍敗再執，天也。

當其困頓逃匿，備嘗艱楚而不撓；道途猚犴，累厄貴酋而不屈。即公所自謂幾死者十有六，非人所堪。大義愈屬，可見無時無處不仁志者矣。其必四年燕獄，何義？蓋將以有為也。今不可為也，抑欲以暴白也。人不知，亦外也。使虜放而為民，亦當有以處之矣。大抵付死生於度外，惟以聽乎天其可不可，豈不綽有餘裕！夫人久不穀死，不汗五日死，公既思之爛熟矣。卒能從容就義于市朝，豈非神明有以扶持之與！

嗚呼！公之孤忠壯節，蓋至此無以尚之。諒亦足以表天常，整人紀，為天下萬世防。茲其事業之偉，光明震動；烈烈耳目，如日月在空，自無容泯焉。尚復何俟於文章！文章雖其餘事，亦只是聲乎心。心豈有表裏大小而可遺乎哉？此劉、陳諸君所以卷卷編集，欲壽其傳者也。除《附錄》《續錄》並三卷外，凡公所作曰《文集》十七卷、《別集》六卷。今讀其言，原理達事，遣興感遇；長篇短述，宏敷遒勁，皆自忠肝義膽中流出，不失好惡之正者，令人凜

凜覺有生氣。信乎不隕淚者無人心,懷二心者不歉魄。吾不信,唯我聖上重世教之本,特表章之。俾亟繡諸梓,既又命臣序之。臣不知末,焉知本?

竊惟所為極難,殫於智滅之後。死而後已;決於劉蹶之際,非無所為而為者不能。宋亡至崖山亡,七載一日,則公一人耳。此其所以能伸於萬物上也。顧所伸者何也?氣也。何氣也?天也、地也、人也。人也參而得之,得而失之,公能不失而全歸之。或者程子所謂實見得者,不應不為之相補也。不然,何其久而不餒若是,真可謂一世豪雄也已。至於斯集行,而亂臣賊子懼,其為扶植也大,豈直頑廉懦立而止。嗚呼!邦其永孚于休。皇明萬曆十三年乙酉七月初三日,大匡輔國崇祿大夫議政府領議政盧守慎謹序。(《穌齋集》卷七)

策問・張良、諸葛亮、陶潛、杜甫、岳飛、文天祥之所遇所處
黃俊良(1517～1563)

問:尚論人物而較其短長,亦窮理之一事,必以身處其地,而審其所遇所處之何如?若泛觀一時之成敗而斷之,則非所謂善論英雄者矣。

張子房,狙擊祖龍,特出於匹夫之勇,而得脫於大索之中,用何術而致然歟?舉足搖目,劫制劉、項,而相韓報仇,終不能以語人,此可謂有儒者氣像歟?受書圯上,道引辟穀之說,其亦可信歟?

諸葛武侯,龍臥草廬,抱膝躬耕,若無三顧之勤,則將與草木同腐而已歟!不尊獻帝,襲取劉璋,可謂王佐之事業,而僅保鼎足之勢,不能光復舊物,何歟?將才非所長之說,是歟?非歟?

陶元亮,解綬歸田,恥事二姓,高致可尚,而結友緇流,與相往來,何歟?宗國淪亡,無意討賊,而吟托楚些,昏冥麴糵,終是沖澹底人,而本無扶危之志歟?詩家視之,猶孔門之伯夷,其以詩歟?其以節歟?

杜子美,崎嶇夔蘷,忠愛藹然,而不能周旋於李、郭之間,以贊中興之業,何歟?使其得君行道,則才過姚、宋,而能做稷契事業歟?作者以詩史比諸六經,亦何所取歟?

岳鵬舉,生南渡之後,振垂絕之勢,天意似若有在,而終不能回二帝北轅,何歟?設奇畫策,料敵如神,而終不能悟奸臣之誣陷,竟罹讒鋒者,何歟?忠義出天,身任社稷,而不暇為保身之智歟?

文宋瑞,當國事既去之後,拜相出師,意可以持危於萬一歟?間關萬死,久蟄燕獄,志欲何為?而竟靳一死,染血讎刃者,何歟?精神所感,震動天地,而不能一折醜虜之凶鋒,志大才疏之說,是歟,非歟?

此六吾子，皆三代以後名世之賢，論其人品，則似難上下，而考其事業，則各有成敗，其才智之高下、時義之可否，亦有可得而言者歟？若使當子房之時，則何以報仇存韓，而無近譎之迹；當孔明之時，則何以滅魏殲吳，而恢高、光之緒歟？為子美而效許身之忠，為元亮而致報讎之節，用何道而可歟？全身於武穆立功之會，圖存於文山顛沛之日，其亦有策歟？諸君子莊修一院，尚友千古，窮經看史，仰讀俯思，其於前賢得失之迹，研磨揣度，素講於胸中久矣，欲聞善處之策。（《錦溪集・外集》卷八）

次河浩源和文山輓詞　　吳健（1521～1574）

汴水微茫瑞日暉，飄飄黃屋戰塵吹。孤忠只憤秦庭哭，壯節焉從燕獄移。一片龍舟無力濟，千年精衛洩冤遲。胡元不是宗周日，孤竹清風勝昔時。

附　元韻

崖山斜日照寒暉，燕獄悲風怒髮吹。國脈尚期甌自固，天心胡奈鼎終移。蒼梧杳杳遺弓冷，碧海茫茫返帆遲。萬丈晴虹牛斗貫，相公幽憤在當時。（《德溪集》卷一）

上退溪先生　　趙穆（1524～1606）

天氣向熱，伏惟德履平和萬福。即日欲進謁，未得款段，未果恨仰。小子依舊伎倆，消長日耳。前日面論在陶山《望芙蓉絕》第二句忘卻，思省不起，深恨。伏望並諸作記惠，何如？臺名，時未有稱，欲以「清遠」為號。蓋取濂溪《愛蓮說》中「香遠益清」之語，庶協芙蓉之義。而其處地亦可謂之清遠，似不負佳名。其下臨水陡絕處，尤更瀟灑。他日築成小臺，則欲喚作光霽，以下有風月潭故也。不知於義何如？其餘可名者非一，而惟此最為關心處耳。但徒竊取古人美好底語言，付與佳山勝水，而無與已事，正堪羞也。離群索居，自廢已久，其間亦不無撓心之事。而精神意趣，日趨鹵莽，良自悼悶。古人所謂四十之年將至，而其終見惡也已。

頃與琴君應夾會於烏川。琴謂陳宜中當國，文山不合出。穆答以不然之故，而意欠明快。渠亦不服，未知此意何如便中。竊念夾之之論，可以語常而不可以語變也。當此之時，以文山之才，擔當天下事，扶持宇宙，整頓乾坤，乃其素志。至於功之成否，古人所謂天也，非人為也。豈可退伏丘壑，為獨善一身計哉！當此時，無此人不得；有此人，亦不出不得。且其辭受進退之間，明決堅確，真箇是光明俊偉，磊落懇切底人，無一毫糊塗鶻圇底意思，恐非後生所

可議也。若其出，稍有毫分涉於當權者，則苟而已矣。不知何如？昔武侯隱不求仕，自重以待時；文山則應舉求仕，急難以救世，亦各時而已。漢人心已散，而賊自內發，勢不可為。宋人心未離，而賊從外來，勢似可為。妄料如此！亦何如？（《月川集》卷三）

過柴市街　許震童（1525～1610）

滿街塵暗北風吹，客子蹢躅涕泗垂。天意如何亡宋日，卻將承相付胡兒。（《東湘集》卷三）

發北京到城東，路左有三忠祠，乃諸葛武侯、岳武穆、文丞相。此燕地也，於文丞相，尤有所感焉　高敬命（1533～1592）

風雨柴城叫百靈，老天無語晝冥冥。血藏黃壤三年碧，心照遺編萬古青。燕獄孤魂應不泯，崖山餘憤幾時平。行廚絮酒知難薦，上巳詩中只涕零。來時，友人梁子淳贈詩有「孤臣燕獄魂應在，一酹毋忘上巳辰」之句。（《霽峯集》卷四）

柴市　李濟臣（1536～1584）

精忠大宋文夫子，哀贊終成一箇是。秖今愁雲結欲墜，當日揚塵此其地。昭昭赫赫天無謂，烈烈轟轟雷洩氣。沉吟遡風不可覯，我心如癡毛髮豎。（《清江續集》卷三）

文山　洪聖民（1536～1594）

衷未存亡死未休，六年燕獄宋天幽。雄鋒初淬入朝日，賈賊心驚葛嶺頭。（《拙翁集》卷五）

次文山挽　二首　河沆（1538～1590）

崖山斜日照寒暉，燕獄悲風怒髮吹。國脈尚期甌自固，天心胡奈鼎終移。蒼梧杳杳遺弓冷，碧海茫茫返帆遲。萬丈晴虹牛斗貫，相公遺憤在當時。〔註10〕

汴水微茫瑞日暉，飄飄黃屋戰塵吹。孤忠只憤秦庭哭，壯節焉從燕獄移。一片龍舟無力濟，千年精衛洩冤遲。胡元不是宗周日，孤竹清風勝昔時。（《覺齋集》卷上）

〔註10〕此與前頁之「附元韻」完全相同，想必也是作為效仿之詩韻。

文天祥　李山海（1539～1609）

　　平時國士似凡曹，誰識廬陵節義高。當日不逢胡馬亂，滿前聲妓但釃豪。（《鵝溪遺稾》卷一《箕城錄》）

次文山次謝愛山賦夕陽雖好不多時韻　柳成龍（1542～1607）

　　樹杪風來生晚涼，江波橫曳殘霞光。西天無數亂峯出，紫氣縹緲連天長。我今振衣千仞岡，風雲壯懷同飛揚。已看月照東山上，不愁落景虞淵藏。與君樽前歌一曲，萬事相看雙鬢黃。（《西厓集》卷一）

燕市弔文天祥　尹安性（1542～1615）

　　滄溟波渴怒鯢號，宋室孤臣催北徙。啼鵑擬帶血淚歸，義魄直成山岳起。傷心何處可招魂，故市無人咽溪水。君亡國破怨未消，一曲荒城今古似。勤王昔日走淮船，一片中原揮淚視。三年戎馬戰爭中，五國衣冠霜雪裡。江南千里盡龜茲，此日誰非宋臣子。尋盟何事竟自愚，歃血年年愧牛耳。鴻恩重到白麻宣，自分丹心死後已。虛勞荷負獨全生，伯顏軍前被留止。崖山風雨失南船，萬計無成異終始。黃袍一塊趙家肉，天地茫茫今已矣。南天未柱日未擎，到此微軀祈早死。胡天迢遰作孤囚，回首腥塵悲帝里。愁雲寒日滿空街，劍化英靈何處是。燕中山水寄耿光，魂作箕精名在此。千秋遺恨結雨悲，一夜幽冤射空紫。英雄成敗不足言，留取丹心照青史。（《冥觀遺稿集》卷四）

腦子〔註11〕　魚叔權（1521 生）

　　嘗見醫方，有腦子，問於醫。則曰：「龍腦也。」按《宋史》：文天祥吞腦子不死，龍腦非殺人之物，疑所謂腦子者，別有一種也。嘉靖癸巳，余隨賀節使赴京。質正官羅翰林濆頗博方書，余以腦子之疑質之。羅曰：「吾亦疑之久矣。」於是太醫江宇到館，羅令譯官求見腦子。翌日，寄一封來，乃赤色砒礵也。後江宇再來，問其由。答曰：「腦子非別物，是砒礵之赤者也。」砒礵有赤、白兩種云，以文天祥之吞腦子欲死觀之，江宇之言，為不誣矣。噫！龍腦腦子，厥性不同，今認龍腦為腦子而合藥，則其不傷人者幸矣，況望其療病乎！本國醫士之用方書如此類者不一，可懼也哉！（《稗官雜記》）

〔註11〕題目係編者所加。

三義廟　文天祥、陸秀夫、張世傑　　朴而章（1547～1622）

曾慕英風青史中，今瞻三傑一堂同。無雙義烈千年像，不死聲名萬古雄。（《龍潭集》卷二）

過柴市　應制二首　　李廷馨（1549～1607）

昔年丞相從容地，有客停驂一弔之。彷彿英靈如昨日，淒涼景色似當時。仁成義盡俱無愧，運去時艱豈不知。三叫九原難可作，不堪重讀指南詩。

又

臨安黑日欲沈暉，直北胡風捲地吹。隻手擎天心獨苦，歐刀臨頸志難移。百年社稷猶堪痛，一死鴻毛亦恨遲。古跡至今留指點，行人雨泣立多時。（《知退堂集》卷一）

讀文山先生六歌卷序　　河受一（1553～1612）

疾風知勁草，世亂識忠臣，先生之謂矣。生，人之所大欲也，惟先生捨生而取義。死，人之所大惡也，惟先生殺身而成仁。夫人孰不欲有夫妻子母之屬哉！惟先生殉國而忘家，昭乎與日月合其明，崒乎與泰山齊其高。在殷伯夷，在宋先生，其揆一也。正氣之歌，發於忠也；六歌之詩，出乎情也。余三讀其辭而悲之，繼之以淚也。彼事曹之荀彧，附金之秦檜，夫非盡人之臣歟？夫非盡人之臣歟？（《松亭集》卷四）

讀文文山至燕不屈　　鄭允諧（1553～1618）

幾番讀了幾番淚，弔我文山萬古忠。磅礴至今橫宇宙，動人毛髮感人衷。（《鋤歸子遺稿》卷一）

御題過柴市有感　二首　居魁　　李好閔（1553～1634）

丞相祠堂柴市傍，天教此地樹綱常。東南間氣金臺盡，宇宙清風易水長。諸葛英雄夷夏服，張巡忠義鬼神傷。精靈若在應填海，北客無心跪爇香。

教忠坊裡草青青，莫是當年碧血成。惝怳風霆騰絕塞，分明星斗轉孤城。干戈慘憺君臣契，嶺海間關社稷名。萬事已空惟有死，長教志士膽沾纓。（《五峯集》卷四）

和賦寒食　次文文山韻　　張顯光（1554～1637）

明將寒食日，春又亂中周。雨露知時節，松楸隔隴丘。有心懷怵惕，無物備粢羞。不孝誠吾罪，龜藏彙若囚。（《旅軒集》卷一）

和自遣賦自述　次文文山韻　　張顯光

讀停何事有，獨坐笑春風。地裕孤居外，天多一仰中。身屯心自適，迹滯眼恒通。覺得功夫實，悠悠萬慮空。（《旅軒集》卷一）

和自述賦偶吟　次文文山韻　　張顯光

日暮神疲倦，逍遙傍短垣。往來窮否泰，俯仰會乾坤。動後還須靜，曉前必有昏。何從驗此理，在我魄兼魂。（《旅軒集》卷一）

和自歎賦自慰　次文文山韻　　張顯光

怡然一室送朝昏，樂在看書畫掩門。榻外親朋車馬絕，胸中天地古今存。遠沿洙泗長遊志，高尚唐虞每遡魂。誰識塵埃奔竄裏，從容日日陪羲軒。（《旅軒集》卷一）

和端午感興　次文文山韻　　張顯光

隨時順理自排愁，正與修城逐賊侔。夷險吉凶皆自外，道能無處不周流。（《旅軒集》卷一）

和懷友賦求友　次文文山韻　　張顯光

百年文物域，今日戰爭場。治必基方亂，興須兆既亡。旋乾功可立，轉地業誰當。慷慨時將晚，豈宜但坐傷。（《旅軒集》卷一）

和新燕有感　次文文山韻　　張顯光

爾能窠有托，人亦宅安甋。亂敗迨今日，閭閻失昔年。飛盤枯荻暗，啼怨暮雲連。巢木曾觀史，此日驗果然。（《旅軒續集》卷一）

和第九　次文文山韻　　張顯光

男兒夙抱志，日月浪悠悠。無計興周道，空悲困楚囚。身中天地責，心上國家憂。遵養隨時晦，吾何半道休。（《旅軒續集》卷一）

和第十六　次文文山韻　張顯光

順直惟天理，人何枉一生。私忘心始廣，慾盡志因清。夷險當恒道，窮通不二情。怡然天壤內，到處不成撗。（《旅軒續集》卷一）

和大光明正法　次文文山韻　張顯光

真精人得會，元有自光明。不待逃倫靜，寧須廢事平。靈源瑩自具，虛室白因生。道外何求道，功由敬字成。（《旅軒續集》卷一）

和自歎賦自吟　次文文山韻　張顯光

志大時逢否，寄身田社翁。吟餘眠白日，耕罷笑春風。神逸唐虞上，心休宇宙中。窮通何適莫，惟自仰蒼空。（《旅軒續集》卷一）

和所懷　次文文山韻　張顯光

亂裏空添鬢上華，雖逢佳節醉誰家。碧天不改前時月，大地猶開昔日花。原野不堪寒骨積，丘墟那忍暮雲斜。此時何事開春興，手理荒原學種瓜。（《旅軒續集》卷一）

和遇靈陽子談道　次文文山韻　張顯光

世有方外士，探真謝公卿。蟬蛻人間累，遠引遊蓬瀛。吾道異於是，在世世莫嬰。不淫於富貴，不累於功名。動與理相遇，向誰煩約盟。道義日以重，利欲日以輕。鬼神讓厥靈，造化奪其精。觸處玄機應，隨時變化生。思入風雲妙，光並日月明。至高在道尊，至壽由德成。足雖不離地，動乘天理行。何必靈陽子，求道出常情。（《旅軒續集》卷一）

和蚤秋賦早春　次文文山韻　張顯光

天地回元和，枯卉生意發。旅膓風日暖，羸體稍嫌褐。哀哉殍滿街，戰馬時尚秼。太平在何日，遺民望如渴。（《旅軒續集》卷一）

和有感　次文文山韻　張顯光

萬古千山萬古川，宇宙如今幾歲年。盛衰治亂電過天，聚似雲雨散如烟。來來去去總無邊，孰有一物長流傳。可憐役役苦相連，皆如一夢驚春眠。（《旅軒續集》卷一）

和聞季萬至賦長歎　次文文山韻　張顯光

　　人無賢愚與強弱，地無夷夏與秦燕。各性其性分其分，可以相安於一天。大朴一散利害立，宇宙塵埃息幾年。生民有欲天實使，可憐枯骨愁雲烟。（《旅軒續集》卷一）

和五月五日憶三閭大夫　次文文山韻　張顯光

　　志士尋常談笑時，若讀離騷淚必垂。況逢今朝五月五，千載尚有悲風吹。當時湘畔幾徘徊，竟抱忠貞投渺瀰。楚山崔崔楚水明，精英鍾出斯人奇。美質元從庚寅受，正則嘉名期不虧。芊業當年勢屺嶵，先生進退分安危。幾將孤忠抗眾猜，歲暮野外枯香芝。空吐琅玕訴白日，白日杳杳天無知。懷沙欲投復躊躇，苦吟幾望荃心追。煩雲殘日知已矣，忍見宗國歌黍離。不受汶汶謝漁父，魚腹直與彭咸隨。芝摧蘭折在須臾，忠魂毅魄憑漣漪。濁世苟生非子樂，一死便可遊希夷。至今人間名五五，感古非獨賈誼悲。君不見三閭大夫此日沈，熊繹舊業從而墮。（《旅軒續集》卷一）

弓箭歌　李廷立（1556～1595）

　　白羽箭驊角弓，箭以賞柴市之應制，弓以褒守歲於禁中。文山人去三百載，至今易水多悲風，咨嗟詠歌想見之。要使東民興起者家孝而戶忠，歲盡春生洛陽殿，臥聞金漏聲丁東。屠蘇灩灩滿意斟，絕勝林鴉櫪馬拘束對阿戎。金鑾輪直十八士，豈無他人適斯丁我躬。金門宣賜滿月形，掛來斜映麟袍紅。還家開篋視故箭，壯氣凜凜成長虹。腰之手之出門去，詫向東湖諸彥玉署群公。我不要霧豹文章錦段褥，又不要銀鞍金勒被青驄。從容詞掞付公等，直向陰山擅豪雄。一弓復一箭，手射攙搶落。長驅蹴踏天山空，請君放筆向麟閣，記我平戎第一功。（李廷立《溪隱遺稿》）

弔文丞相賦　金弘微（1557～1605）

　　首山巑兮蒼蒼，東海深以洋洋。惟恥周而卻秦名，百載而流芳。當崖嶺之風急，曰宋祚之雲沒。萬里燕塞淒涼，一獄白髮孤臣，尚為誰而守死？起遲思於千載，澆余涕之雙墜。想當日之紛紛，勢已傾於岌岌。偉夫公之慷慨，並張陸以協力。悶天步之艱難，愴國運之奔崩。慕五千之越捷，思一旅之夏興。覬取暉於將沒，誓噓焰於已灰。雖人謀之孔臧，奈天意之莫回。尚一隅之難保，矧有望夫重恢。既垂翅於循州，又摧翎於坡隈。竟國破而家亡，慘孤囚於絕域。

搔皓首兮叩丹心，幾南望而摧咽。瀝肝血以書帶，指天日以為誓。欷風淒於柴市，天慘慘兮雲為黝。余嘗展遺史而談宋亡，為夫公而深悲。天既界之以大才，胡不使撥亂以濟時，苟用武之有地，亦何難再煽炎熄。俾蹙蹙靡所聘，終飲恨而閉骨。諒天道之不可訊，淚浪浪其沾臆。然忠勁至死不渝，亘宇宙而烈烈。千古綱常，賴以不墜，寔一身扶持之力，天之生公，端為是乎？豈付界之徒然，諉邈乎燕雲。渺渺愁烟，孤忠万丈，直貫秋天，電激雷轟，霜淒日晶，壯魂千秋，死猶生兮。(《省克堂集》卷一)

乞長暇志喜　並小敘　李厚慶（1558～1630）

賤臣猥蒙聖旨，城中郊外，使之任便調病，三宰宗伯等任，皆以此獲免。余自詑致仕，幾已得請。欲用文山故事，不待年至而陳乞。或謂東國異於中國，余以欲回東國為中國答之。此是偶發而適成詩語，宗人李君喜茂以休道今人異昔人為聯句，余仍成一律。

致仕何須待七旬，文山故事正堪循。欲回東國為中國，休道今人異昔人。散秩多慚糜素祿，荒年無策濟飢民。君恩既許江郊住，會乞林泉永退身。(《畏齋集》卷二)

一士與天爭賦　柳夢寅（1559～1623）

草叢春寂，書窗晝永，盡日目討一部《宋乘》，至文丞相盡忠報國之事，慨然掩卷而歎曰：「天不佑大宋，欲使犬羊移其國，天祥為亡國相，欲以隻手扶其顛，天不假天祥，天祥不顧天，若天祥者，忠於宋而敵於天者也。」

言未畢，形弛體倦，拋書而眠，身御冷風，上下翩翩。上有一帝，京其白玉；下育一士，臣乎宋國。玉京之帝，致辭於宋國之士曰：「咨汝下土宋丞相文天祥！順德者昌，逆德者亡，惟克有德，厥祚斯長。惟汝有宋，越自匡胤。家法雖正，國勢不振，仁厚有餘，剛斷不足，後嗣不辟，委靡日極。鍾山之豎子亂政，二君幽死於沙漠；秦家之小兒弄國，江南作偷安之域。鴻儒、碩士鳴道於千秋，畢竟同腐於草木。式至今日，民意已去，歷年三百，亦足於汝。矧汝有生，稟命於予，予助汝歟？汝順予歟？汝雖培之，予將覆之；汝雖振之，予將闞之。惟予與汝，孰成孰敗？」

天祥仰首而呼曰：「越我玉皇上帝！蠻夷猾夏，帝舜垂戒；戎狄是膺，周公有訓。蠢茲鐵木，沸唇伺釁，凶水草性，肆牛羊力。腥穢我神州，禽獸我中國。孤臣之忠憤激切，大義昭揭乎日月。苟唾手而扶義，豈云死灰之不燃？銳

杵臼之復趙，期樂毅之存燕。

惟帝無親，惟德是輔，惟帝有命，惟人所召。厥或靡常，豈云天道？帝如溺之，我當拯之；帝如亡之，我當興之。惟帝與我，孰負孰勝？於是結溪洞之蠻俠，召吉州之豪傑，與秀夫而入衛，共世傑而建策，封二王以圖廣陵，責知府而守臨安。天祥拂上帝，上帝不能閑也。以立藩鎮之謀為迂闊，出制置於江東；以豎淮東之策為輕戰，終見沮於宜中，流血板橋之下，僨師空坑之中，上帝抑天祥，天祥猶不挫其謀也。

至若天祥為宋復梅州，上帝為元逼宋於泉州；天祥為宋復眉州，上帝為元逼宋於崖州；天祥為宋殺秀王于臨安府，上帝為元執天祥子五坡嶺。蓋天祥以忠，上帝以命；上帝以威，天祥以義。天祥與上帝爭，爭之不勝，爭之猶未已也。莫尚者上帝，而與之爭者，惟天祥一士也。上帝亦恐其不勝，始幽於燕獄而終尸諸燕市也；上帝亦哀其忠，乃命羲和戢其曜數日而止也。」

余於是耳其言目其事，遽遽而覺，欠伸而起，視之無見，惟一《宋乘》在几也。吁！人與人爭，勝敗尚繫於強弱，矧人之爭於天，將鬥智耶？抑鬥力耶？知其不勝而故爭之，大哉，文丞相之忠義！吾用是賦之，以戒為人臣懷二心全身而畏死者也。（《於于集·後集》卷六）

義烈祠次韻　祠即遼東伯金公應河所享　任鍈（1560～1611）

文山衣帶贊，孔仁又孟義。疇不講此熟，今古讀書士。風吹草輒動，只計害與利。我憶左將軍，難禁英雄淚。顧茲安化郡，伊昔公所蒞。追逐貳帥去，特立辦大事。烈氣雷霆怒，貞心天日指。嗚咽深河水，東走激而駛。風聲久逾振，充塞九萬里。遺民尚仰止，古廟薦明水。（《鳴皋集》卷二）

三忠祠　李埈（1560～1635）

忠義文山與岳王，漢家諸葛竝流芳。英雄一死寧非數，王室終亡最可傷。空有大名留赫赫，誰將往事問蒼蒼。平生對史冷然淚，今過荒祠灑夕陽。（《蒼石集》卷一）

過柴市有感　命製居首　李德馨（1561～1613）

嶺海間關更起兵，英雄運屈竟無成。百年養士恩誰報，萬死勤王志獨明。虜主詎知容節義，市人猶解惜忠貞。招魂欲和汪生句，易水東流似哭聲。（《漢陰文稿》卷二）

題《圃隱集》　李晬光（1563～1628）

圃隱先生鐵石肝，年當五百挺三韓。詩名水部兼工部，忠義文山與疊山。白日清霜天地內，丹心勁節古今間。遺編凜烈精神在，景仰令人骨亦寒。（《芝峰集》卷四）

明詩　李晬光

邊貢題文山祠詩曰：「花外子規燕市月，柳邊精衛浙江潮。」王世貞稱其巧麗。按「化作啼鵑帶血歸」，乃文山詩也。下句蓋以越江潮不至而為言，然語意不及上句。（《芝峰類說》卷十二《文章部五》）

失節　李晬光

小說以元將張弘範為張世傑之兄。按弘範至崖山，送書于世傑使降，世傑不答。以此觀之，宜可信。文璧乃文山之弟而仕于元，夫以二子之忠義，千百載之下，猶足使人興起，而不能感化同氣何也。按《元史》：「弘範，金降將張柔之子也。」

趙孟頫宋室之裔，為元朝駙馬，非特失節而已。夫胡元主中夏，萬古之大變。有氣節者，必不肯仕於其朝，況以趙而婿於讎虜乎！後人以詩嘲之曰：「王維詩畫鍾繇書。」又曰：「畫出苕溪似輞川。」其貶之宜矣。但譏其失節，而不及贅虜之罪，似亦未盡。（《芝峰類說》卷十五《性行部》）

異聞　李晬光

趙弼作文山傳曰：文山死之日，大風揚沙，天地晝晦，咫尺不辨。如此連日，宮中秉燭而行。群臣入朝，亦爇炬前導。世祖悔之。贈職書神主，設壇以祀。忽狂飆捲其神主於雲霄中云云。噫怪矣！豈公之正氣未洩而然歟？抑天地之怒氣為之歟？（《芝峰類說》卷十七《雜事部》）

效文文山集杜句體　李光胤（1564～？）

途中吟

久客應吾道，秋深復遠行。故林歸未得，長嘯一含情。

對酒

計拙無衣食，長貧任婦愁。濁醪誰造汝，庶用慰沈浮。

看劍

獨坐親雄劍，真堪託死生。時危思報主，寂寞壯心驚。

秋思 二首

將老憂貧竂，漁樵寄此生。秋天正搖落，萬慮倚簷楹。

藜杖侵寒露，江邊獨立時。長歌意無極，吾道竟何之。

村居夜歎

九日明朝是，寒花只暫香。平生一盃酒，故國耿難忘。（《瀼西集》卷四）

謁三忠祠　金中清（1566～1629）

貞珉十尺揭三忠，武穆文山配臥龍；再拜祠前重起敬，秖今遺像儼英雄。
（《苟全集》卷一）

過柴市　趙緯韓（1567～1649）

宇漲黃塵汗雨霏，九衢蹄轍匝如圍。明知此地文山死，不覺今朝老淚揮。
謠俗尚傳衣帶贊，精神應托日星輝。年年風雨雷霆夜，時見長虹萬丈飛。（《玄
谷集》卷五）

讀文山詩　崔澱（1567～1588）

讀罷指南詩。丹心誓白日。萬古天地間。丈夫應無敵。（《楊浦遺稿》）

最晚黃辭　盧景任（1569～1620）

余得菊之最晚黃者，名甘菊，其色正黃如金，九月晦始開，至十月爛開。
滿栽精舍敬菴及本家諸處，觸眼如金錢，雜沓階砌間。芳操苦節可比正人君子，
因為辭以美之。

山之中兮車馬稀，谷之幽兮塵喧隔。北風涼兮草萎折，霜雪重兮天氣肅。
爾獨秀兮階之間，向寒日兮吐黃色。絕紛榮兮保雅操，守苦心兮友松竹。髣
髴西湖之處士，依俙栗里之靖節。柴市之文山不死，厓山之陸相在目。凜凜
貞姿之不改，亭亭孤節之難奪。香苾苾兮襲我衣，影重重兮入我室。襲爾香
兮齊余心，對爾影兮玩余樂。古之人兮不我遠，遺天地兮忘今昔。酌白酒兮
高一歌，心虞唐兮夢羲皇。留此洞兮送餘生，聊與爾兮共彷徨。（《敬菴集》
卷一）

謁三忠祠　次何仲默韻　諸葛武侯、岳武穆、文丞相　李民宬（1570～1629）

晚矣生偏樂浪東，徒於青史感遺風。向來千古評人物，今見三忠共閟宮。志復中原心事一，名留天壤祭祠同。英雄未可論成敗，前後炎精運祚窮。（《敬亭集》卷一）

六公詠·宋丞相文信公·集杜詩　李民宬

自遼抵燕，沿途數千里，上下數千載人物，有感於懷者。得六人焉，賦之。效顏光祿李北海，人各一篇云。

丞相名天祥，字宋瑞，一字履善。拘燕獄六年，不屈死於柴市。高皇帝命立祠於順天府學之傍。

管葛本時須，（別張建封）復漢留長策。（先主廟）首唱恢大義，（衡州縣學）仗鉞奮忠烈。（北征）正當艱難時，（送樊侍御）扶顛待柱石。（入衡州）社稷堪流涕，（呈元二十一）賊臣表逆節。（往在）斯文去未休，（送王信州）北風破南極。（北風）已具浮海航，（壯遊）不知萬乘出。（嚴武）揮涕戀行在，（北征）悵望王土窄。（王思禮）闊會滄海潮，（桔柏渡）崔嵬扶桑日。（幽人）握節漢臣回，（鄭駙馬）扈聖登黃閣。（贈嚴八閣老）雷霆走精銳，（送樊侍御）熊虎亙阡陌。（入哀）感激動四極，（入哀）血戰乾坤赤。（送李判官）向使國不亡，（九成宮）經綸中興業。（述古）蓋棺事則已，（奉先縣）事與雲水白。（入哀）星坼台衡地，（送李長史）南紀阻歸楫。（入哀）回首望兩厓，（柴門）天高無消息。（幽人）浩蕩想幽冀，（夏日歎）行行見羈束。（寫懷）恨無匡復姿，（送樊侍御）未念將朽骨。（戲呈元二十一）詞氣浩縱橫，（春陵行）呻吟更流血。（北征）死為殊方鬼，（客堂）魂魄猶正直。（南池）終古立忠義，（陳拾遺宅）高天意悽惻。（送韋諷）千秋萬歲名，（夢李白）顧步涕橫落。郭代公故宅（《敬亭集》卷一）

讀文山傳　慎三俊（1572～？）

宋運終移志莫成，綱常任重一身輕。朝廷早用文丞相，華夏曾無北虜兵。義取從容當日死，氣同霜雪萬年生。胡人一見驚諸葛，默想形儀亦稱名。（《晚悟雲遺集》之《七言四律》）

次文山六歌　洪瑞鳳（1572～1645）

瑟琴諧和自食糠，膳服不違治北堂。天羅莫遮入室狼，丹山失巢啼孤凰。黃姑婺女各一方，故匣長呼龍劍亡。不須淚落沾衣裳，兩世本來非杳茫。他生業緣是所望，嗚呼一歌兮意何長，隻影伴我獨彷徨。

女嬰嬋媛隔乳離，茫茫宇宙輸胡兒。王孫芳草色淒淒，燕臺羈客魂獨歸。十年不見長淮湄，杜老猶自為歔欷。此別寧徒痛切肌，一生已判無所知。憂樂只是斯須時，嗚呼再歌兮聲最悲，世間別離徒爾為。乳疑亂

婉婉小女清以揚，藻思都欲勝徐王。瑤環玉佩鳴琳琅，滇洞胡塵蔽天黃。淮海路連金微傍，向來萬事付黃粱。猶記爾輩扶相將，嗚呼三歌兮心內傷。南冠一夜鬢蒼浪。

平生嬌兒骨格殊。人稱九苞無凡雛。老蚌自詫生明珠。燦燦芳蕣繡小襦。穆郎和粹堪比酥。異日霜蹄騁長途。千燒萬戰人其魚。子子殘生能保無。嗚呼四歌兮作長吁。乾坤無限吾身孤。

吳娘才調女相如。石彈寶硯玉蟾蜍。早抱大宛真龍駒。去歲戎旃督荊湖。凶門不敢摻衣裾。花飛蕙折風號呼。紛紛玄甲並犀渠。地圮尚有神靈殂。私家奇禍何嘗無。嗚呼五歌兮愁縈紆。鴻毛一擲終誰須。

我生正值龍蛇辰。有眼不見治平春。當年不必秦無人。卻使清邊起戰塵。只今誰階亡國禍。高空日月唯臨我。誰將外憂侵中懷。此生久已忘六骸。朔地景色慘不好。山蒼天茫風吹草。嗚呼六歌兮不須道。仰首叫天天已老。（《鶴谷集》卷六）

讀《元史》　金友伋（1574～1643）

文山先死疊山隨，青史千秋孰不悲。當時未有人臣勸，元祚靡長固亦宜。（《秋潭集》卷四）

文山廟　睦大欽（1575～1638）

寂寞文山廟，依俙古跡遺。平生唯仗義，三載此憑危。形像丹青在，名聲竹帛垂。居民爭指點，長使客來儀。（《茶山集》卷一）

次文山六歌　月課　趙希逸（1575～1638）

有客有客夜燃糠，讀書射策君東堂。剛腸不怖當道狼，文藻煒燁摛鳳凰。要將惠澤洽四方，擬以身繫國存亡。贊襄至治垂衣裳，天門九重渺茫茫。雷轟

電爍不可望，嗚呼一歌兮歌曲長，中夜不寐悄徊徨。

又

有客有客乘纖螭，馳逐五陵遊俠兒。五陵芳草春萋萋，暮醉長安屠市歸。為人報仇臨河湄，撫劍相視共歔欷。豈惜螻蟻穴豐肌，但恐沒世人不知。壯士一去來無時，嗚呼再歌兮歌已悲，鴻毛一擲空爾為。

又

有客有客神孔揚，舌騁雄辯干侯王。腰下寶玦青琳琅，印何纍纍乘乘黃。一朝遠身金殿傍，功名忽忽如炊粱。亡簪弊帚誰復將，嗚呼三歌兮歌轉傷，撫事不覺涕浪浪。

又

有美一人容色殊，嬌音宛轉新鸎雛。嫁與公子斗量珠，弱質不勝金縷襦。雲髮非絲頰如酥，豈意信誓違半途。莫教紅袖泣前魚，丈夫好新何處無。嗚呼四歌兮空長吁，秋夜寂寂金釭孤。

又

三清仙子隨所如，有時入月騎蟾蜍。或駕白鹿乘龍駒，朝遊十洲暮五湖。天風泠泠吹佩琚，下界淪滴不可呼。謾思飛鳥度汞渠，縱有谷神養不殂。碧空怳惚歸路無，嗚呼五歌兮歌思紆，飆輪影絕不我須。

又

有客有客生不辰，何時草木遇陽春。萬里長為遠戍人，朔風獵獵吹沙塵。驕將圖功樂開禍，遂使虎狼爭吼我。故國迢迢不可懷，誰憐鋒鏑寄形骸。久勞寧如一死好，戰血速塗天山草。嗚呼六歌兮且莫道，歌曲悄終長劍老。（《竹陰集》卷十）

讀《宋史》後敘　丁丑　申敏一（1576～1650）

余嘗讀南宋史，自襄樊之陷，迄于崖山之亡。七年之間，忠烈之士奮義討虜。兵敗而死節者，前後屈指百有餘人，嗚呼多矣哉！歷觀古今，雖以漢唐之世，培養人才可謂盛矣。而考其臨亂之際，表表死節者，僅可一二數也。靖康之禍，只有李侍郎一人而已。而南渡之末，帖木新起。其猖獗之勢，非特如女真之初。宋日之光，日就奄奄。而二三忠臣義士，相與取一塊之肉。流離南海之濱，國勢已無可為。而徒以忠義之心，鼓動義旅，四方之士聞風而起。文天祥、陸秀夫、張世傑之外，有李苪、姜才、苗再成、李庭芝、江萬里、謝枋得

之類，不可勝記。殺身成仁，並與闔門屠害，此皆學士大夫。固知魚熊之辨，可責以報禮之重。而至於參佐編裨之士，亦皆顛沛兵間，至死不悔，甘與之同敗，恥為不義之屈也。

　　嗚呼！人孰無好生惡死之心，而能若是者，何也？豈其人不知屈膝之可以圖存，賣國之可以富貴？而舍命不渝，自取禍敗，余然後知宋世儒者之功，其有益於人國家大矣。方其身之在也，目之以偽學黨人，銷鑠斬伐，殆不遺餘力。而其流風遺澤，至累世而不斬，使天下為人臣者，知其職分之所當為，而自盡其心焉耳。儒者之效，至此有不可誣也。

　　或曰：此則果如子之所言，而節義之風固可尚也。然亦徒死而已，不能挽回否運，圖存國祚，則考其歸與庸眾人無異。雖能樹風聲於後世，而顧何益於三閩四廣之數歟？余曰：此又不然。自有天地以來，一治一亂，天之數也。其間有陰陽之消長，而為君子小人之進退。若夫扶陽抑陰，內君子外小人，而回否為泰，變而通之，在乎時君世主之如何耳。聽王安石而釀成汴京之亂，用賈似道而馴致崖山之溺，雖以忠義之臣忘身徇國，而比如積病之餘，代庸醫而受責，固不能易為力也。大抵諸葛不死則漢室不亡，文山不執則宋祚未滅。蓋雖其委任才力之有大小，而再噓已灰之炎，撐柱半壁之天，則信乎有回天之力也。夫成敗利鈍，固非人之所能逆覩，而死而後已者，乃忠臣義士之志也。《易》曰「過涉滅頂，無咎」，余於節義之士亦云。（《化堂集》卷三）

擬宋江西提刑文天祥請分境內為四鎮建都統以抗敵兵表　並引
金坽（1577～1641）

　　防邊昧陰雨之戒，既致侮予之長驅，分閫責攻守之專，盍思折衝之良策。存亡已急於朝夕，經略敢緩於斯須。竊觀備御之有要，必資屏翰之夾輔。二人使自為戰，韓彭有餘項之功。右師納王于城，晉秦成復周之績。亞夫敗吳王淮上，亦由梁國之為藩。庾亮誅蘇峻石頭，實賴陶侃之入討。朔方子儀、河北光弼，再造唐家；大同克用宣武，韓弘竟摧寇孽。茲皆既往之成效，莫非專制之膚公。惟我國家，聖武肇基，仁厚繼統；奎星啟太平日月，萬里外咸有耕桑。玉帛會遠夷梯航，四海內不識兵戈。款塞爭聞於漢邊，猾夏孰優於虞代。何圖北虜之迭起，乃與大邦而為讎。二聖遠狩於龍沙，戴天之深恥未雪。中原盡入於賊窟，渡江之王業孔艱。續有轄軋之憑陵，敢為蛇豕之游食。王師弱未敵眾，

虜兵何憚於無前。列郡望即投降，廟謨罔知於攸濟。腥塵徧及，去將安所適歸；獸心無厭，事之猶未得免。深惟武略之不競，益歎國勢之中微。昔我祖宗，身經百戰而定興圖，洞鑑五季而懷遠慮。削藩鎮建都邑，僭亂盡化為良民；以文官易武臣，規模寔出於神算。是久安而長治，然法立而弊生。朝廷執予奪之權，縱有號令之風動。州郡無統御之柄，奈此軍備之日疏，馴致王靈之不振，莫制夷狄之逞惡。思靖康幾多扼腕，在今日尤切腐心。設方鎮疆土始分，此措雖曰晚矣。控要衝敵兵庶卻，是謀猶可及之。列障而刁斗相聞，連屯而水陸竝進。事無撓於合力，功不日而有成。而臣為國忠，徒深伐賊，才甚薄蒙，先朝之擢拔，刻骨集英之恩榮，痛皇路之阽危。灑血勤王之天札，九死猶不悔；逆睹成敗之未能，一得雖似愚。敢上籌策之最急，謹奉表以獻曰：

　　兇鋒日迫於行在，縱敵方極於難圖。血戰猶愈於坐亡，制勝要在於審勢。茲當孔棘之際，冀納式遏之謨。欽惟夏室小康，周家沖子，三百年曆數未遷，天必有悔禍之心。十五廟仁澤猶存，民咸奮死長之志，瑤圖可延於迤續，火德佇見於重恢。第念我師之輿尸，而致諸城之陷賊，未聞睢陽之苦戰，誰□子奇之奔衝，唯多舒翰之為擒，坐見乾祐之來逼。長江既非我有，天塹無賴於湯湯。獨松又將難支，大勢已至於汲汲，豈可束手而待困。所當竭力而圖存，東南雖沒於腥羶，孰無徯后之望；閩廣猶全於版籍，可為收用之資。爰思一旅之中興，莫若四鎮之竝設，分境土而各有所屬，置都統而使得專征。地大而邊疆始堅，金湯壯重關之險。力眾而士氣自振，瘡痍增百倍之彊。東西連絡而相援，常山之首尾俱應。上下分據而固守，晉陽之保障何憂。進退當觀於利便，指授又命於豪傑。賊自疲於奔命，我必勝於據形。南朝可謂無人，寧復有完顏之躪入。中國難制如此，必將見德光之遁歸，漢將之桑榆始收。關中之大勳不遠，晉山之草木皆助。淝水之妖氛自摧，茲乃章章之可為。豈云落落而難合，儻謂疑謀而勿用，竊恐匡復之無期，廷議講和而紛紜，孰能出計而制變。大臣棄位而逃竄，爭欲賣國而遺君。目前之利害如茲，臣策之得失可見。伏望亟回乾剛之獨斷，毋惑沮止之群疑，畫境內分為四藩，克嚴維城之控御，以閫外皆付諸帥。俾專濯征之戎行，聲勢齊奮於張皇。攻取益屬於掎角，則用多算制小算。以應兵伐驕兵，堂堂陳我武維揚，可使制梃而撻。赫赫靈皇威有截，勢如破竹之時。神州更復於域中，虜頭可致於麾下。臣謹當夙夜履險，終始扶危，誓心天地，唾手燕雲。願酬岳王之壯憤，受恩感激，臨表出涕，庶竭諸葛之忠誠！（《溪巖集》卷五）

黃卷　開卷肅然，是我嚴師　高用厚（1577～？）

三千黃卷在，左右列昭森。最愛《文山集》，燈前萬古心。（《晴沙集》卷一）

李鵝溪集中有十人詠感而和之·文天祥　黃中允（1577～1648）

血誠當日痛胡元，風雨崖山不忍言。燕獄六年心趙氏，宋家猶得六年存。（《東溟集》卷三）

再疊　金光煜（1580～1656）

絕塞逢迎地，無言涕淚垂。文山全正氣，屬國滯回期。俯仰曾無愧，窮通自有時。殊方亦嘆服，臨別更何悲。（《竹所集》卷二）

作籬　金堉（1580～1658）

柴門深鎖閉松筠（崔氏草堂），使插疏籬卻甚真（呈吳郎）。生理秖應黃閣老（寄鄭嚴公），一官羈絆實藏身（寄常徵君）。

集句之體，始於宋初，盛於王介甫、石曼卿等。我國梅月堂所集，亦奇絕。徐四佳嘗問泰齋集句難易，泰齋柳方善曰：「難而易，易而難。」曰：「何謂也？」曰：「集句，荊公所難。近世林祭酒惟正、崔先生執鈞皆能之。觀其所集，似是平日，依韻摭詩，諸子百家靡不蒐獵，區分類別，以待其用耳。我國文籍鮮少，百家諸子之行有數。而林、崔所集，多有不見不聞之人。此甚可疑。且林、崔既能集句，何無自作一篇流傳於世，膾炙人口乎？是又可疑，此不亦難而易，易而難乎云。」

頃者，有文士全克恒，嶺南人也，亦能集句，而多不見不聞之人。此亦林、崔之類也。丙子歲，余奉使北京，臥病經冬，見文山《集杜》二百首，皆奇絕襯著，若子美為文山而作也。余亦試為之，不雜他詩，專集杜為絕句，謂之文山體，前後並二百餘首。長篇短律，間或為之。雖未知襯著與否，而可免人之致疑如林、崔、全也。出先生所著《潛谷筆譚》。（《潛谷遺稿》卷三）

聞張侍郎椿（春）禮葬遼西　趙任道（1585～1664）

文山正氣子卿忠，兇醜猶欽節義風。遙想遼西一抔土，精靈夜夜首陽通。（《澗松集》卷二）

朝來病臥涼床。從者催作家書。有感偶吟　李敬輿（1585～1657）

王土何曾一片餘，文山不是好樓居。家人錯待南歸雁，病裏無心寄遠書。（《白江集》卷二）

呈遲川　第五首　李敬輿

千古悲涼正氣歌。空教志士淚傾河。文山自盡為臣義。趙氏存亡奈爾何。（《白江集》卷二）

次韻　李敬輿

我豈一言相，君封萬戶留。如今有三傑，從古笑千秋。魏絳寧懸樂，文山不下樓。生還應有日，聖德日聞休。（《白江集》卷三）

宇宙一北窗賦　洪翼漢（1586～1637）

倚首陽之孤竹，散一嘯於乾坤。睒盤邃以上下，撫蘭雪而傷魂。奚馬氏之宇宙，一北窗而無餘。捲萬古之綱常，環此身而獨居。昔為州而牖民，羞五斗於折腰。歸去來兮山中，掃舊屋於雲皋。樂容膝之易安，開近北之晴窗。一羲皇之上人，臥幾年之清風。存三徑之雅趣，抱歲寒之沖衿。何海鳧之毛長，國如鴻於江南。金甌屬於寄奴，桃李滿於中原。獨一面之柴桑，舊松菊之猶存。睽向來之窗下，愧皓髮之穨然。即此間之殷民，恥國外之周天。宛尺楊之前朝，容十九之漢節。循朝暮而臥起，順陰陽以開闔。曀已失兮前山，霾白日於風雨。誰意宋之天地，晉一窗之獨古人臥窗而自守。窗以人而沽名，匪清疏之為取。臥其下者淵明，萬千古之天下。誰能出不由戶，其諸異乎此矣。所以一於典午，倘人人而玉操。窗豈有於彼此，標當日之一窗。慨節義之掃地，晚吾慕以激昂。伯夷後之一人，留自家之圭寶。庇抱貞之孤臣，蘭餘香於一夕。窗獨閉於千春，月窺櫳之依俙。見未死之葵心，宜史氏之書法。晉處士曰陶潛，孰無膽於男兒。憑虛櫺而懷愁，幸戶樞之不螻。亳文山之小樓。（《花浦遺稿》卷二）

悲歌行　崔有淵（1587～？）

悲來乎悲來乎！乾坤百代一逆旅，白壁黃金亦塵土；非癡非狂誰氏子，金穴銅陵專雨露。悲來乎悲來乎！西山紫薇歌一曲，孤竹清風吹萬古。四蛇入穴龍返淵，綿山火起鬼無股。澤畔詞賦傷春心，懷沙影落清江濤。楚氛壓城城欲

摧，黃屋左纛活君父。悲來乎悲來乎！草廬感激三顧恩，五丈秋風燈一炷。睢陽城外陣如雲，所欲忠者國與主。青城抱帝李侍郎，燕山全節文丞相。崖山一片宋宗社，八尺身沉滄海浪。悲來乎悲來乎！有人小少學書劍，一代屠龍不多讓。目如明星舌如電，吉甫何能獨文武。崑崙太山一蹴倒，欲令日月低秦樹。風塵荏苒歲律暮，壯志輪困成白首。松窗竹榻萬卷書，風月江湖一樽酒。自憐葵藿傾太陽，獨上危樓望北斗。況今朝野久旰食，斯民幾時登春臺。他年若補帝舜裳，唐虞天地可挽回。悲來乎悲來乎！長歌一曲聲激烈，悲風颯颯從天來。
（《玄巖遺稿》卷三）

人間讀史各君臣　辛亥　尹善道（1587～1671）

　　昨日我觀宋春秋，文山忠節磨蒼旻。今日我觀元春秋，文山之子為元臣。尋常違志亦不孝，何乃事讎忘其親？吁嗟爾父烈丈夫，凜凜凌霜松與筠。金戈獨把運去後，為國丹忱終未伸。崖山之痛燕市慘，至今聞者猶酸辛。為人臣子義如何？爾所當為惟臥薪，伏橋塗廁死後已，不成猶為忠孝純。不然可學王偉元，坐不西向終其身。爾力雖難鞭楚屍，爾心胡寧忘越人？生同一天尚不忍，忍向讎庭為搢紳，輕裘肥馬綬若若，出入青瑣居通津？如今想見爾面目，有靦之姿如隔晨。甘心服事彼讎酋，北面輸忠勤卯申。聯翩當日助彼者，比肩笑語期同寅。祝辭何心寫孝子？諱日不愧巾鬖巾。忘君附賊古亦有，無父無君無汝倫。詩人誰解婉辭譏？警語可以傳千春。我謂陞也固當誅，陋哉胡元臣不掄。求忠孝門聖有訓，凡百人君宜是遵。（《孤山遺稿》卷六）

白溝河憶張叔夜　吳翮（1592～1634）

　　白日悠悠照白溝，忠魂千載未應孤。北來柴市文丞相，南去崖山陸秀夫。
（《天坡集》第二）

文山改題還安文〔李仁行〕　洪宇定（1593～1654）

　　玉溜一區，海外薇崗。畏壘有俎，萬古彝綱。花明北苑，月白秋江。聖朝尚義，恩誥擎雙。柳介不易，陶節自靖。泉石增光，衿佩胥慶。爰改版題，兼新享祝。春王舊正，太常徽帖。輿情允愜，歷吉薦馨。洋洋如在，永樹風聲。
（《杜谷集》卷五）

題文山集　李回寶（1594～1669）

當時下筆眼如虎，寫出江南萬斛愁。削玉崑山雲盡夕，鍊珠滄海月明秋。雄心凜凜橫天地，勁氣堂堂射斗牛。數曲哀吟甚痛哭，知音六載更伊疇。（《石屏集》卷二）

八君子贊　柳元之（1598～1678）

恭惟丞相，三代人物。正大光明，垂教無極。右武侯

王佐之才，適用之學。一篇奏議，可見心法。右陸宣公

屢躓屢起，不挫不屈。從容就義，無愧所學。右文山

孤城抗賊，一節殉國。大名垂後，雷轟日白。右張睢陽

哀哀綿竹，凜凜生氣。能子能孫，丞相不死。右瞻、尚父子

樽中有酒，籬下有菊。柴桑一塢，晉家日月。右靖節

名相烈士，合為一傳。柴市松都，前後二賢。右圃隱

國之將亡，必戮諫臣。長沙古壁，宛然風神。右李存吾（《拙齋集》卷十三）

金受而有疾，欲不入庭對而歸，笑其不情，即寄別詩曰：知兄此行，決不可成，吾之贈詩，無乃與生祭文丞相同邪　鄭伐（1601～1663）

羨子飄然去，鴻冥不可攀。有懷輕脫屣，無計逐征鞍。漢水風濤壯，丹山道路艱。行行慎原隰，珍重且加餐。（《愚川集》卷一）

送權至叔副价燕行　李晚榮（1604～1672）

人世支離恨此生，送君今日倍沾纓。眼看中國興亡事，身歷皇華水陸行。柴市成仁悲宋瑞，金臺招士憶燕平。風塵屹立擎天柱，任是無情反有情。（《雪海遺稿》卷一）

石室先生語錄　宋時烈（1607～1689）

問：「文山於胡元，將以黃冠野服備顧問，其義如何。」先生曰：「此假託以拒偽官之意，豈真欲如是耶？」曰：「箕子自靖之言，則曰我罔為臣僕。而卒乃為武王陳《洪範》，豈以論說道理，與為臣僕，有異故耶？」曰：「箕子所陳者，乃天理人倫之大體。而自天錫禹，以傳于箕子，非己之所得而私者，安得不為武王陳之哉！且武王問道于箕子，則是武王以賓師待箕子，豈曰臣僕云

乎！文山則有不然者，胡元以悖逆猾夏，殄滅正統，則已非武王順天應人之舉，而於文山為不共戴天之讎也。雖身無官位，而若備顧問於其左右，則是忘其不共天之讎也。文山之心，豈肯安於此哉！故愚以為文山之言，非實情也。特假託以為辭官之計耳。(《宋子大全》卷二百十二)

寄洪大而使北庭　　金益熙（1610～1656）

歲暮漳濱臥病身，河橋阻別更傷神。固知清節驚殊俗，可奈明廷遠直臣。柴市忠魂千古在，金臺霸氣幾時新。北方若問君家世，休說三韓第一人。(《滄洲遺稿》卷五)

次文山韻　贈李元吉佩酒來訪　　裴幼華（1611～1673）

移席團欒對落暉，搆江直向遠山依。自憐林下安棲息，不管人間有是非。四月夏風吹面至，一壺秋露滿觴飛。世情閱盡頭俱白，携手從當與子歸。(《八斯遺稿》卷一)

題生祭文承相文後　壬申　　鄭必達（1611～1673）

崇禎五年十月之十六日，石溪子晨興清坐，出王炎午《生祭文丞相》文，跽讀之。既三復，乃嘖嘖曰：「炎午其大宋之奇男子歟？夫有出人之心，必有出人之事。在當時有血氣而名能文者，孰不知丞相之可死。而生祭之文，獨出於炎午之手。炎午其大宋之奇男子哉！」

議者議丞相之心，如秋霜烈日。一死一生，固已先定於中。有非待人之言，亦非人所言者。文不文何與於丞相哉！余謂不然。丞相之所以眷眷至此者，豈畏死哉！夫以忠臣盡己之心，以為天無不可回也，時無不可為也，吾則已爾。如有志吾志者出於東南，殷民尚在，趙孤未死。大舉也，少康之復禹；小舉也，昭烈之保蜀。地下之日，吾知以報先帝矣。何義士之不聞也。一朝於羈俘濱死之中，忽然有見於斯文，而知憂時度勢之見已如此，則舍魚之心，必將大決。庶幾全首丘之歸而得忠中之孝，且夷羯之欲刃丞相者，將懷其凜凜而不敢發矣。

噫！宋無斯文，宋無人矣！雖然炎午之為此。非獨致志於丞相。亦自志其不幸耳！何者？崖舟沉矣，陳袍青矣。太傅左丞相已死，今丞相又北矣。白手立天地，四無可為。其忠誠慷慨之鬱於中，而大發於外者，何如也。欲哭不可，欲語則當世又無可聽，顧自念吾平日所營業為文章者，未必無用於世。而既不

得草檄於轅門，獻頌於金闕，則寧於趙氏臣一言以決乎？此生祭文之所以作也。

其曰伏橋於廁舍之後者，明再縱之不可得也。其曰天人之際可知者，明國事之不可為也。其曰建共暫處倨坐苟安者，明舊主之不可恃也。其曰廬陵盛矣，科目尊矣者，明父母邦之不可捨也。所以感動之，一則可死，二則可死。嗚呼！心亦奇矣，文亦奇矣。向使炎午見用於叫軍門之日，而置諸當時二三臣之列，則他日之從丞相於破燕獄者必此人也。祭丞相於未死者，義也；祭丞相於既死者，情也。使丞相已死於被執之日，炎午雖欲生祭之不可得也。死而祭之，亦不聞於後矣。炎午可謂兩無憾矣！抑承相之吞腦子，其必在見斯文之後乎？（《八松集》卷五）

李庭芝疑文天祥說降　　李葇（1613～1654）

天祥自鎮江亡還，與苗再成決策，遺書李庭芝。庭芝疑天祥說降不納，嗚呼！天祥忠義，庭芝豈不知耶？庭芝雖不識天祥，而卻自是忠義。昔關羽為曹操所獲，斬將逃歸，路遇張飛，飛以羽降，操橫矛欲刺之，羽僅避之。於是益可見二人之忠義。雲長何怨於翼德？天祥何介於庭芝？共扶綱常於漢宋板蕩之日，垂炳千古，其可尚已。（《活齋集》卷六）

讀史·文天祥　　俞瑒（1614～1690）

燕獄三年不下樓，樓中坐度宋春秋。成仁取義平生事，三復遺篇淚未收。（《秋潭集》卷之元）

閱文山集杜詩　感懷步韻　　尹鑴（1617～1680）

山河

一萬里山河，續箕聖舊業。訏謨者誰子，朔風掃秋葉。

中興

撥亂中興日，談義溢芳茵。終然十濟城，有淚沾衣巾。

大臣

安危大臣在，論議將誰極。非和亦非戰，永負臣子責。

歔欷

恨無蓑笠備，雷雨盈天地。齊城遂不閉，太息復歔欷。

大將

朝廷任大將，精甲赴西城。胡來但長嘯，東山旌旆橫。

金山戰

哀哉金山戰，百萬化為鬼。一死不負國，輿尸堪流涕。

柳節度

覓冠柳節度，先據山之北。戰罷功自高，天外愁雲黑。

驕卒

捲甲赴朝廷，雪涕風悲號。驕卒不用命，失法恨滔滔。

萬山

揚旗萬山中，赴急非良策。北門誰鎖鑰，城峻徒天壁。

風雨

驅馳數千里，不與風雨會。有終只管行，陰陽奪真宰。

別島

別島圍滄海，歲暮風濤長。自古難與守，未始無金湯。

北來軍

一觸復一詠，世事付長流。焉知北來軍，化作凌波虬。

胡笳

胡笳中夜發，楚氛迷四郭。草間公與侯，長鬚與赤腳。（《白湖集》卷二）

又用縣字韻有懷長興名跡　徐鳳翎（1622～1687）

長興名勝多，壯如盧陵縣；一時八文童，古今真罕見。父子與兄弟，師友羅三面；觸目皆琳瑯，何獨寶謝練？所貴松柏心，不逐風霜變；至今湖海間，聲如大雷電。寶林幾勝踐，汭江多仙宴；秋江釣臺月，更使奸諛戰。

　　謹按：文丞相與盧陵李知縣詫孫書云「吾盧陵號壯哉縣」云云。而因念盧陵鄉先生有若歐陽文忠公脩、楊忠襄公邦乂、胡忠簡公銓、周文忠公必大、楊文節公萬里、胡剛簡公夢星，並列祀于先賢堂。文丞相死節後，士民復立忠節祠，以肯齋李芾配盧陵，舊有四忠一節之稱，今為五忠一節云，王梅邊《生祭文丞相》文云「四忠一節，待公而六。為位其間，聞訃即哭」云云。是以《剪燈餘話》序文亦有曰「訪舊于盧陵忠節之邦」云云。（《梅墅遺稿》卷三）

答子由詠懷古蹟　李濱（1623～1658）

易水風寒壯士悲，輿圖尺劍動隣師。邦謀枉恃憑河勇，機事從差倚柱時。棠社荊榛終古恨，薊門歌筑至今思。行人欲問金臺處，衰草荒雲指點疑。

其二

燕獄深深晝鎖門，小樓遙隔犬羊村。中原無主風塵暗，崖海傾舟宇宙昏。莫道元朝多偉器，未聞柴市弔忠魂。君臣大節千秋仰，丞相精忠竹帛論。（《松溪集》卷二）

志感　李夏鎮（1628～1682）

何處文山取義樓，金臺基廢問無由。待烏頭白今三月，戀闕心丹又一秋。天末亂雲迷遠望，月邊歸鴈喚羈愁。昭王伯業今猶見，汶上叢篁滿薊丘。（《六寓堂遺稿》冊二）

讀《文山集》　二首　尹拯（1629～1714）

欲觀單闕南車錄，須讀敦牂北闕書。千載有人東海外，一朝三復涕盈裾。

獄裏虹光射斗牛，男兒蓋棺事方休。黃冠豈是偷生計，當世知心麥與留。（公詩有「蓋棺事方定，挑燈看劍頻」之句）

元主初欲不殺公，元參政麥术丁嘗開省江西，親見公出師震動，力請殺之，蓋有養虎遺患之慮也。宋官王積翁等十人謀請釋公為黃冠師，留夢炎私謂積翁曰：文山贛州移檄之志、鎮江脫身之心，固在也。忽有妄作，我輩何以自解也。遂不果。愚嘗疑黃冠備顧問之語，似非文山本心。今觀此始覺其乞歸之意，而术丁與夢炎者已潛覰之矣。术丁，元臣也，彼夢炎恨不萬段。（《明齋遺稿》卷二）

次天縱文山延諡宴韻　二首　尹拯

文山當日盛筵開，爭覰天官捧旨回。豈獨哀榮稀往古，當留簡策照方來。孤懷自覺衝冠髮，感淚那禁落酒杯。欲說後人思報國，可能隨處竭微才。

簪紳章甫簇華筵，歌詠聯翩壓管絃。死義臣心寧望報，褒忠聖典特來宣。一天共戴虛垂死，強圉重回又幾年。片片含冤忍痛志，只應留與子孫傳。（《明齋遺稿》卷四）

明村《長星歌》跋　壬午　尹拯

昔文信公目擊崖海之淪沒，身囚於燕獄三年，其悲憤哀怨之懷，發於聲詩者，有《指南》《吟嘯》等集。余始讀之也，往往涕下而不能禁。

蓋其詩有曰：「夢裏好事多，不知身網羅。」蓋公被執之日，吞腦子二兩而不死。北遷之時，絕食八日而不死。在燕獄宛轉沮洳之場，經再寒暑而無恙。其心固已自異矣。其欲再奮江西之師，掃蕩北來群醜，求趙氏而立之，光復宗社。而後擊楫渡江，席捲河朔，滌盡腥膻，整頓乾坤，以酬其起兵勤王之本志者，豈嘗斯須忘哉！故其詩曰：「身事蓋棺定，挑燈看劍頻。」又曰：「落落惟心在，蒼蒼有意無。」即以其心所圖者，質之於上天，而寤寐之所存，魂魄之所交，無非此事也。志終不就，而身終不免，則天之所以使公，不死於被執之日，不死於北遷之時，不死於燕獄三年，使之備嘗千辛萬苦而死者，豈只欲使公如金百鍊、如水萬折，使公平生志節，皜皜乎光明於天下後世而已歟！嗚呼悕矣！

今觀明村居士所為《長星歌》者，即一文公夢中之好事也。真所謂哀於痛哭者也。（吾輩含冤忍痛，頭戴一天，相與怨歌慷慨於窮谷垂死之中，即與燕獄何殊？而只吐出胸中憤懣之氣，托寓於一場空言者，亦同夢中光景矣。）吾欲與《出師表》，（獎率三軍，北定中原，興復漢室，還于舊都）即此意也。《正氣歌》同為一編，以明其心事之曠世同符。而所謂綱常之重，亘古今而如一日者，亦可見矣。百載之下，必有廢書而悲之者矣。若其作歌之義，則有居士所自為跋語，又有病弟聱窩所為詩若小敘，兹不重述焉。（《明齋遺稿》卷三十二）

讀《文山集》有感　時纔聞清老訃　朴世采（1631～1695）

千年燕獄事酸辛，石室文山一樣人。華柱行裝歸鶴夜，蕙樓心事怨鵑春。簷前古道虛無盡，竹下清陰寂寞新。回首首陽顏色少，可憐吾計日沈淪。（《南溪集》卷一）

讀史有感　己巳　李選（1632～1692）

武侯《出師表》，文山《正氣歌》。英雄千古恨，長使淚傾河。（《芝湖集》卷一）

謁崧陽書院。即圃隱俎豆之所，頃年，松都儒生以清陰金文正公暨我先祖文貞公同享是祠　金錫胄（1634～1684）

五百年中一圃翁，文山壯節伯夷風。三峯胙土紛封削，爭及崧陽數畝宮。（《息庵遺稿》卷六《擣椒錄》上）

次副使韻　金錫胄

滯北曾無似我遲。五旬蠻館送春曦。羈愁日日難消著。試學文山集杜詩。（《息庵遺稿》卷七《擣椒錄》下）

感古　李箕洪（1641～1708）

天下宗周日，二子獨言非。餓死終無悔，萬古西山巍。其後八百年，一士蹈東溟。要看這氣象，秋月上穹青。牧羝天山外，生還詎可望。畫圖麒麟閣，鬚髮染胡霜。偉哉諸葛公，三聘起隆中。出師圖匡復，遺表照丹衷。晉代無烈士，栗里獨高賢。清清菊花露，手寫春秋編。如何五季下，誠臣少一人。士氣由導率，世道方沉淪。民彝終不泯，相繼彰義聲。罵賊常山陣，殉國睢陽城。桓桓岳將軍，赫赫文丞相。可惜忠志士，無補國將亡。雙明剏鴻業，燕謠起南京。卓乎方正學，將身一毛輕。我東崇節義，列聖培根基。竹橋懸白日，吳山長春薇。杜洞七十賢，無一不闡美。有若六臣者，成就一箇是。每讀莊陵史，無端涕汍瀾。秋風東鶴寺，為誰獨招魂。秋江布衣士，叫閽訟昭陵。腏享由公議，伸枉亦恩榮。壯蹟閑山島，卓節宋公壇。不有忠亮力，應須再造難。白刃披強腸，漢山青未已。逖矣遼河濱，三良同日死。邇來百年間，寥寥不聞義。一死諒非難，得死實未易。獨夜窮山枕，青虹菀欲吐。抽毫發長嘯，俛仰遡今古。（《直齋集》卷一）

和玉齋燕京感懷·詠文山〔註12〕　崔錫鼎（1646～1715）

何處黃冠相國樓，千年人去跡空留。精英可但星虹貫，忠烈惟應簡策收。柴市荒煙藏碧血，汴宮衰柳縮閑愁。中州又見王風變，誰問南征楚澤舟。（《明谷集》卷五《蓆回錄》）

大有訪三忠祠，而余獨不得往尋，感而賦之　金昌集（1648～1722）

誰開廟宇古燕城，遺像宗臣最肅清。涅背精忠嗟枉死，捐軀義烈恥全生。

〔註12〕《和玉齋燕京感懷》原詩有八首，並名「書狀號」，《詠文山》為其中之一。

英雄異代皆衰運，香火同祠並大名。天地即令氛祲暗，三光獨向此間明。(《燕行塤篪錄》，參見林基中編《燕行錄全集》卷二十九)

杜詩集句　金昌集

余有事雲庄，來住送老菴者殆半月餘矣。春深晝永，山扃靜寂。鳥啼花落，悄然送暑。適案上見留少陵詩一部，其句語往往有彷像於今日之情景與物態者，余遂就五言詩中，掇取而集成之，為短律凡得數十篇。余自禍釁以來，固已絕意鉛槧。而昔宋文文山在燕獄，目見天地之翻覆，身罹犬羊之僇辱，胹雪充其中，刀鑊森其側，其危迫痛懣，人理之所難堪。而方且日哦其間，以洩其忠憤不平之氣。至於集少陵詩句者，又不翅百餘篇之多焉。近吾伯父谷雲先生，遯迹華陰深谷中，閉關塞兌，萬事灰心。而亦於其間，集少陵七言，為古詩數十首，此亦文山遺意也。今余之傚效為此，蓋亦古今一致，而恐或無害於義，姑存其稿云。時癸酉暮春下澣也。

漂梗無安地，歸山買薄田。雲溪花淡淡，石瀨月娟娟。羈絆心常折，招尋興已專。眼前今古意，悵望好林泉。

其二

散地逾高枕，幽居近物情。雞鳴還曙色，鷗泛已春聲。几杖將衰齒，漁樵寄此生。長安若箇畔，餘孽尚縱橫。

其三

卜宅從茲老，乾坤一草亭。野雲低度水，山鳥暮過庭。白髮絲難理，窮愁醉未醒。長歌意無極，哀怨不堪聽。

其四

天地空搔首，愁來梁甫吟。艱難昧生理，去住損春心。雲氣生虛壁，泉聲帶玉琴。感時花濺淚，為恨與年深。

其五

誅茅初一畝，清曠喜荊扉。日晚煙花亂，林疏鳥獸稀。如行武陵暮，永息漢陰機。自媿無鮭菜，隣家問不違。

其六

步屧深林晚，川原紛杳冥。渚花張素錦，石壁斷空青。種藥扶衰老，為農知地形。濁醪誰造汝，愁與醉無醒。

其七

生理何顏面，茅茨寄短椽。為農山磵曲，送老白雲邊。過懶從衣結，扶行

幾屐穿。酒醒思臥簟，老困撥書眠。

其八

用拙存吾道，隨春入故園。荊扉對麋鹿，旭日散雞豚。已撥形骸累，而無人世喧。理生那免俗，耕稼學山村。

其九

寂寂春將晚，長吟野望時。寒魚依密藻，宿鳥擇深枝。兄弟分離苦，京華消息遲。繁憂不自整，鬢髮白成絲。

其十

幽獨移佳境，人煙時有無。日斜魚更食，水宿鳥相呼。衰謝多扶病，飢寒迫向隅。蒼茫步兵哭，處處是窮途。

其十一

澗水空山道，柴門老病身。不關輕絨冕，幸各對松筠。生意甘衰白，行歌非隱淪。日兼春又暮，久坐惜芳辰。

其十二

萬事已黃髮，百年能幾何。尫羸愁應接，喪亂飽經過。傍架齊書帙，通林帶女蘿。眼邊無俗物，回首白雲多。

其十三

形骸元土木，環堵但柴荊。流慟嗟何及，終身恨不平。艱難隨老母，寂寞養殘生。莫怪啼痕數，林烏反哺聲。

其十四

壯心久零落，塊獨委蓬蒿。鸛鶴追飛靜，魚龍偃臥高。喧卑方避俗，留滯莫辭勞。天地身何往，此生隨所遭。

其十五

峽裏歸田客，懸厓置屋牢。雜花分戶映，亂石閉門高。興與煙霞會，貧嗟出入勞。衰年催釀黍，終日困香醪。

其十六

雲山尚百里，吾得及春遊。茅屋還堪賦，桃源無處求。狂歌遇形勝，熟醉為身謀。浩蕩風煙外，朝朝上水樓。

其十七

幽事供高臥，吾將守桂叢。峽雲常照夜，簷雨細隨風。農務村村急，樵聲箇箇同。沈沈春色靜，花藥亞枝紅。

其十八

日出籬東水，樓高屬晚晴。鶯花隨世界，燕雀半生成。白髮須多酒，青山空復情。天機近人事，萬慮倚簷楹。

其十九

磊落乾坤大，蒼茫雲霧浮。途窮那免哭，心弱恨容愁。獨坐親雄劍，殘生隨白鷗。百年歌自苦，吾道長悠悠。

其二十

門徑從榛草，無營地轉幽。生涯已寥落，春氣漸和柔。社稷堪流涕，行裝獨倚樓。雲山興不盡，容易往來遊。

其二十一

雲暖麝香山，潛通少有天。耕巖非谷口，倚杖即溪邊。落日邀雙鳥，高齋見一川。平生憩息地，吾道卜終焉。

其二十二

幽居在空谷，再與暮春期。燕入非傍舍，花開滿故枝。野畦連蛺蝶，江峽繞蛟螭。全命甘留滯，柴荊學土宜。

其二十三

營葺但草屋，淹留為稻畦。幽棲身懶動，衰白意都迷。川路風煙接，田家樹木低。客愁那聽此，終日子規啼。

其二十四

林僻來人少，吾知養拙尊。幽花欹滿樹，小徑曲通村。倚杖看孤石，連筒灌小園。天涯稍曛黑，各已閉柴門。

其二十五

細草微風岸，春畦亂水間。杖藜從白首，隱几亦青山。宿鳥行猶去，高雲薄未還。客愁全為減，幽事頗相關。

其二十六

有客過茅宇，傾壺就淺沙。今朝好晴景，落日對春華。湍駛風醒酒，溪虛雲傍花。怡然共攜手，爛醉即為家。

其二十七

病枕依茅棟，青山隔故園。天清風捲幔，樓靜月侵門。蜂蠆終懷毒，狐狸不足論。時危關百慮，無力正乾坤。

其二十八

夜足沾沙雨，春流岸岸深。杖藜復恣意，隱几亦無心。霧樹行相引，源花費獨尋。衰顏偶一破，不覺自長吟。

其二十九

晚景孤村僻，浮雲世事空。衰顏聊自哂，絕境與誰同。乞米煩佳客，應門試一童。即今千種恨，忍對百花叢。

其三十

暫往比隣去，歸時路恐迷。兒扶猶杖策，橋斷卻尋溪。翳翳桑榆日，陰陰桃李蹊。逍遙展良覯，隨意葛巾低。

其三十一

喪亂聞吾弟，臨江卜宅新。疇能任漂寓，俱是避風塵。舟楫因人動，門庭畏客頻。生涯相汩沒，有媿百年身。

其三十二

緩步移斑杖，溪邊春事幽。渚蒲隨地有，山木抱雲稠。喪亂形仍役，經過老自休。平生滿樽酒，一酌散千憂。（《夢窩集》卷四《杜詩集句》）

讀史有感・文文山〔註13〕　金楺（1653～1719）

文章一代壯元郎，節義千秋日月光。澤中神物歸何處，贏得高名聳四方。（《儉齋集》卷二）

讀宋史文天祥事有感　洪世泰（1653～1725）

扁舟崖海欲歸何，力挽殘暉尚奮戈。不見雄圖吞羯狗，空留正氣作山河。向來南渡無君久，從此中原入虜多。獨怪天心與人異，茫茫宇宙一悲歌。（《柳下集》卷六）

趙參議錫五以冬至副使赴燕，乃述一路山川事景，為絕句贈之，凡三十六首〔註14〕　金昌業（1658～1721）

文山柴市西門外，屬國羝羊北館中；往事驚心那可問，悲風朔雪古今同。瀋陽西門外三學士死處，北館清陰先祖被拘處，文山死柴市日，大風晝晦。（趙榮福《燕行別章》，參見林基中編《燕行錄全集》卷三十六）

〔註13〕《讀史有感》，原有五首，詠五位不同的歷史人物，現只摘取詠文天祥之詩。
〔註14〕三十六首絕句最後有「乙亥陽日下浣金昌業」數字，故此詩乃金昌業所作。

訪三忠祠〔註15〕　　金昌業

欲訪三忠祠。三忠，即漢諸葛武侯、岳武穆、文丞相三人也。遂先問大通橋遠近，蓋知三忠祠在此橋旁故也。甲軍曰橋距朝陽四五里，而別無可觀，曰第導之。遂出朝陽，度濠橋，送刷馬驅人於汲水處。吾輩欲緣濠下，濠水皆冰，有五六胡各持雪馬在濠邊，見吾輩來，競挽而乘之。余與柳同上一馬，元建善興亦與甲軍同上一馬，走得如流，亦一快事！到大通橋始下，甲軍自以錢償其直。橋制度甚壯，両旁設石欄干，舟行其下。云自朝陽至此，可四里許，而城濠之間，皆倉屋。橋下多閣船，蓋通州漕運至此也。濠東岸皆種柳，而丘墓人家相錯。橋南十餘步，當內外城相接處，有一門名曰東便，往來人馬甚多，駱駝數百過橋上，謂是皇帝所畜，為飲水而出。

問三忠祠，人有指之者。緣濠行百餘步有橋，橋上有碑。視之，萬曆癸丑所立也。過碑無多地，有小廟在濠岸。前門閉，遂下馬，從傍門入。正殿只三間，殿內坐三塑像，中諸葛武侯，右文丞相，左岳武穆。武侯冠臥龍，衣鶴，手羽扇；文丞相幞頭朝袍，岳武穆具甲冑，貌皆如生。岳武穆轉面右顧，欲開口，語氣象甚雍容，不見鑫厲。文丞相亦和氣滿顏，古人云辦得大事者，必有從容底氣象，於此益信其然也。與柳鳳山進而再拜，意甚感慨。廟宇荒涼，可知其香火之疏，令人尤傷心。

庭左右有両碑，萬曆甲戌所立也。有一僧守廟，請吾輩坐廊下小炕，進茶，問三忠位次，有一老人書以荅。問姓名，陳秉直，年七十七云。與藥果一立，守僧與一扇，遂歸。（金昌業《燕行日記》，參見林基中編《燕行錄全集》卷三十一；又見於金昌業《稼齋燕行錄》，參見林基中編《燕行錄全集》卷三十三）

訪三忠祠　　金昌業

行至一古廟，乃是三忠祠。愀然起我感，下馬為躑躅。廟中綸巾神，知是漢丞相。右有袍笏人，左有披甲將。兩人問為誰，含笑盡如生。是則南宋臣，信國興鄂王。三人同其志，曠世相與鄰。祠傍一老人，為余指而云。嗟神所遭世，千秋猶裂肝。廟貌卻夷然，仰望益敬歎。始知大英雄，氣象皆安閑。偉哉宇宙間，乃有此等人。成敗與利純，陋矣不足諭。胡塵塞天地，三光久無色。香火遂寥寥，古殿皆頹落。庭中萬曆碑，剝落無人讀。而我是遠客，偶求涕橫

〔註15〕題目係編者所加。

落。無物薦微誠，撫劍空躑躅。（金昌業《燕行塤篪錄》，參見林基中編《燕行錄全集》卷三十四）

文丞相祠〔註16〕　金昌業

文丞相祠屋僅三間，廟庭益隘。殿內書「萬古綱常」四字，塑像作秉笏仰視狀。眉目疎朗，其衣袍冠類襆頭，亦類兜鍪，曾見君臣圖像，宋人有此冠，蓋宋制也。詣卓前行再拜。《大興縣志》曰：「元至元壬午十二月初九日，公死於柴市。是日風沙晝晦，宮中皆秉燭行，世祖悔之。贈公金紫光祿大夫太保中書平章政事廬陵郡公，諡忠武。使王積翁書神主，除柴市設壇。丞相孛羅祭之，旋風捲起神主，雲中雷隱隱若怒聲，晝愈晦。以張天師言，乃改書神主曰「前宋少保右丞相信國公」，天乃霽。明日歐陽夫人從東官得令旨，收葬公。江南十義士舁柩出都城，藁葬小南門外五里，識其處。大德三年，繼子陞來北京，於順成門內見石橋織綾人婦，公之舊婢綠何也，指公瘞處，見大小二僧塔，一塔有小石碑，刻「信公」二字。至元二十年歸葬廬陵。柴市即此處也。

洪武九年北平府事劉崧始請立祠堂，永樂六年太常博士劉履節奉旨，祭以春秋云。遂行出大路，市多柴車，觀此益驗其為柴市也。當日事若目覩，意思愈覺不平。北行數十步，東巷口有牌樓，書「大興縣」。過此數百步，至十字街，西望鼓樓，東望東直門，北去定安門，皆二里。余過十字街，又行數百步，東巷口有一牌樓崇教坊，入牌樓百餘步，是太學也。（金昌業《稼齋燕行錄》，參見林基中編《燕行錄全集》卷三十三）

燕京　次杜工部秦州雜詩（其十二）　李頤命（1658～1722）

武侯才命世，成敗任天時。賢知終無奈，英靈且莫悲。三年多受侮，一死或云遲。慷慨非難事，從容始得之。

右弔柴市　柴市在西城內，元時名以教忠坊，立祠云。（《疎齋集》卷一）

燕京懷古·述文山　李健命（1663～1722）

讓夷方急病，捨命是成仁。萬死間關日，三年縲絏身。綱常終有賴，成敗不須陳。柴市遺祠在，西山永世隣。（《寒圃齋集》卷一）

〔註16〕原書無標題，此編者所加。

題西坡燕行卷　贈第四郎冬至書狀之行　趙裕壽（1663～1741）

范老聘金作，如何感慨稠。看他蕃漢俗，非舊帝王州。正氣空柴市，詩聲寂雪樓。今雖季子去，等是未觀周。（《后溪集》卷六）

紀行述懷次三淵韻　其三十四　李宜顯（1669～1745）

劍術已疎筑事誤，荊卿漸離空含冤。復有南朝文信公，浩氣直射戎幕雲。吾東節義此不愧，遺恨河溝曲中論。燕市（《陶谷集》卷三《壬子燕行詩》）

積石山觀落照　十絕句·其六　金春澤（1670～1717）

何不中天長爀爀。還從碧海去沉沉。金戈在手無由挽。坐想文山一片心。（《北軒集》卷六《蘆山錄》）

文天祥黃冠之對　金春澤（1670～1717）

為國守節之士，未必盡皆殺身，以管寧、陶潛而得為漢晉之遺民，亦足矣。如使魏宋之主，必欲其為臣，以其不從而殺之，則二子者，亦當甘心於斧質，不然則不死。且二子之於其國，非疎則賤，未必有復讎存祀之任與責。苟以復讎存祀為任，則當一日舉事，以畢臣子一日之責，豈得自逸於遼東瀋陽，寂寞之濱哉！

宋之文天祥，則其義與二子者甚不同。始聞虜難，倡義勤王，以討賊興復自誓。而身兼將相，佩趙氏之存亡，不幸而德祐被執。嗣君幼弱，三百年宗社，僅託於海嶼容足之地。雖天祥亦豈不知必亡！而其言曰：「父母有疾，不忍不下藥。」當其創殘敗衂，果然無復可為，則仰藥絕粒，不待虜之殺之，而天祥欲先自殺者，誠為國亡則與亡，而以其終不能成興復之功為己罪。此其所處，豈同於二子者哉！

嗟乎！天不鑑其忠節，宋祀遂絕。而天祥偶爾不死，則其居燕獄，至於三年之久。宜與夫仰藥絕粒之意，異矣！而且其對王積翁之言曰：「倘蒙寬假，得以黃冠歸故鄉，他日以方外備顧問可也。」積翁至以此請釋為道士。若是，則天祥亦可自逸於江南，如二子之於遼東瀋陽也歟？曰：「此天祥所以尤不同於二子者。」吾知天祥必以為吾既不能死於國亡之日，萬一得脫而歸者，當求趙氏兒於民間。糾烏合之眾，勵尺寸之兵，以圖興復而已。雖知勢之不成，或冀天之助順，不成則死，是又吾事也云耳。不然而徒欲以全區區之性命，則曾

是以謂天祥乎？是故留夢炎輩恐其號召江南，勸元主而必殺之。天祥之志，此又可見。然則其黃冠顧問之言，豈非所以紿彼虜而將圖吾事者哉！觀夫天祥自初必曰有死而已，至其過淮作詩，有曰：「妻兮莫望夫，子兮莫望父。」是其捐性命與家族也素矣。夫豈天祥而一日忍忘其死也。

　　余懼世之庸士驟聞黃冠之對，而遂謂天祥無端而求生，則是不惟重誣天祥，亦將不知亡國大夫之守節，所以異於疎賤之臣者，茲悉論之。（《北軒居士集》卷九）

文文山　　權壽大（1671～1755）

　　十年燕獄風霜重，《正氣歌》聲萬古悲。看劍燈前空吼膽，當時天下竟誰歸。（《無名齋集》卷一）

文丞相祠與三忠祠〔註17〕　　崔德中（1675～1754）

　　文丞相祠，在於順天府學宮中，此地乃丞相之盡義處柴市也。元世祖至元壬午十二月初九日，風沙晝晦，宮中秉燭而行，世祖悔之。追贈金紫光祿大夫太保中書平章事廬陵郡公，諡忠武，命王積翁書神主，灑掃柴市，設壇而祭。丞相字羅行初獻禮，旋風起捲神主，雲中雷殷殷如怒聲，晝尤晦。乃改書前宋少傅右丞相信國公，天乃霽。此府學宮，乃柴市也。故洪武九年建祠，春秋祭享云。

　　三忠祠在於外城東便門外，乃漢諸葛孔明、宋岳武穆、文天祥也。祠後即河岸，而岸有濯纓亭，金魚池在天壇北，周二里。有魚，或鯉或鯽，色有金、銀、玳瑁三色，食以小蟲，則色可變，其尾或有二三四歧。天將雨，魚皆出水面，水底如湯云矣。（崔德中《燕行錄》之《燕行錄日記·癸巳正月十三日》，參見成均館大學校大東文化研究院選編《燕行錄選集》）

文文山天祥真像別祠五國城，或配享於武侯廟議　庚午　*尹鳳九*（1681～1767）

　　臣本愚昧，知見素蔑，每當國家典禮，輒蒙詢問之命，惶愧之極，實莫知仰諭也。第文天祥貞忠大節，昭乎日星，崒乎山嶽，百代之下，孰不聳動瞻仰。今此遺像，得脫腥塵，流傳於我東衣冠之邦者，已是奇事。而聖教將

〔註17〕題目係編者所加。

欲立祠於五國城下，其體得文山之意，誠出尋常萬萬。文山精靈，必有知於冥冥，能得侍於二帝塚傍，則豈不悲咤感激，以為千古之幸也耶。但會寧在邊城數千里外，京師士民，無以觀感而興動。且今世衰道微，人心苟賤，氣節掃地，尤思所以激勵之道。若更摸一本，擇城外閒地，又建祠妥奉，使一代士大夫人人得以觀瞻，以為慕尚之地，則亦足以立懦勵頑之一助矣。至如陸秀夫之苦心忠節，實與文山無異。而文山則因其真像之適來，有此祠奉之議，只以忠義之同而並欲祠享，則何獨陸丞相一人耶？臣之愚見如此，伏惟上裁。（《屏溪先生集》卷八）

追次哭文山韻　安命夏（1682～1752）

漂漂黃屋日沉暉，回耐胡塵撲面吹。愁望漢陵無灑掃，忍看周鼎有輸移。憂天苦膽生為苟，填海危衷死亦遲。遺像至今瞻颯爽，堂堂忠毅奈如時。（《松窩集》卷二）

追次文丞相遺墨　安命夏（1682～1752）

遭逢無那際河清，極目腥氛壓帝城。西山去後文山又，宇宙綱常萬古聲。（《松窩集》卷二）

識夢　安重觀（1683～1752）

曉夢乘使車入燕都，都已虛無人。問之則曰：真天子已都洛陽，余時自顧鬒髭半白，仍覓其地。聞人惟得樂毅、文山，覺而異之，遂賦此。

五十男兒鬢始華，燕雲西去坐高車。戰塵初洗山河出，萬國衣冠正一家。
其二
痛飲悲歌都市前，黃金臺古草連天。昭王昌國猶生氣，擊筑諸豪莫浪傳。
其三
文山能讀聖賢書，正氣堂堂貫太虛。死易成難君莫說，英雄事去可何如。
（《悔窩集》卷一）

讀宋元之際感書　安重觀

英雄勝敗故多般，只為天時有往還。信國何曾劉史下，王郎正是達春間。當陽桃李榮華盛，不雨蛟龍變化艱。欲喚諸公談此事，無如寂寞一青山。信國，文天祥也。劉、史，秉忠、天澤也。王郎，保保也。達、春，中山、開平二王

也。高皇帝嘗曰：「天下英雄惟常遇春、王保保耳。」(《悔窩集》卷一)

十八日夜，夢至一處，見宋朝諸賢來會，約可十餘人。其中一人，乃文天祥也，皆東向而坐。座上西向二人，即胡酋云。余自堂下望見，覺而異之，遂吟一絕　柳宜健（1687～1760）

千古英雄一席同，後生何幸猥承風。文山大節宜居右，左袒胡為亦在中。(《花溪集》卷一)

柴市文丞相廟　趙顯命（1690～1752）

國破公猶在，公亡宋遂亡。身名完一局，義烈貫三光。崖海風雲慘，臨安禾黍長。公靈欲何往，天下又戎王。(趙顯命《燕行錄》，參見林基中編《燕行錄全集》卷三十八)

燕京雜詩　其二　李器之（1690～1722）

賣柴街邊丞相廟，太學門中石鼓文。糢糊篆籀餘千古，寂寞丹青照夕曛。文丞相廟在安定門內府學即柴市也，石鼓在太學神門內。(《一菴集》卷一)

文山廟　趙觀彬（1691～1757）

萬古文山節，燕都有遺廟。多年縶一樓，苦心皎日照。傷心五噫歌，宇宙動悲調。柴市雲慘憺，萬死付一笑。至今廟前栢，夜月杜宇叫。我亦慕義者，遠來拜以弔。(《悔軒集》卷七《燕行詩・燕京雜詠》)

拜謁文山廟〔註18〕　金舜協（1693～1732）

初六日，晴，留舘，更欲往尋文山祠，而莫能指的。近來披閱《大興志》，（大興縣在燕京都城中，志，其縣志也）。知其所在處，而猶未快然。余於食後，軍服執鞭，而挺身獨出。步往於安定門外，其間幾十里，而繁華如一。立門外垓子橋上，憑欄瞻眺，橋北人居盛滿，樹木隱暎，而眼力不能窮焉。蓋聞天壽山，即都城之鎮山，意謂若出安定門外，則可以北望天壽山，而今見北天渺闊，而無一短隴小丘之入矚者，惟西山則逶迤繚繞於安定門西十餘里，而山顏妍美而已，雖欲問於人，而言語既不能通，且無可與立談者，獨自徘徊於橋上。

〔註18〕題目係編者所加。

適有一年少美風彩者，乘驄而過，余一見可揣其文人，遂揮手而問之曰天壽山何在，其人熟視之，即下馬而前，與云揖對曰天壽山在直北百里，而野闊氣塞，不得望見矣。余又問：「文丞相廟安在？」答曰：「文丞相，即故宋丞相文天祥耶？」余曰：「然。」其人又曰：「君之問文丞相廟甚麼？」余曰：「文丞相凜凜忠義，足以薄層雲而貫日月，余生也晚，常有欽仰之心矣。今來上國，必欲一拜於廟宇之前，而柴市遺祀，無處可尋，故今逢秀才，敢有所問。」其人遂握手曰：「子排東國之以文學自任者乎？君之志可尚也！第以文丞相廟為問，則市氓街童必不能知矣，君之所以未即尋者，固然矣。若以文山祠為問，則其尋也必易。文山祠在此安定門內順天府學之少東矣。」余又問：「荊樊之事古矣，秀才其有遺跡之可言者乎？」其人曰：「無可言者。」仍以手指示西山下，杳茫中日，千古往蹟，傳道如昨，只有荊軻舘於期舘遺墟餘存，而其北又有漸離舘矣。仍言於余曰：「君之久留此地，恐有無賴輩相侵之患，湏速歸舘。」余謝之。于時羣胡之聚觀者填橋塞路，已不勝其苦，而余實不慣於漢語，故或以言語問之，或以文字互書於掌上而通之，彼此俱以為難，且恐日力之易窮，因興揖別，不能問所欲問者，甚恨恨！余徘徊城下，遙望西天，乃以望荊軻舘為題，口占一詩。

有一牌樓小門曰育賢坊，是即府學也，遂入焉。才入門內，有聖殿而金書，外大門曰文廟。其東連墻而有文昌祠。祠之東又連墻，而有文山祠。遂請見於守門者，拒之，而索扇，約以他日給扇而入于祠。祠制端而小，棟宇階庭，頗古焉。祠之額大題曰「文山祠」。祠中獨享文丞相像，而儀宇豐大嚴正，加以黑冠，以黃帷障之焉。其上懸板空中，而大書曰「萬古綱常」。卓前所置香燭之具，皆未鮮潔。神座之上，塵垢亦滿焉。可想崇奉之猶未盡焉，肅容瞻拜，不覺起余懷之慍愉悲激，而想先生之忠節矣。拜訖，就見神座之東，立一短碑，刻先生義盡時所製文曰「孔曰成仁，孟曰取義；惟其義盡，是以仁至；讀聖賢書，所學何事？而今而後，庶幾無愧」云矣。祠之西墻外，有一石碑，而龍龜剝落，字畫刓，是即府學之記蹟古碑也。碑文略曰：學舍成，祀召公奭、左伯桃以下云云矣。自入燕之後，意謂召公之遺化，至今不泯，則宜有廟享之禮，而文獻無徵，方以為恨矣。得見是碑，始知有祀於學舍，幸甚！甚俱，或未及於鎖門前，忙忙而還，故未及往見石鼓於國子監。（金協舜《燕行日錄》，參見林基中編《燕行錄全集》卷三十八）

文丞相真　　鄭基安（1695～1767）

是歲春。趙相國顯命奉使燕京。得公真以獻于朝。上命公卿褅議當享所。
僉曰惟關西永柔縣。舊有諸葛武侯廟。妥其遺像。惟二公盡瘁於危急時同。齎
志而不克匡復同。並享之於禮宜。上可之。仍製贊以褒尚之。遂留其真本于禁
中。又摸一本安于春曹。且將奉而西下也。余往拜之。感而賦之。

鐵木已亡公若生。畫中鬚髮氣崢嶸。燕山有地何曾踏。崖海無天遂未擎。
萬里東來箕子後。四時西享葛侯並。再看九宇腥塵漲。三復雲章感涕橫。（《晚
慕遺稿》卷二）

詩家雜說・讀文山詩　　趙天經（1695～1776）

文山詩曰：「夫人生於世，致命各有權。慷慨為烈士，從容為聖賢。」又
曰：「禾黍西原夢，川原落日悲。斯文今已矣，來世以為期。」余讀此兩詩，
未嘗不太息流涕也。文山，儒者也，有志聖賢之道，而遭時板蕩，遂為烈士之
事。斯文則以來世為期，嗚呼悲夫！雖然，成仁就義，無愧古人，而慷慨之中，
猶可見從容之象，則文山抑又何恨乎！（《易安堂集》卷四）

永柔縣武侯廟追配鄂王信公紀事碑　　南有容（1698～1773）

維聖上二十有六年庚午春，上臨筵下教。若曰：「永清縣之廟武侯，維其
山之名臥龍也，而聖祖因以思其人也。鄂王之配永清廟，維其忠之似武侯也，
而聖考所以勵乎世也。予惟信國文公，痛帝社之將沉，仗義旅而獨奮。蹈死愈
厲，與國俱殞，智力之所不及天耳。乃其心，武侯、鄂王之心也，其以信公膢
食鄂王之下，於典不僭，且以述先王之事也。」禮臣道臣承命祇若，卜日之良，
既躋以饗。武侯、鄂王原有遺像在廟，至是又摹信公像而並揭之。上自為文，
近臣臨讀。西土之士，相告忭躍曰：「大忠之祀在天下，我西土得事其三。上
之不鄙我西土，而勸之也有道矣，其敢不勖！」

既而上又教曰：「所以廟武侯者，既有碑矣。維鄂王之事，石具而未文，
殆有待於今歟？」其令詞臣並與信公之所以配者而撰次之，以刻示來者。於是
以命臣有容。

臣竊伏惟國家為理，以風化為首，聖神相繼，率是道無替，忠罔不報，義
罔不旌。推而至異世之臣，去今千百載之遠。而獲祀於邦內者，蓋未可一二數。
而如今之為，聖旨所寓，尤為深遠，有未易以言語盡者。臣故曰：入是廟而仰

而覿其容，俯而思其所遇之世，與所齎之志所秉之義，而蹶然有興於心作於氣，然後始可窺聖人教化之跡矣。夫然則奚西土之人之為勸已哉！將舉國而勸焉，又將舉天下而勸焉，請拱手以俟。銘曰：

有跂祠宮，臥龍之丘。云誰之享，維漢武侯。孰其配之，鄂王信公。配之維何，寔配其忠。鄂王初起，宋社既南。痛深主辱，志決身殲。威靈外礜，韜畫內殫。中土日闢，北轅將還。三字獄成，萬里城壞。孰執彼讒，豺虎以餒。信公之世，帝在舟中。捧詔雪涕，矢心皇穹。一旅勤王，成敗維天。間關海嶠，衝冒穹氈。三年雪窖，一死有地。所學何事，義盡仁至。相維純忠，孰如二臣。論世考履，維葛與倫。斥和有表，正氣有詩。流傳百世，如讀出師。肆我文考，覽史興咨。亦粵聖后，撫像紆思。申舉懋章，饗以籩俎。何所無神，必茲西土。三人一心，異世同歸。英靈相感，肸蠁如期。風聲攸暨，癃躄亦起。山磨水竭，曠慕何已。曰此秉彝，維性之根。賦予者天，扶植者君。既賦既植，曷不勸忠。百爾君子，視此刻銘。（《雷淵集》卷十一）

永柔武侯廟致祭文　俞彥述（1703～1773）

緬昔漢季，有臣武侯。曷比管樂，寔匹伊周。三顧主恩，六出臣義。豈容兩立，但有一死。高光物舊，吳魏敵強。責在老臣，忍負先王。名懸日月，心質天地。出師二表，人誰不淚。雲霄一羽，夢想千古。睠言遺祠，在彼西土。山名偶同，聖志攸寓。可祭於斯，同歸者誰。

岳王挺世，惜不其時。北轅遠矣，東窗誤耶。山未撼易，天不祚何。男兒片心，背字有四。黃龍痛飲，竟負初志。

文山苦節，柴市悲風。擎天願乖，蹈海途窮。孔仁孟義，正氣歌終。厓山落日，金戈在手。三年一樓，吾義吾守。北方靡托，遺像來東。

猗茲三賢，迹符心同。茲庸義起，並以禮配。肅肅其像，洋洋如在。山高水長，廟貌孔陽。地老天荒，義烈采彰。歲雖千百，感則朝暮。誠虔奉幣，意寓聽鼓。世入長夜，義晦麟經。永懷風烈，倍激衷情。伻官涓吉，敬薦洞酌。不昧者存，庶歆菲薄。（《松湖集》卷六）

宋文天祥、陸秀夫二忠臣建祠當否議　庚午　宋明欽（1705～1768）

如臣賤微無似，本不合比數於儒臣之列。前年再度問議，敢爾冒對者，只以前王不忘，小人所同，愚衷感激。竊附芻蕘，而僭汰屑越，至今惶恧。今以

文、陸二忠建祠事下詢之命，又及於臣。臣是何人？輒敢覥然襲謬，重污聖聰乎？況臣蒙陋寡聞，此等曠絕之舉，尤昧可否之宜，王人遠臨，不能仰對，惶恐俟罪而已。(《櫟泉集》卷四)

敬次三忠閭舊韻　宋明欽

滄溟蹈穩魯連濤，柴市眼無羯虜臊。左海千秋人極立，一家三節聖言褒。輻軨尚走遼河遠，棹楔空瞻舊宅高。吾祖當年有絕筆，至今餘涕重霑袍。(《櫟泉集》卷一)

《宋端宗》論　黃景源（1709～1787）

宋室將亡，而楊氏以一婦人立端宗，間關海中以存趙氏，豈非天耶？

自宋以來，皇太后保右天子有功於社稷者，於哲宗時則太后高氏是也，於高宗時則太后孟氏是也，於端宗時則太后楊氏是也。

高氏垂簾聽國政，召溫國公司馬光、申國公呂公著並命為相，黜姦臣、罷新法，朝廷清明、中國乂安，故號為女中堯、舜。

孟氏廢居瑤華宮，號玉清妙靜仙師。京師陷，六宮北遷，而孟氏以廢獨存。乃遣其兄子忠厚，迎高宗，立為天子。

楊氏初選為美人，進封淑妃。元兵既陷臨安府，恭帝北遷，楊亮節遂負端宗，徒步七日，抵溫州。楊氏乃遣二宦者，以兵八人迎端宗於溫州，遂冊立為天子。

此三后皆有大功，而楊氏志節卓卓，非諸妃之所能及也。史稱「端宗如溫州，至江心寺，見斧依在於寺中，即高宗南遷之時御座處也。眾相率哭斧依下，遂推端宗，為天下兵馬元帥。五月端宗入福州，已而踐位」，誠可謂天之所定也。

是時楊氏聽國政，以文天祥為右丞相、兼知樞密院事。天祥提兵取梅州，由興國縣出江西入會昌縣，又取雩都，圍贛州。未幾，端宗棄群臣，嗚呼惜哉！楊氏又立皇弟昺為天子，昺投海死。楊氏聞之，大慟曰「未亡人間關海中而終不死者，為趙氏六尺之孤尚有可望爾。今天命已絕於宋，未亡人復何言哉」，遂赴海而死之。

夫天祥忠於宋室，而楊氏雖入後宮，為天下母，亦盡其節而已矣，何其烈也！(《江漢集》卷十二)

文丞相子 　安鼎福（1712～1791）

當國家變革之際，父死於忠，則子亦從父志而守節，所以為孝。晉王哀事，朱子採入於小學書中者，良以此也。余見元人陶宗儀《輟耕錄》：元至元間，文丞相天祥子出為郡教授，卒。翁某者有詩曰：地下修文同父子，人間讀史各君臣。考《宋史》及《文丞相集》：丞相有二子，長名道生，年十三，疫死於麗江。次名佛生，景炎二年死於亂。則丞相無子矣。但丞相之弟璧降于元，其子陞至仁宗時，召為集賢學士。陞蓋嘗繼後於丞相，非丞相親子也。璧尋亦乞歸道卒，則其心亦有不忍也。自至元至仁宗時，已四十餘年。陶《錄》之爽實如此，果不足信矣。所謂翁某之詩，或指陞而言耶？高麗亡，鄭圃隱死節，其子宗本登太宗朝辛巳及第。讀翁某此詩及王哀事，寧不泚顙！（《順庵集》卷十二《橡軒隨筆》）

謁文山廟〔註19〕　李基敬（1713～1787）

十二日庚戌，陰，留北京。

為謁文山廟，晚出。由安定門之東，遵小街，有牌樓當街，榜曰「育賢坊」。又行數百餘步，牌樓一座，亦同前榜。兩樓之間小。北即順天府學，而稱以副學，謂副於太學也。聖殿之東，有明倫堂。堂之後，有啟聖廟。文丞相廟又在明倫堂之東。

明倫堂庭中樹碑甚多。洪武二年左丞相宣國公欽奉聖旨，今後立學，春秋須要祭祀。設科分教禮樂詩書數云云。又左右立雙碑，亦洪武二年所立也。《創置學田記》，則萬曆庚戌畢懋康撰並書。《重修儒學記》，則成化丙申太子太保吏部尚書商輅撰、前翰林院編修趙昂書。前中書舍人程洛蒙所謂《大京兆黃夫子興學德政碑》者，萬曆三十九年儒學教授張庭撰、莆田黃衍相書。《大京兆劉公置學田記》者，崇禎庚午國子博士里人金鉉撰並篆額，國子祭酒黃一狼（郎）書。此外，多是康熙以後碑也，並略而不錄焉。堂中又有二碑，一書《春遊賦》，萬曆癸巳李茂春撰；一書《太極圖心問》，楊鸞述云。明倫堂之後，有一行閣，列樹五碑。皆書聖賢格言，其一即《程子四勿箴》也，上頭大書「宸翰」字，想是皇朝列聖御筆，而年久磨滅，僅存一二。

文山廟只是三間屋，塑像秉笏，冠類襆頭。瞻望不覺敬慕感慨之懷，遂詣卓子前，行再拜禮。塵埃滿壁，糞穢堆庭，亦可悲切也！廟內大書「萬古綱常」

〔註19〕原文無標題，標題係編者所加。

四字。又有二碑，一則畫像自贊，一則皇朝南京人題詠也。取考《皇都景物略》中有云：

至元壬午十二月初九日，公死於柴市。是日，風沙晝晦，宮中皆秉燭行，世祖悔之。贈公金紫光祿大夫太保中書平章政事廬陵郡公，諡忠武。使王積翁神主，除柴市設壇，丞相孛羅祭之。旋風捲起神主雲中，雷隱隱若怒聲，晝愈晦。以張天師言，乃改書神主曰「前宋少保右丞相信國公」，天乃霽。明日，歐陽夫人從東宮得令旨，收葬公。江南十義士昇柩出都城，藁葬小南門外五里，識其處。大德三年，繼子陞來北京，於順承門內見石橋見織綾人婦，公之舊婢綠荷也，指公瘞處，見大小二僧塔，一塔有小石碑，刻「信公」二字。至元二十年歸葬廬陵。柴市即此處也。

洪武九年北平府事劉崧始請立祠堂，永樂六年太常博士劉履節奉旨，祭以春秋云。（李基敬《飲冰行程曆》，參見林基中編《燕行錄續集》卷一百一十六）

和杜詩　　李胤永（1714～1759）

除夜，又閱文山詩，見《集杜》諸什，意欣然慕之。偶記草堂守歲之篇，有四十明朝是之句，情境適然，欲以集句成篇，而記誦不廣，神思牽強，遂依韻和之。意到事會，續綴十餘篇，至人日之夕，到龜潭，聞士行死，實有斷絃之悲。不復為之。

本文缺（《丹陵遺稿》卷九《丹陵錄》）

文山祠　　趙宜陽（1719～1808）

黃花照太白，杜曲謁先生。天下無皇帝，山中獨大明。涓涓玉溜瀉，謖謖松風清。咫尺白南廟，同高節義名。（《梧竹齋集》卷一）

文丞相祠　　蔡濟恭（1720～1799）

中州淪沒古今傷，文相祠堂草木荒。惟有年年東國使，拜瞻遺像一焚香。（《樊巖集》卷十三《含忍錄》）

畫屏六贊·文天祥不屈（宋）　　權偲（1723～1792）

人臣之職莫大於忠，忠莫大於死。然而臨危授命，從容就死難。文丞相當國，事既去之，後以一身任大宋三百年綱常。五載俘囚，一心彌堅，其死從容，

衣帶有《贊》。試觀萬古忠義多矣，深得孔孟仁義之旨者，文文山而已哉！（《南窗集》卷二）

文丞相廟　洪良浩（1724～1802）

寂寞衣冠伴小燈，百年宗社兩眉稜。延陵已識秦聲大，諸葛難噓漢火興。天地分崩身獨立，風雷震盪氣齊騰。塵埃滿壁無人掃，惟有拈香一老僧。（《耳溪集》卷六《燕雲紀行》）

永柔縣三忠祠紀事碑銘　並序　趙璥（1727～1789）

永柔之縣有山，曰臥龍。山之東數十里有祠，曰三忠，而三忠之像在焉。其一，漢丞相諸葛公也。其二，宋少保岳公也。其三，宋信國文公也。諸葛公，則我宣廟之所創祀也；岳少保，則我肅廟之所並享也；文信國則我英廟之所追配也。而賜號三忠，扁以御筆。祠有二碑，文貞公李敏敘、文清公南有容之文也。

維我聖上十年丙午之春，特下大內所藏肅廟御製贊三忠圖像三本，移奉祠中，遣待教臣尹行任致祭。以臣璥忝為道臣，職兼內閣，命又立碑紀實。臣拜手稽首颺言曰：

於戲！我先王尚賢之德，其盛矣乎！我聖上述事之孝，其至矣乎！是祠也，當諸葛公之始享也，孰知夫岳公、文公之次第同祀乎！而我肅廟特曠感于三忠，圖其形，贊其烈，表章之如一。我聖上又為之移奉于是祠，與英廟御筆燦然並耀。其為茲土之榮，譽乎大矣！而肅廟御贊之成於三忠未名之前者，若有所待。先為之兆，豈不誠異乎哉！況祠故有像，而今又以秘藏之本並揭之，所以如見其人者靡不至焉！

噫！今去三忠之世已遠矣。然其大節之感人，赫赫如昨日事。而我先王尚賢之德，我聖上述事之孝，又有以鼓動而興起焉。茲土之人，苟有秉彝之天者，其豈不油然而激感乎！夫大節三忠之跡也，秉彝人人之心也。因其跡而求之於心，能盡夫所秉之彝，則其修身也斯可以明志致遠矣，其率職也斯可以盡忠報國矣，其立命也斯可以成仁取義矣。夫然後始謂之激感興起，而不負於朝家鼓動之化也。茲土之人，可不勗哉！祠距梨花亭不一里而近，亭即宣廟之所駐蹕也。庭有梨樹八九，其大皆過十圍，每春至花開，邑中人士相與往來遊賞。溯當時之遺蹟，誦先王之盛德，而仍又指其祠曰：三忠在彼。其擊節感歎留連而不能已者，尤豈無所自而然也歟！繫之以銘曰：

三忠烈烈，用享西山。知風之自，百世可扳。義惟鞠躬，誠則涅背。柴市

之節，炳乎衣帶。異代同調，千古一轍。三后所命，其祀有秩。煌煌圖像，出自大內。事若有待，舊幅增彩。西人曰咨，我王聖明。匪直尚賢，先志是程。曠世風雲，值運明夷。寤寐興想，恨不同時。鄂渚波咽，文山草芊。矧伊漢季，邈若先天。大地昏蒙，正氣衰微。英靈有知，想亦悲歔。一片乾淨，信美斯丘。雲馭聯翩，其來由由。西人稽首，必敬必虔。一方風動，罔非國恩。待文而興，凡民亦能。式昭寵命，銘焉是徵。（《荷棲集》卷九）

文山願以黃冠備顧問論　徐宗華（1729）

文文山公之在燕獄，元主諭之仕。文公曰：「國破君亡，吾分一死。儻蒙寬假，黃冠歸鄉。他日以方外，備顧問則可。若受官位，是舉平生而棄，將焉用哉！」後之議者曰：「天祥也，而猶有惡死之心，死亦難矣。」或曰：「此欲詭辭得釋，號召遺民而圖恢，若諸葛之於漢。不然，必為豫讓之挾匕橋下，文山也而豈肯備顧問！」余曰：「二言皆非知文公者也。」

孟子云：「可以死，可以無死，死傷勇。」君子於死生，安於時，順於義而已，溝瀆之諒不取也。是以忠臣烈士，國破君亡之後，有逼屈之辱死之，王蠋、龔勝之類是已；不有逼屈之辱，而可全其節，不必死之。微子、箕子之類是已。徒以死為貴？王蠋、龔勝之死，優於微子箕子之不死耶？微子、箕子亦惡其死而苟生者耶？可以死而不死，固非義也。可以無死而死，又非君子大中至正之道。非達乎死生之故者，烏足與語！

是文公當德祐勤王之時，已以死自期矣。五坡嶺吞腦子之時，求死而不得；見弘正不跪之時，求死而不得；至虜營踴躍請劍之時，求死而不得；罵呂師孟之時，求死而不得；八日不食之時，求死而不得。自戊寅被執，至燕獄五年之間，無非求死之日，而終不得死，其為惡死者耶！

苟使元主釋其囚而放之，優其節而全之。若武王之於微子，則文公當以黃冠野服，歸來故鄉。歌西山之薇，採東籬之菊；寢范粲之車，用陳咸之臘，礭其罔僕之節。苟使元主，果欲變夷為華，屈萬乘而訪道，若武王之於箕子，則文公着楊彪之冠，拊景興之膝，以賓主之禮，相揖而坐，發其乃言之對。微子不必死於前，文公亦不必死於後。箕子不以對顧問為嫌於古，文公亦不以對顧問為嫌於今。夫豈不義！微子、箕子為之，文公欲為之哉。文公之欲為而不得為，亦世降之可悲也。

且夫恢國之亡，如救人之死病。病雖革，而一氣猶未泯；氣雖泯，而四體

猶未冷，可施醫藥。一氣已泯，四體已冷，雖孝子慈孫，叩擗之而已，終身慕之而已，安有尋醫問藥於屬纊皋復之後，以為孝者哉！臨安之勤王，是病已革而氣未泯也；海豐之移屯，氣已泯而體未冷也。至於燕獄之拘縶，趙孤蹈海，周無未獻之地，四體已冷，天意人心，蓋可見知。諸葛之圖恢，昭烈、關、張曾有可為之勢。豫讓之挾匕，雖云卓卓烈夫，若以此為大中至正之道，而天下義理無過於此。夷齊必先挾匕於豐鎬之橋，微箕亦已漆身於岐周之市矣。詭辭得釋而有為，又豫讓之所不為，文公之賢而為之乎？

　　或曰：文公身為宰相，安危有責。微、箕遇周武之聖，不死而進《洪範》。夷狄之君，烏可援例！曰：微、箕同為三公，豈非宰相乎？當死則死，豈以士而苟生？不當死則不死，豈以宰相而強死乎？元主之於周武，誠有間。以禮顧問，斯對之已，何必周武而後為可！或曰：真謂元主，能顧問而有是言耶？曰：否。文公之欲備顧問，猶孔子之欲往弗擾乎？公山弗擾以費畔召孔子，孔子欲往而不往。欲往者，雖弗擾而無不可往之義；不往者，知弗擾之終不可有為也。文公之欲備顧問，而終於死者，亦元主不能以禮顧問也。既的知之，何有是言！此乃孔子之所以為大聖。而文公之所以為大賢也。不有是言而只死燕市。天下後世之處國破君亡者。無論逼屈與否。將謂莫過殺身以豫讓為賢。而微、箕為不足法。豈非世道之可憂？故為是言，示己之生死，無意於苟全，無意於取必，惟安於時順於義而已也。（《藥軒遺集》卷八）

文山廟 〔註20〕　洪大容（1731～1783）

　　西有文丞相廟。塑像壞傷，不可辨。堂簷崩破，益可傷也。有扁曰「萬古綱常」，今皇筆也。時余有包銀百餘兩，欲捨施修之。要守廟者問之，對云：「此有御筆扁額，皇上所句管，私修有禁，不可為也。」有古碑二礎，藏于壁中，唐李邕雲麾將軍碑也。府學有鐘鼓樓、櫺星門及泮水之制架石橋，欄楯多圮。有鄉賢祠，在文廟戟門外。忠孝祠在府內，祀古今忠義孝悌之人。節義祠在府學外，祀古今節孝婦女云。（《湛軒書外集》卷九《燕記》）

文天祥觀相　成大中（1732～1809）

　　文文山中壯元科，相者覷之朝堂，曰大凶；指留夢炎，曰大吉人也。後留果歷相宋、元，而文山死柴市，吉凶果如相者言矣。然以吾觀之，莫吉於文山，

〔註20〕此文原標題為「太學　府學、文山廟附」，今只摘取有關文山廟之文字，故以「文山廟」為題。

而莫凶於夢炎也。文山之囚，王積翁欲與南人保之南返，夢炎怵之止。後積翁死於蠻，使積翁保還文山，文山倡義興兵，如夢炎言者，積翁不過死爾，死不亦榮哉。夢炎卒以此言，殃及後裔。明太祖定制，歙之姓留者，非有顯者保其非夢炎裔，不得赴舉，清亦如之。而文山血食千秋，特為名節之祖，吉凶果何如也！（成大中《青城雜記》卷三《醒言》）

歷代名臣像贊・文天祥　朴胤源（1734～1799）

生而應紫雲之瑞，歿而收光嶽之氣。英英乎其稟質，烈烈乎其忠節。佩聖訓於成仁取義，衣帶中字字丹血。煌煌乎目光之寒星與爭，千載之下，尚凜然而如生。（《近齋集》卷二十二）

文丞相祠　朴趾源（1737～1805）

文丞相祠，在柴市，坊曰教忠。祠三楹，前為門，又前大門。祠之西為懷忠會館，江右士大夫歲時集此祭公。皇明洪武九年，北平按察副使劉崧始請建祠，永樂六年太常博士劉履節奉命正祀典，謂天祥忠于宋室，而燕京乃其死節之所，請祠祀，從之。

按劉岳申《信公傳》：公至燕館，供帳如上賓，公義不寢處，坐達朝。張洪範至，具言不屈狀，送兵馬司，械繫空宅中十餘日。解縛去械，囚四年，為詩有《指南錄》三卷、《後錄》五卷、《集杜》二百首，皆有自序。

趙弼《信公傳》言：「公至柴市，觀者且萬人，公南向再拜。是日大風揚沙，天地晝晦，宮中秉燭行。世祖問張真人，對曰：此殆殺文丞相所致也。乃贈公特進金紫光祿大夫開府儀同檢校太保中書平章政事廬陵郡公，謚忠武，令樞密王積翁書神主，灑掃柴市，設壇祀之。丞相孛羅行初奠禮，狂飆旋地，卷主入雲中。改書「前宋右丞相」，天始開霽。初江南十義士舁公藁葬南門外道旁。大德二年，繼子陞見織綾戶婦，公舊婢綠荷也。為陞語，遂以歸葬廬陵。宣德四年，府尹李庸重拓其祠，歲春秋仲朔，有司陳設行祀。別有一《記》。（《燕巖集》卷十五《熱河日記》）

文丞相祠堂記〔註21〕　朴趾源

祇謁文丞相祠。祠在柴市，即先生成仁之地也，坊曰教忠。元時塑以儒服，

〔註21〕此文見於數處，在林基中編《燕行錄全集》中，卷五十四中，題為《文丞相祠堂》；卷五十六題為《文丞相祠堂記》，今依後者。

明正統十三年順天府尹王賢奏，改塑宋時丞相冠服，其登祀典，在永樂六年。每歲春秋仲朔，天子遣順天府尹，設爵三、果五、帛一、羊一、豕一。余再拜而退，喟然歎曰：

千古興亡之際，天意斷可知矣！其見于妖孽、禎祥，而為之驅除，為之扶植，必於其所篤而力焉。雖婦人孺子，灼見其天意之有在，而乃忠臣義士者，徒欲以隻手與天抗，豈不悖且難歟！威武足以得天下，而不能屈一介之士。是一士之抗節，強於百萬之眾；而萬世之綱常，重於一代之得國，則是亦天道之攸寄也。若興王者，自知克審，而其得此大器也，天命之耶？抑且吾以力取之耶？天既命此大器，而不容吾力焉，則亦將使吾任天下之貴耶？抑且以天下利吾身也，天既欲以吾身利天下，則其利天下之術，固亦將有其道矣！吾受天之命，極救斯民于塗炭之中而已矣！故武王之伐紂也，非武王伐之也，以有道伐無道也。堂堂乎其有天下，而武王不與焉，是故在天無疑，在人無忌，在敵國無讎，在天下無我，隨道之所在而就焉！故武王之訪于箕子，訪其道也；訪其道，所以利天下也。若武王逼箕子而強臣之，則為箕子者，亦將抱《九疇》而赴柴市而已矣。道之不傳也，於我何有哉！後世之有天下者，亦莫不受命于天，而惟其自知也不審，故不信乎天，惟其不信乎天，故不能不忌人。凡吾力之所不得以屈者，皆吾之強敵，而常恐其糾合義旅，興復舊物，則莫如殺斯人以除後患。斯人者，亦以得一死，為明暴大義於天下也。斯人者，天下之父兄也！殺天下之父兄，而寧能止子弟之為讎乎？

嗚呼！天下之廢興有常數，而遺民之如文丞相者，未嘗不輩出也。當時受命之君，當如何處斯人也？曰：民焉而不臣，尊之而無位，置之不封不朝之列已矣。為元世祖計，親造舘，而手破其械，東向而拜之。問用夏變夷之道，率[註22]天下而師之，則是亦先王之道[註23]也。伯夷之隘，伊尹之任，惟先生所擇也。區盧陵百之田而不稅，則不祿而有其食矣。噫！黃冠故里之願，即白馬東出之志歟！彝倫之所以敘，禮樂之所由興，而安知先生之志不出於此也！（《燕巖集》卷十五《熱河日記》）

謁文山廟〔註24〕　吳載紹（1739～1811）

歷訪柴市，謁文山廟。堂宇荒廢，墻壁頹破，秋草盈庭。塑像金冠朝服，

〔註22〕《燕行錄全集》中之版本，「率」為「並」。
〔註23〕《燕行錄全集》中之版本，「先王之道」為「武王」。
〔註24〕題目係編者所加。

搢笏垂紳，豐碩大耳，眉目朗秀，君子人也！左旁有小石碑，刻文山真面，此乃臨命之日，一士人急持硯筆，乞緩晷刻模形於路旁石，後人依此立塑，仍移置廟中。蓋七分傳神也。

石額刻先生衣帶中贊「孔曰成仁」以下凡三十二字。讀其文，瞻其容，千載之下，宛如親覩，當令忠臣義士淚傾東海。廟額刻「古誼忠肝」，門楣刻「萬古綱常」。右壁嘉靖甲寅主事李世德揭詩，版門外左壁石刻文丞相本傳，宋劉岳申撰，明王遜重刻，梅珊篆刻。額字細如蠶，可百餘行，剝缺埋塵。廟外有鄉賢祠碑。嘉靖中太學士徐階撰、都督陸炳書，亦刓不可記。以廟壁石板所題觀之，乃嘉慶庚申刑部郎中江西劉珏、盧陵歐陽慎等，及南中人士三四十人捐俸酬銀，相與重修。今觀其壞漏不治，庚申乃一周年也，烏在其重修乎？

清人既入中華，思所以慰悅人心，褒忠孝，獎節烈，古今名臣，塋廟墟里，莫不煥然增飾，以至商兒傭婦舉被冊碧之旌，斯乃中華之厄運，非所謂榮耀也！獨文山一廟，無清家點墨，可謂不入於污穢之辱，而獨保清風者也。是荒涼數椽，卓然為今天下光淨之區，又為之默賀先生河嶽之靈也。先生不仕胡元，茲其為清人所深怒耶？嘗按楊士奇撰祠記，以為洪武中按察使劉崧始建於教忠坊，永樂中太常博士劉履節奉命正祀典，始有春秋之祭。宣德中，順天府尹李庸遵詔旨，葺而新之。明時，蓋嘗如此。（吳載紹《燕行日記》，林基中、夫馬進編《燕行錄全集日本所藏編》卷一）

文可尚　李德懋（1741～1793）

文可尚，宋信國公天祥六世孫。父榮光，居楊子江。崇禎乙亥，漂至朝鮮之殷栗縣。尋遭丙子之亂，移居恩津。嘗手錄華語三卷，進于朝，授通政階。（《青莊館全書》卷四十七《磊磊落落書補編》〔下〕）

題文山祠詩〔註25〕　金正中（1742～？）

陰。朝飯後，共東谷、松園往觀太學。北行五里許，過柴市，宋丞相文文山死節之所也。至今有遺廟，而窗櫺剝落，塵沙堆積，令人可嘅。叢祠、妖刹，無非金瓦繡戶，車馬雜遝，香幣雲集，不知世間更有忠烈之廟，尤可痛也。余慷慨書柴市壁上曰：「叢祠妖刹盡丹青，香幣紛紛日滿庭。寂寞城西丞相廟，夜來橫插斗牛星。」（金正中《燕行錄》壬子正月二十七日，韓國古典編譯院）

〔註25〕題目係編者所加。

文丞相廟　李在學（1745～1801）

寂寂燕城廟，堂堂宋信公。小樓惟赤日，荒市尚悲風。塑想三分影，碑留一片衷。英靈應返國，氛祲此冥濛。（李在學《癸丑燕行詩》下，參見林基中編《燕行錄全集》卷五十七）

肅廟御製贊武侯岳王文山圖像移奉于永柔三忠祠時致祭文　正祖大王（1752～1800）

猗漢武侯，三代上人。魚水契合，灑落君臣。義炳討賊，策紆恢疆。力贊大業，直接高光。鍾山河氣，貫日月忠。兩表訓命，以垂無窮。有唐杜甫，詩史著褒。宗臣遺像，曰肅清高。聖祖凝想，十行宸章。後千百年，尚挹芬芳。穆將虔揭，臥龍之祠。英爽降格，有洞茲厄。

右諸葛武侯

嗟哉岳王，不幸南宋。奮斥虜媾，揭大一統。走兀尤易，去秦檜難。終古志士，熱涕汍瀾。顧予曠感，若隔一晨。古篋鮫綃，有儼精神。地之相距，萬有餘里。歲之相遠，千有餘禩。偉表颯爽，今焉海東。睠彼西陲，秩此明宮。于以展之，于宮之內。載潔牲醴，永享百代。

右岳武穆王

烏虖文山，際時不造。平生姱節，周萇唐杲。燕山柴市，白日虹貫。英魂上征，侍帝香案。一幅傳神，獨留人寰。雲劫漫漶，繪素猶完。眉目山河，衣帶仁義。往蹟昭森，不待青史。有海東流，魯連所蹈。地稱小華，祠建淨土。選穀移奉，公像在堂。有馘者旬，尚歆清香。

右文信國公（《弘齋全書》卷二十一《祭文》）

謁文丞相廟〔註26〕　金箕性（1752～1811）

廟宇不過三間，樸陋頹坯，塵埃滿座。上有先生《自贊》，文曰：「孔曰成仁，孟曰取義；惟其義盡，所以仁至。讀聖賢書，所學何事？而今以後，庶幾無媿！」廟內又書「萬古綱常」四字。正間立塑像，其衣袍也，其冠幞頭，而亦類兜鍪也。

至元十六年，帥臣張洪範執文天祥至大都，因之。元主欲赦出相之，不從。十九年十二月初九日，戮于燕市。事見《元史》。文公北行，十月至燕館，供

〔註26〕原文無標題，此乃前五字，編者改為標題。

帳如上賓。公義不寢處，坐達朝，四日，張洪範至，具言不屈狀。五日送兵馬司，械繫空宅中十餘日，解手縛又十餘日，得疾。十二月去械，猶繫頸，自是，囚兵馬司者四年。其為詩有《松（指）南前錄》三卷、《後錄》五卷、《集杜》二百首，皆有《自序》，見劉岳申《文信公傳》。

公至柴市，觀者萬人。公問市人曰：「孰南面？」或有指之者，公即向南再拜，索紙筆書之詩曰：「昔年單舸走淮揚，萬死逃生輔宋皇。天地不容興社稷，邦家無主失忠良。神歸崧岳風雷變，氣吐煙雲草樹荒。南望九原何處是，塵沙黯淡路茫茫。」「衣冠七載混氈裘，憔悴形容似楚囚。龍馭兩宮崖嶺月，貔貅萬竈海門秋。天荒地老英雄喪，國破家亡事業休。惟有一靈忠烈氣，碧空長共暮雲愁。」是日，大風掃沙，天地晝晦。

公既死，世祖臨朝歎曰：「文丞相好男子！不肯為吾用，殺之誠可惜也！」是後，連日陰晦，宮中白晝或秉燭行。適張真人名天師來朝，世祖問之，對曰：「殆殺文丞相所致也！」乃贈公平章職，謚忠武。令丞相初行奠禮。狂飆旋起，卷主入雲中，乃改書宋朝職名，天始開霽。見趙弼《文信公傳》。

明日，歐陽夫人從東宮得令旨，收葬公。江南十義士舁柩出都城，藁葬小南門外五里，識其處。大德三年，繼子陞來北京，於順承門內見石橋織綾人婦，即公之舊婢綠荷也，指公瘞處，見大小之僧塔，有小石碑，刻「信公」二字。至元二十年歸葬廬陵。柴市即此處也。洪武九年北平府事劉崧請立祠堂，永樂六年太常博士劉履節奉旨，祭以春秋云。（金箕性《庚戌燕行日記》，參見林基中編《燕行錄續集》卷一百二十）

文丞相祠　李晚秀（1752～1802）

腥塵一點莫教飛，諸葛遺祠元聖衣。景仰平生今始拜，從容一死古應稀。人間不盡崖山淚，頭上長懸宋日輝。四百年來湣灘變，何如史老又同歸。（《屐園遺稿》卷十二《輶車集》）

歎　李晚秀

夫子宮墻清字題，文山祠屋碧苔漫。衣冠古制歸倡優，瓜葛相親混滿漢。（《屐園遺稿》卷十二《輶車集》）

擎天柱　李晚秀

屹然高百尺，龍首勢干雲。砥柱衝波劈，金莖瑞露紛。儼臨黃道正，長護

玉墀分。千古文山節，空憑帝夢聞。(《屐園遺稿》卷十二《輶車集》)

山海關感吟次息庵排律韻　其二十二　李始源（1753～1809）

文山正氣列為星，白日風霆凜烈精；彷彿衣冠豐下像，愁眉如復厭羶腥。太學傍有文山廟。(李始源《赴燕詩》卷三，參見林基中編《燕行錄全集》卷六十八)

從諸丈人飲盛初家　次文文山韻　任天常（1754～？）

簾幌風輕落照明，滿林啼鳥醉眠驚。繁花且飾升平事，幽谷猶存太古情。春水連天人在沚，歸雲極目鴈逾城。十年轉覺名心盡，強作詩篇字字生。(《窮悟集》卷一)

又次杜陵武侯廟韻　洪仁謨（1755～1812）

荒祠柴市最先尋，肅穆衣冠正氣森。簷栨雪愁侵北氣，庭柯風愛送南音。一生未了殲胡志，萬死猶存報國心。忍看腥塵污丹膜，蒼天獨不照靈襟。(《足睡堂集》卷一)

拜文丞相廟　洪仁謨

古廟丹青剝落多，神心今日恨如何。荒天偏愛驕胡種，奇渥纔亡又覺羅。(《足睡堂集》卷一)

文文山廟〔註27〕　李敬卨（1756～1833）

文文山廟在東數堠之地，即古柴市也。元人名之曰教忠坊，以旌之。今改稱育賢坊。皇明時，始立廟歲祀，正統中重修，而楊士奇有《記》。

瞻其塑像，則面方而豐下，眉宇清爽，但額庭甚窄，而大袖朝袍，四角幞頭，垂紳而摺笏，此疑其宋制也。其位版曰「宋丞相信國公文公神位」。又有小石碑在龕左傍，蓋文丞相像也。昔文丞相就死之日，有一人慨然歎曰：「不可使此人無傳於後世！」遂拔所佩刀，急就石上傳神，因以文山《自贊》刻其上曰：「孔曰成仁，孟云取義；惟其義盡，所以仁至。讀聖賢書，所學何事？而今而後，庶幾無愧！」云。(李敬卨《燕行錄》，參見林基中編《燕行錄續集》卷一百二十三)

〔註27〕原文無標題，標題係編者所加。

文丞相廟　　李肇源（1758～1832）

萬古文山廟，三韓使者過。日星瞻正氣，天地動悲歌。生死成仁已，興亡奈運何！臨風無限感，獨立夕陽多。（李肇源《黃梁吟》中，參見林基中編《燕行錄全集》卷六十一）

拜文丞相祠　　南公轍（1760～1840）

取舍能知熊與魚，忠臣祠下暫停車。得如公死名垂史，自有人情淚滿裾。東國成仁鄭達可，異時同德李尚書（即李邦華）。雲麾石墨今安在，廟壁荒涼草木疏（世傳唐雲麾將軍李秀石碑，藏于文文山廟，今失所在）。（《金陵集》卷四）

文丞相筆蹟帖墨刻　　南公轍

公忠誠軒天地，正氣撼山岳，書一技耳，奚足輕重公哉！然於百世之下，得其隻字片墨，猶令人感歎興起。工拙真贗亦非所辨也。公轍書。（《金陵集》卷二十四）

綠竹帖詩　　成海應（1760～1839）

孫公舜孝觀察嶺南，巡至永川郡。夜夢圃隱鄭先生與文文山會于一堂，堂下脩竹森如也。既覺而詢郡人，知先生遺墟在邇而有碑。盖高麗時，旌先生之孝也。碑埋沒艸中，即修治之。舜孝記之。權忠定撥有詩，尹公斗壽書之，金公玄成誌其下，灘隱為畫竹以配之。此所謂綠竹帖也。昔屈原作離騷經，以椒桂蘭茞之屬自比，以其香烈，有可以滌穢污。故君子之所居，多有松栢篁竹，以發其幽貞之色。孫公之夢，以其類也歟。後來之節，以文山為最。盖柴市之烈，雖在宋亡之後，其終始一心，貞白不渝。非如慷慨一時之憤，取辦於俄忽者也。是故為烈者輒宗之。先生身任綱常之重，為萬世之標準者，與文山比焉，此所以發於夢者歟？後人創臨皋書院于碑側，以享先生。院傍有梧桐一株，老而將死，有為永倅者斲而組之。余嘗使人彈之，其音甚清婉可賞。苟能閱綠竹之帖，且歌先生百死歌而以琴和之，其有不忠義之心激發于中者乎！詩曰：

文山之貞，圃老之烈。孰與上下，光並日月。維竹與桐，載其風節。百死之歌，瀝其心血。載彈載詠，忠義斯發。邈矣千古，逸軌遂絕。（《研經齋全集》卷一《雜詩》）

記玉帶生硯　　成海應

　　玉帶生者，宋文文山硯也。圓腹而紫衣玉帶，文山寶之，稱玉帶生。文山既殉節，為謝皋羽所有。皋羽携之子陵臺哭文山，又携之至宋朝諸陵哭之。皋羽沒，硯乃流落人間，復為楊鐵崖所得，列之寮中七客之一。後二百餘年，歸商丘宋犖，不知何時流入內府。余誠聞而知之，固未知其材之佳，可方何產。然以文山而名，亦未必論其材也。皋羽固高士也，如楊鐵崖為元守志宋犖仕于清，其人可知，硯於是乎失其所矣。矧又為清所有乎？皋羽何不擊碎而自絕也。後有得是物者，宜瘞於文山之墓，不使之污辱塵土。此可待河清時，告于中州之人也。（《研經齋全集》卷三十一《風泉錄》）

玉帶硯　　成海應

　　玉帶生，宋文文山所寶研也。圓腹而紫衣玉帶，文山重之，稱玉帶生。文山殉節，謝皋羽携之哭，子陵臺有臺慟哭記，又携硯尋宋諸陵哭之，有冬青樹引。謝歿，硯流落人間，歸楊鐵崖，列寮中七客之一。張思廉作《玉帶生歌》，述其事頗詳。後二百年，歸商丘宋犖，不知何時復入內府。（《研經齋全集外集》卷六十六）

文天祥　　成海應

　　文文山之在宋也，間關百拆。以區區之眾，當方張之寇。功雖不成，其忠義足以軒天地矣。及夫燕獄三年，備經困苦，而不渝其節，終有柴市之烈。運有興替，當其時者，唯盡吾分而已，無他道也。忠義雖本於彝性，亦有培養而致之者。宋朝立國忠厚，未嘗輕戮士大夫，宜以此受報於士大夫也。是故，如文文山、謝疊山之倫，以一死報其國，赫赫然有光者信矣哉。（《研經齋全集續集》冊十《史論》）

抵嶺伯書　　成海應

　　海應嘗著《皇明遺民傳》，有文可紀者。博學能文章，鄉薦就選，得天台令。明亡即歸，閉戶不出。或勸其仕于清，可紀曰：「吾祖文山，百折不回，卒以死効宋室。吾世受國恩，而敢耽富貴事二姓，為吾祖羞哉！」以故衣冠終。從姪振祚字孝先，亦諸生也。國亡棄巾衫，老死室中。

　　又文可尚者，宋信國公天祥六世孫，父榮光居楊子江。崇禎乙亥，漂至殷

栗縣。尋遭丙子之亂，移居恩津。手錄華語三卷進于朝，授通政大夫階。有詩載於《通文館志》。可尚有子曰振東。

　　計可尚與可紀，遠則必祖免之親，近則從父從祖父兄弟也。想其分張離析亦不久。不然振祚、振東排行，又可同乎。向者甲寅年間，雲溪李尚書按湖南時，聞興陽守朴宗正言，在咸平時有民稱可尚後孫，求免賤役，見所持文蹟，多前輩詩文，即除其役，亦贈以詩。李公遂訪咸平，間已往嶺南地，杳不知所之。正廟庚申，召李公詢可尚事。李公具告可尚後實在，命春曹求之三南，湖南報在咸平者，漂至南平。謂土著文姓人為同姓，托其先蹟，其人流離，不知所在。湖西報振東官槥柩，墓在恩津，子孫不知所在。嶺南報可尚後孫居安義，為人傭奴。諸道之報至，皆在六月。天崩之後，事遂寢，不以上聞。其間已十年矣，其在安義者，安知不復轉徙失所乎？

　　且文姓之祖益漸者甚多，況可尚遺跡又易眩幻，苟未能細心察之，實難辨析。夫文山之裔恥為羶裘之民，漂泊于我，困頓窘迫，不能糊口而為賤役，卒無庇覆之者，其於愛眛之義，果何如哉？誠宜汲汲求問，得自拔於溷穢之中，亦樹風獎節之一大助也。(《研經齋全集》卷三十二《風泉錄二》)

文可尚　　成海應

　　文可尚，宋信國公天祥六世孫，父榮光居楊子江。崇禎乙亥，漂之朝鮮之殷栗縣。尋遭丙子之亂，移居恩津。嘗手錄華語三卷進于朝，授通政階。(《研經齋全集》卷四十三《皇明遺民傳七》)

文丞相廟〔註28〕　　徐有聞（1762～1822）

　　順天府北學東有文丞相廟，竭忠輔宋，死於柴市。元世祖（名忽必烈）後悔，追贈金紫光祿大夫太保中書令長沙盧陵郡公，諡忠武。築壇於柴市，命王䢔應書神主，使丞相撥里祭祀之。是日大飄風，神主飛入雲中，雷聲轟轟而起，白晝如晦。世祖大驚，更書神主曰「宋少傅右丞相申國公」，天始清明。明日歐陽夫人收而葬之，江南義士十餘人羿棺，出小南門五里許初葬，以誌其處。其後，大德三年，養子文丞故葬盧陵。廟庭立碑，書「萬古綱常」四字。（徐有聞《戊午燕行錄》，參見林基中編《燕行錄全集》卷六十二）

〔註28〕此題乃寫於天格上，並未書於正文中。在頁223和頁414，皆書為「文天祥」；頁322，書為「文丞相廟」，今依後者名。

題文丞相畫像　丁若鏞（1762～1836）

烏呼此顏髮，是宋文丞相。身膏柴市塵，精爽故無恙。騎箕上碧虛，委蛻無人葬。淒涼〈滿江紅〉，聲繞燕山嶂。遙懷楊璉塔，眉毛銜惻愴。悲風吹冬青，西臺慘相向。烈烈〈正氣歌〉，胡雛乃爭唱。雪涕奠柱荔，千載一悵望。（《與猶堂全書補遺‧桐園手鈔》）

追和文山綠陰卷　丁若鏞

深房兀兀苦低垂，藥火燒殘口自吹。櫻為弄孫時摘實，柳能遮客不劚枝。耽眠厭聽蠶繰聒，悶旱欣看螘穴移。煙水泛舟他自好，白頭相對更須誰。

媿向兒孫作老親，朝晡說病總非新。平生枉學無當技，天地空留已死身。書束叢殘誰付廁，詩篇委棄早成塵。相憐獨有文山子，認是迂疏一類人。

石田收麥了，長夏保平安。白日高眠好，黃金到手難。眼從迷處豁，胸此少時寬。且放兒孫去，叉魚溯急湍。（《與猶堂全書》第一集卷六《松坡酬酢》）

記文可尚事　趙秀三（1762～1849）

文可尚，宋丞相信國公天祥十三世孫也，居楊子江上。崇禎末駕船出海，遭風漂至朝鮮恩津海口。適值甲申之變，函夏沉淪，可尚遂不歸而仍居焉。時則仁祖朝也，命授漢學訓上官教授。司譯院舘生有詩曰：「流落腥塵萬事非，聖朝文物夢依俙。江南庾信平生恨，塞北蘇郎幾日歸。三十年來風異響，八千里外月同輝。鄉音已變氈裘敝，誰識楊江舊布衣。」詳載《通文舘志》，余嘗見而悲之。

歲丙戌春，余從嶺南觀察巡部，行至安義縣，有文姓民人，以其先祖職牒與舊籍請免軍役者，考之，乃可尚玄孫也。余為誦其詩而白免之。噫！一詩之足以徵後也如此乎！余非徒愛可尚之詩，而重其有蹈海志也。方可尚漂泊之時，不使止乎椎髻卉服之域，而必至於衣冠禮義之邦，天之所以厚忠臣之後者若是也。而今其後孫則不能免赤籍之編，豈不慨然之甚哉！雖欲請聞于朝廷，復屬譯院之籍。然顧其人即一貿貿土氓也，有懷而不敢發，歸而識其事云爾。（《秋齋集》卷八）

文可尚　尹行恁（1762～1801）

文可尚者，杭州人，宋丞相信國公天祥十六世孫也，世居楊子江。崇禎八年，托以漂海，來泊于海西之殷栗縣。有詩曰：「流落腥塵萬事非，聖朝文物

夢依俙。江南庾信平生恨，塞北蘇郎幾日歸。三十年來風異響，八千里外月同輝。華音已變氈裘弊，誰識楊江舊布衣。」朝廷付可尚司譯之祿，以終其身。

宋季浙人鄭臣保，以員外郎挈家渡海，居瑞山郡之看月島。

士之不幸而遇戎狄之禍，駕航而浮于海，如若人者，何可勝數！或隱于島嶼中，或入山而不出，後世無聞焉。豈不憐哉！（《碩齋稿》卷九《海東外史》）

文可尚詩序　尹行恁

宋信國公祠，在關西之臥龍岡。曩余以閣臣承命諭祭，拜遺像。耳目眉髮髭鬚衣履冠帶，耿耿然若平生。而奉英矚於床下也。既祭，慨然想信國公子孫之在中國者，必有乃祖典刑，而獨柰山川之限也，星土風謠之邈焉。何哉？遂太息而歸。

粵數年，人有以文可尚詩遺之者，乃信國公十六世孫也。崇禎八年，自杭州東投，蓋有先知者然。而自況以庾子山、蘇子卿諸人。其詩婉而幽，曲折而往復；痛華音之變，泣氈裘之弊，自令人綮欷而不忍舍也。若使文可尚遇我，必與之偕登臥龍岡，砥劍東向而嘆也。

信國公，宋之大臣也，故委身而死之；可尚，明之布衣也，故全身而去之。其處變雖殊，其義則一也。可尚仕明朝如信國公，何遽不死於燕市，而航海奔竄以自靖耶？未分可尚衣履冠帶，雖不似宋制，其耳目眉髮髭鬚，尚有典刑，或有勝於信國公之傳神者耶？（《碩齋稿》卷十一）

文丞相祠次正使韻　李基憲（1763～1804）

君子成仁有始終，黃冠當日首飛蓬。人於氣數無容我，天以網常盡付公。老石拂塵遺像古，荒村飄雪小祠空。三韓使者來瞻仰，宇宙浮生愧夢中。（李基憲《燕行詩軸》，參見林基中編《燕行錄全集》卷六十四）

文丞相祠　徐長輔（1767～1830）

祠在順天府學之旁，即古之柴市也。元人殺文山于此，既而名曰教忠坊，以旌異之。今改稱育賢坊。明朝為立祠歲祭，正統中重修，而楊士奇有紀。

祠僅三間，庭除難容旋馬，設龕安塑像。面方而豐下，眉目清爽，但額庭甚窄。身穿大袖朝袍，頭戴四角襆頭，垂紳而摺笏，此宋制也。題位板曰「宋承相信國公文公神位」。龕左傍立方石，色淡黑，刻文山像。

文山就死之日，有人高其節，慨然歎曰：「不可使此人無傳於後！」遂拔

所佩刀，急就石上傳神。因以文山《自贊》詩刻其上。有曰：「孔曰成仁，孟云取義；惟其義盡，所以仁至。讀聖賢書，所學何事？而今而後，庶幾無愧！」

東壁嵌二圓石，即古雲麾將軍李秀碑，北海太守李邕筆。字多剝落，少可辨者。又右嵌一方石，而記其事。門外有名宦祠、鄉賢祠，其外門曰欞石門。

空庭樹老鎖輕烟，承相祠堂冷日懸。一死男兒猶有地，百年仇惡不同天。寸心豈獨青編照，真像留看白石傳。未信靈英柴市住，秪今中土以腥羶。（徐長輔《薊山紀程》卷三，參見林基中編《燕行錄全集》卷六十六）

題吳架閣《表忠錄》四首　為吳蘭雪嵩梁題　　申緯（1769～1845）

後七百年《表忠錄》，賢孫闡發賴賢師。倣書有似唐臨帖，存稿何消束補詩。

（北平翁方綱〈文信國手札跋〉曰：「文信國斗札三通，與金谿吳架閣者。吳氏今居東鄉，世為墨寶垂三百年矣。」架閣裔孫嵩梁，篤念先澤之遺，不忍失墜，因請余為想像信國筆意，重書成卷。敬識其後。）

其二

宋不足徵脫脫筆，文山附傳確垂編。（宋廬陵鄧光薦《續宋書文丞相附傳》：吳名揚，字叔瞻，金谿人。丞相起兵，踴躍赴義，率巨室積錢粟，備軍需。意甚感激，傾動一時。辟禮兵部架閣文字。空坑之敗，浮沉鄉里，計今尚存）。廢家棄市同成就，燄盡孤燈月在天。（《吳嵩梁家狀》曰：「公歿之日，酌酒別家人。危坐大書曰：我不佞佛，亦不事仙，死生晝夜，此理自然。其過化者燭中之燄，其存神者明月在天。」擲筆而遂暝。）

其三

義理空談無補於，尚論南宋欲何如。凜然文字垂千古，正氣歌兼卻聘書。（《家狀》曰：「空坑既敗，公遂不復出。元初，詔求遺逸。御史程鉅夫薦公，公以書辭。其書今載集中。」）

其四

東鄉逸史壓東船，不比尋常翰墨緣。此僅寥寥一錄耳，令人孝悌起油然。（《警修堂全稿》冊十二《紅蠶集》）

文丞相祠　壬午　　權復仁（1770～？）

安定門內、太學左傍有廟，扁曰「文信國公祠」。屋宇湫狹，神像短小，晳而美鬚，清秀映人。神座後刻揭公衣帶銘，左壁揭李北海邑書石一片。掌廟

者積菜把于廟內，塵土狼籍，殊可慨然！

公拘燕時，處一小樓，三年不履土，就義于柴市，此其故址也。洪武九年北平按察副使劉崧始立祠庭。二碑，一楊士奇，一羅倫。按公本傳，授命于至元壬午十二月初九日，風沙晝晦，世祖以問張天師，悔之，贈公金紫光祿大夫特進太保中書平章事廬陵郡公，諡忠武。命王積翁書神主，洒掃柴市，設壇祀；丞相孛羅行初奠禮，旋風起捲神主入雲中，晝愈晦，乃改「前宋少保右丞相信國公」，天乃開霽。明日，歐陽夫人得東宮旨收公，江南十義士舁柩，藁葬于小南門外，誌其處。大德二年，公繼子陞至都，偶逢石橋織綾人妻，乃公舊婢綠荷也，共與尋柩。至元二十年，歸葬廬陵。

燕中叢神，淫祠在在，崇奉像設炫燿，唯岳廟、文祠荒寂坯廢。余謂西山可夷也，琉璃廠可碎也，五龍亭、雍和宮可拆也，武穆、信國二祠將巋然獨存，與天壤同獘也！（《天遊稿》之《燕行詩》）

謁文山廟　李時養（1770～1860）

敬拜清風祠，衣袖忽翩披。蒼蒼高太白，雲物至今遺。(《無憫齋集》卷一)

溪陽書院各位祝文　庚申　宋來熙（1771？～1847？）

光霽氣像，傳道最真。書圖闡奧，啟我後人。右濂溪

洙泗的源，二庚前後。大成克繼，千載授受。右紫陽

擎天精忠，萬變不渝。仁至義盡，世教是扶。右文山

詩禮邃學，冰檗清操。流風遺教，永宜崇報。右平靖公

道有淵源，學優論思。鄉邦景仰，百世之師。右梅溪

篤倫至行，律身正學。士林矜式，永世無斁。右嵐亭（《錦谷集》卷十二《祝文》）

詠南宋史・文天祥　陳景文（1773？）

開闢以前未曾有，乾坤此後定無之。其身雖死名難死，當日奇溫敢殺之。(《剡湖詩集》卷下)

文丞相祠　洪爽周（1774～1842）

故國年年杜宇飛，萇弘碧血尚霑衣。南冠舊制瞻容幸，正氣悲歌識曲稀。柴市雲煙猶慘惔，趙家社稷有光輝。崖山缺月滇池黑（永曆帝崩于滇南），誰

復西臺慟哭歸。(《淵泉集》卷二《淵泉燕行彔》)

弔文丞相辭　洪爽周

貞幹兮崇蘭，歲云暮兮風剗之。駟虯兮乘鷖，公胡為兮幽朔。塵冥冥兮不見，又慘慘兮飛雹。狵猖猖兮競吠，何豺狼兮在郭。余周流兮求友，懷九土兮中廓。既强節兮天街，遂悵悵兮靡託。彼蕭槮兮短髮，指冠冕兮為讟。微夫子之炳靈兮，又孰察余之胸臆。彼奇渥之不永兮，固天道之孔灼。何廻環之不可常兮，曾朱祚之不能以三百。顧帝京以一喟兮，神窅窅其高邈。上列星之熒煌兮，下嵩岱之嶽嶽。青雲衣兮赤螭駕，驅列缺兮掃周伯。公庶幾兮揚靈，橫八紘兮來格。(《淵泉集》卷一)

題表忠錄後　洪爽周

王鼎翁以布衣赴文丞相軍，及丞相被執，為文以生祭之。至今讀之，尚凜凜想其為人。謝皋羽傾家貲，佐丞相軍，遂參其軍事。逮宋亡，終身逃隱西臺。慟哭之辭，涕人於千載之下。汪元量挾三尺琴，訪丞相燕獄，得其詞一闋而歸，遂與《正氣歌》《指南集》諸篇，並流聲無窮。嗟乎！同志相感，同氣相求。丞相之門，固宜多烈丈夫也。

余從中國人得宋故架閣吳公詩與其卻元人薦引書閱之，又獲見丞相與公書三帖。信乎丞相之門，多烈丈夫如此哉！夫以丞相得士之多。而吳公之時見重於丞相如此，其人已可知矣。及其時移世改，皭然自潔，以不負丞相之知又如此，此其義，豈遽出王、謝諸公下哉！而顧泯泯獨不表見于世，然卒能流傳于五百餘年之後，而得裔孫之賢有文者，以克光顯之。此又王、謝諸公所未有也。嗚呼！為善者，亦可以勸矣。

往余嘗北遊，拜丞相祠于順天。見庭宇荒涼，塵土翳然，心盡焉悲之。徘徊古柴市，傍求欲見昔所稱悲歌之士而不可得。今始得聞丞相之客，有賢裔孫如此，而其文辭又有足感發人者。惜乎！余衰且病，不能復遠遊也。姑書此卷尾，以致其願交之意。吳公諱名揚，其裔孫曰嵩梁，實表章是書云。(《淵泉集》卷二十一)

文丞相廟〔註29〕　徐有素（1775～1848）

文承（丞）相廟在府學西。大明初，北平按察副使劉崧建，宣德間命有司

〔註29〕原文無標題，此標題係編者所加。

春秋祭祀，景泰中賜記，該遺像改塑，用丞相衣冠。破屋三間，廟庭陋隘，塑像端坐，冠進賢冠，朱衣色黯，即宋時丞相衣冠也。圩顱方面，眉目疏朗，秉笏儼然。神座之左，石刻半像執笏，刻「孔曰成仁，孟曰取義」數語。

　　唐李邕書雲麾將軍李秀斷碑二礎，甃于壁。雲麾將軍李秀，字元秀，范陽人。唐玄宗時以功拜雲麾將軍、開國公，卒于開元四年，葬于范陽福祿卿，碑刻于天寶元年。此碑舊貯于良鄉縣庫中，不知何時入都城。宛平令李蔭掘地得六礎，視之，乃雲麾碑，建古墨齋貯之。後移於京兆署中，止二礎，其四礎……〔註30〕為礎。閩人董生告于李蔭，遂輦而致之。順天府丞吳涵又遷之，置文丞相廟，入汴之。四礎今不知所在云。

　　元至元壬午十二月初九日，宋丞相文天祥死于柴市。是日，風沙晝晦，宮中皆秉燭而行，世祖悔之。贈公金紫光祿大夫太保中書平章政事廬陵郡公，諡忠武，使王積翁書神板，除柴市設板，使丞相字羅祭之。忽風起捲神板入空中，晝愈晦，隱隱有電樣，世祖大恐，用張天師言，改書神板曰「前宋少保右丞相信國公」，天乃霽。明日，江南義士十人舁尸出城，藁葬小南門外，識其處。大德三年，公繼子陞來北京，於順承門內石橋見織綾人婦，公之舊婢綠荷也，指公瘞處有小石碑，刻「信公」二字。至元二十年歸葬廬陵。（徐有素《燕行錄》，參見林基中編《燕行錄全集》卷八十一）

同庚四君子詠·信國文公　金邁淳（1776～1842）

　　宋曆僅三百，運氣一何厚。范韓鍾已多，程朱降亦偶。誰知大亭育，更在端平後。滂洋乙卯策，賈董亦汗走。行藏繫國命，四十方左右。崎嶇虎尾蹈，灑落熊掌取。烈士與名相，居一足不朽。雲霄耿獨立，萬世仰悠久。今辰五月二，日軌加神后。一觴敢言酹，鴻名拜山壽。（《臺山集》卷三）

答鄭景守　金邁淳

　　方欲專候書成而伻至，感應之妙，雖磁鐵桴鐘，蔑以加矣。奇哉奇哉！仍審新春，侍綵百福，欣賀萬萬！來論勁正之氣，卓偉之識，可以激懦警惰。負此氣辦此識，何事不可做！況文丞相一段，感觸深切，非閒商漫論之比。整襟一讀，灑然若江漢之濯，歎仰無已！然此等事業，亦未嘗不從行墨間做出來。

〔註30〕中間有一行22字，漫漶不清，難以識讀，只得略之，特此說明。

　　試觀其《丙辰廷對》，時年甫弱冠耳。上自太極五行，下至君德時政，靡不窮源極本，洞窾擺髓。頃刻數萬言，如宿構之背誦，而無一點荊圍潦草之氣。雖其末梢大成就，震動天地，不復可以文章言議槩之。而材料根苗，亦略具於此。揆厥所自，非行墨而何。彼一種腐頭巾，守糟粕牽枝葉，徒讀而徒言者，是誠行墨而已耳。固可厭也。厭此而遂謂事業不干於行墨，則得無近於子夏氏抑揚太過之病耶？仁義忠孝。人心之所同然。而明之必資問學。發之必待遭遇。問學在己，遭遇在時。故古之君子，修其在己，應時而動。幸則為伊傅、周召，不幸則為文丞相、史閣部。惟其所遇，非有所揀擇需索而居之也。

　　今以厭俗之甚而懷仁慕義之篤也，猝然而號於眾曰：舍爾方策，捐爾誦讀，專要做如許事業，彼將惡乎着手？君子言之必可行也。快於言而窒於行，非言之至者也。幸望更致思焉。《春秋左氏傳》亦一番合用力之書，而以朱子之學，於《春秋》則未敢下手。又以東萊門下之尚《左》、《馬》而遺《四書》，深致慨歎，是必有精義存焉。然因朱子此言而遂廢《左氏》，亦近膠柱。且念千五百年，尊孔子以當一王之運者，專以《春秋》。而及讀其書，茫然不識為何語，於名實殊不相稱。故嘗欲雜採公、穀、左三家之長，下逮程、胡諸大儒，取其語確而義精者，刪繁就簡，輯為一書，以作自己便覽，而尚恐僭越，且無暇隙，迄未之果。兄若留意此書，可試圖之否？《春秋》固未易言，既欲從事乎此，以立基本，則恐當以聖經為準，不必專為左氏一家役也。未審尊意何如？

　　賤狀今年只似去年，何足言！渭南老人詩曰：「漠漠炊烟村遠近，鼕鼕儺鼓埭西東。三叉古路殘蕪裏，一曲清江澹靄中。外物已忘如弊屣，此身無伴等羈鴻。天寒寂寞籬門晚，又見浮生一歲窮。」此五十六言，道得此間景況，無一字爽。漫誦于左，以當《春秋》諸子賦詩之義。未知觀志如趙孟，審音如吳季者，當作如何解也。忽忽不宣。

　　文山事，盛論與論者之說，並行不悖。蓋節義固大，而死生亦非細故，故悼君子之捐軀，則曰不容何以勸人善，此惻怛好仁者之言也；幸忠臣之全節，則曰不殺何以成其名，此慷慨好義者之言也。只須兩存，必欲執一而廢一，則論或拘，而意或偏矣。然是二者，惟在元主自擇而用之耳。若以文山分上言之，吾事已畢，吾守自在，死亦文山，生亦文山，豈以自外至者，為加損哉！然文山當日，有不得不死者二焉：才德名望，震動夷夏，為元人所忌，一也。偷生負國，如留夢炎輩盜憎主人，必欲甘心，二也。有此二者，安得不死！而其勢

推機激。卒致之死，以成窮宙之大名者，未必非天意也。至若願為黃冠之說，後之君子，有謂文山必不為此言，出於元人曲筆，愚嘗以此論為當，而脫脫史之不足徵信，於此亦可見矣。未知盛見如何？（《臺山集》卷五）

文王第五　金邁淳

李德懋《雅亭稿》載《宋遺民補傳》，蒐羅採擷，頗詳博可喜，而其中有顯然謬誤者。文天禎，盧陵人，天祥兄也，以弟天祥死節不仕元。遂居廣濟，家世業儒文。應麟，天祥孫，隨其叔璧守惠州，璧降于元，應麟恥之，携二子遁于東莞，子孫為名族。

按文山所撰《皇考革齋事實》曰：「男，天祥、璧、璋。」文山在兄弟為長，則烏有所謂兄天禎者乎？文山生二子曰道生、佛生，佛生失於丁丑空坑之亂，道生以翼年卒，血胤遂絕，故以璧子陞為嗣。在燕獄，有手札寄陞，備載此事，可考也。道生、佛生之失亡，俱在童幼，應麟以誰為父，而得為文山之孫耶？璧之降元，在祥興己卯，時文山年四十四。四十四歲之人，有孫則可也。能知降元之為恥，而又有二子可携遁，則可謂事理之外。且既曰文山之孫，而稱璧為叔，昭穆亦紊矣。

雅亭之學，長於考證，而輕信寡裁乃如此。可歎！（《臺山集》卷十九《闕餘散筆》）

文丞相廟　曹鳳振（1777～1836）、朴來謙（1780～？）等〔註31〕

皇清

芬英胡為薦至今，風聲可見感人深。書樓乾淨囋旐地，柴市淒涼化厲心。萬古精忠夷夏重，七分遺像雪霽陰。陸公何不同祠享？海上惟瞻赤日臨。

遺祠肅肅表年源，千古危忠尚如今。忍說崖山天地覆，翻騰柴市晝日陰。傳神片石苦空沒，絕筆遺辭淚不禁。嗟咄祖洪過此際，也應慚愧二臣心。

晚

咄咄如公世所欽，丹青遺廟立城陰。舍輿不返山河改，石像捲存歲月深。即見腥產埋碧血，定知天日照丹心。丁寧認得為臣節，冷雪淒風有竹林。入皇城後從不見此，始於丞相祠庭畔見之。（曹鳳振、朴來謙等《燕槎酬帖》，參見林基中編《燕行錄續集》卷一百四十九）

〔註31〕在《燕行錄續集》中，標作者為「未詳」，今作者據漆永祥之考訂。參見其《燕行錄千種解題》，第1179頁。

文丞相祠　洪錫謨（1781～1857）

祠在內城東北育賢坊順天府學衕衕，其地即元之柴市，文丞相授命於此。明初北平按察司副使劉崧立丞相祠，永樂間命有司春秋祭祀，景泰中賜謚忠烈，遺像改塑丞相衣冠。祠屋三間，門楣揭曰「浩然之氣」。塑像兀坐，冠進賢冠，朱衣青褂。神座題「宋丞相信國公文公神位」。其左石刻半像，執笏正冠者，刻《自贊》，又刻「孔曰成仁，孟曰取義」數語。廟宇荒落，無湘鄉人，其財佟□□□□□□類圮處，神座堆塵，香卓縈苔，誠可嗟傷！惟有殘僧守居燒香據錢，焉聞文山所著日錄諸書相傳並列板祠中，今皆無有，尤所恨也！崇禎十七年，右都御史李邦華縊于此祠云，其聞丞相之風者歟？事甚奇壯，錄之書末。

柴市今墟矣，文山獨巋然。三綱不墜地，一柱能擎天。義著鄉祠葺，名留石像傳。令人增減涕，香卓上苔錢。（《陶厓集》）

三忠祠　洪錫謨

祠在大通橋東里許地，名槐村。義士周珍創建祠。漢諸葛武侯、宋岳武穆王、文信國公春秋供祭，而廟祠荒涼，甚可惜也！

三公古廟倚江楓，瞻望神州灑淚中。易代同忠不盡恨，白河如彼瀉無窮！（《陶厓集》）

文丞相祠　未詳（1782）

北虜旌褒特號坊，至今柴市有祠堂。英靈即地風雷震，孤節千秋日月光。孟義孔仁高學識，忠臣孝子大綱常。當時石上傳神者，亦一人間烈士腸。

紅欄橋畔綠荷村，藁葬追尋落葉原。山水廬陵生長地，淒涼招返劍頭魂。（《燕行記著》，參見林基中編《燕行錄續集》卷一百一十九）

文丞相祠〔註32〕　李鼎受（1783～1834）

循東南大街數折而東入一小巷，即育賢坊。元殺文丞相於此，既而名曰教忠坊，以旌異之，今名又改稱也。行數十步，北有大墻垣，從外過，亦有曰櫺星門，及順天府學所在也。過此，又有曰名宦祠。過此，則文丞相祠也。

南向，有門扁曰教忠坊。入門，祠屋僅三間，庭甚隘陋。於戶外設席再拜，

〔註32〕原文無標題，此乃編者所加。

仰瞻龕上奉塑像，白皙方頤，眉眼疏朗，氣象甚雍容。鄧光薦贊像曰：「目煌煌兮疏星曉寒，氣英英兮晴雷殷山；頭碎柱兮璧完，血化碧兮心丹。嗚呼！孰謂斯人，不在世間。」真善贊也！頂金冠類幞頭，衣袍手笏作仰視狀，衣冠蓋宋制。

門楣外扁「萬古綱常」，內扁「浩然之氣」，又曰「古誼忠肝」。左右柱有聯，左曰「延國祚於一線垂絕之日景炎祥興愈艱危愈昭忠烈具此虞淵挽墜之赤誠已覺功同再造」，右曰「踐聖言於九死不渝之時成仁取義極慷慨尤極從容信是衣帶盟心之素履何難道接群儒」。左柱傍又有圓碑刻丞相真像，與塑像肖上刻先生衣帶贊。世傳先生遇害之日，觀者如堵，一人慨然曰：「不可使此人無傳！」急就石上傳神，即此碑云。

北壁畔嵌一碑，形團如月。李邕雲麾將軍碑，而下半泐不可讀。楊升菴曰：「蒲城縣李邕書雲麾將軍碑，為人擊斷，正德中，劉東阜謫居蒲城，乃鐵攎束之復完云，疑即此耳。但不知何時移置于此也。」

西壁揭一詩板曰：「十年燕市過公祠，兀閣松陰去馬遲。九死欲回唐宇宙，一生輕繫漢威儀。雲飛斜照歸人晚，霜重無枝棲鳥疑。千古中原今故在，忠臣遺恨可曾知！」傍書「嘉靖南京戶部主事崇山李世德」云云，遂次其韻。此即柴市。

先生遇害時事實，見《大興縣志》。詳見詩卷樂府《柴市悲》解，元人趙弼作《文山傳》，其中所載，與縣志略同，而王弇州曰：「趙弼《文山傳》云云，按正史、文集皆不載此事，傳疑可也。」又曰：「信公至我朝景泰中，賜諡忠烈，人不能知云。」又按楊升菴集曰：「張千載，字毅甫。廬陵人，文山友也。文山貴顯，屢以官辟，皆不就。文山自廣還，至吉州城下，千載來見曰：丞相赴京，某亦往。遂寓於文山囚所側近，日以美食奉之。凡留燕三年，潛造一櫝。文山受刑後，即藏其骨。因尋訪文山妻歐陽夫人於俘虜中俾出，火其屍，千載拾骨實囊，弁櫝南歸，付其家葬之。次日，其子夢父文山怒云：繩鉅木斷。其子心動，毅然啟視之，果有繩束其髮，眾服。公英爽可畏，劉須溪紀其事贊于文山像後曰：閒居忽忽，萬古咄咄；天氣慘然，如動生髮；如何尋約，亦念續髳；豈其英爽，猶累形軀！同事之人，能不顙泚！昔忌其生，今妬其死！須溪劉辰翁曾孟也，宋亡後，竟不出元人張孟浩贈詩，引伯夷、陶潛二人事美之云，所記文山變後事，與縣志有同異詳略，故記之。」

祠堂內塵埃滿目，可知香火之久冷。而最可寒心者，龕外東壁下，置一素

棺，譯輩言必是旅櫬之權寄者云，此不可知而。噫！今腥膻世界，雖無取於如公節義，而抑又何甚也？惟有海東過客，徘徊掩抑，久而不能去，公靈有知，亦必憮然於此夫！（《遊燕錄》卷九《日記五·留館下》）

文丞相祠　次嘉靖兵部主事嵩山李世德韻　李鼎受

中原一脈寄荒祠，柴市東邊過客遲。正氣歸天餘舊曲，傳神在石儼官儀。王春古藪麒麟泣，夜月空林杜宇疑。取義成仁非造次，此心獨有聖賢知。（《遊燕錄》卷二，參見林基中編《燕行錄續集》卷一百二十三）

柴市悲　李鼎受

元世祖至正壬午十二月初九日，殺故宋丞相文天祥於柴市。是日，風沙晝晦，宮中皆秉燭行，世祖悔之。贈公金紫光祿大夫太保中書平章政事廬陵郡公，諡忠武。使王積翁書神主，除柴市設壇，丞相字羅祭之。旋風捲起神主，雲中雷隱隱若怒聲，朝愈晦。以張天師言，乃改書神主曰「前宋少保丞相信國公」，天乃霽。明日，歐陽夫人從東宮得旨收葬。江南十義士舁柩出都城，藁葬小南門外。至元二十年歸葬廬陵。皇明洪武九年北平府事劉崧始請立祠堂，至永樂六年太常博士劉履節奉旨，祭以春秋。今北京城內順天府學之傍，扁曰「教忠祠」者即是。巷名育賢坊，明時稱教忠坊，亦古柴市也。餘見《宋史》。

悲莫悲兮柴市，忠莫忠兮文山！三年燕獄萬事閒，南向再拜報國身。風晦雷霽固有神，《正氣歌》《衣帶贊》，不獨柴市過者盡沾巾！君不見闛闠南牌樓北，數間荒祠杜宇春。（《遊燕錄》卷三，參見林基中編《燕行錄續集》卷一百二十三）

教忠祠　成祐曾（1783～1864）

從育賢坊東行，有門額曰「教忠坊」，以其地即元之柴市，立文丞相廟，廟今荒頹。其楣曰「浩然之氣」。門之內，刻「万古網常」，右壁有李世德長律。其塑像可一丈，冠帶儼然。蓋此祠劉崧所立也。宣德四年李庸為北平府尹，重拓之。所著《吟嘯集》《指南前後錄》《集杜詩》，並刊板祠中。正統十三年府尹王賢奏：「文天祥元時塑以儒像，宜考宋時丞相冠服改塑。」從之。

云昔文山終命柴市之日，有詩曰「衣冠七載混旃裘，憔悴形容似楚囚」之句。死之日，大風揚沙，天地晦冥，元主大恐，乃贈金紫光祿大夫廬陵郡公，書神主而祀之，狂飆卷主而去，乃改書「宋少保信國公」。公藁葬道傍，其後

公之子陞遇舊婢綠荷於織綾戶，遂得歸葬焉。祠之右有卿賢祠、鄉賢祠，之後有崇聖祠。

丞相大名不在祠，梵宮金碧豈相宜！狂風卷主胡人恐，白日淪河宋祚移。暫混旃裘猶自愧，久居塗炭不勝悲。絲荷小婢堪從享，歸骨廬陵事亦奇。（成祐曾《茗山燕詩錄・地》，參見林基中編《燕行錄全集》卷六十九）

文丞相祠　鄭元容（1783～1873）

蘘篠層濤極目憂，傷神腦子五坡頭。悲歌一日寧忘國，慟哭三年不下樓。獨抗寸心爭彼皦，終留片土重於丘。高風更有張生義，墓栢蕭森故國秋。（《經山集》卷二）

瞻拜宋文文山塑像〔註 33〕　鄭元容

歷路往柴市，瞻拜宋文文山塑像。容貌端正，白皙長髯，而體則短小耳。柴市在於北城教忠坊，即公盡義處。公於授命之日，大風揚沙，天地晦暝，元世祖悔之，贈職，書位板，設壇致祭，狂風旋地捲位板入雲中，殷殷如怒聲。元主歎曰：「文丞相不肯為吾用耶？」乃改書「宋少保右丞相信國公」而祀之，天乃開霽云。蓋公貞忠大節，可與日月爭光！而今焉廟貌頹圮，塵埃滿榻，反不如寺觀之侈麗，其可痛歎！如公精魄尚今不散，則倘使風伯捲起塑像，復入雲中耶？（《經山集》卷二）

文丞相祠堂記〔註 34〕　朴思浩（1784～？）

宋丞相文天祥祠堂，在順天府學旁，即古之柴市也。元人害文山于此，既而名曰教忠坊，以施之。明朝立祠祭之，有楊士奇所撰《重修記》。

三間祠屋，庭容旋馬，龕中安丞相塑像。面方而豐下，眉眼清爽，額庭甚窄。身着大袖朝袍，頭戴四角幞頭，垂紳揞笏，宋制也。位板題曰「宋丞相信國公文公神位」。扁其上曰「古誼忠肝」，曰「萬古綱常」，曰「浩然之氣」。龕左有方石，色淡黑，亦刻文山像。

當文山就死時，人有高其節，慨然歎曰：「不可使此人無傳於後！」遂拔

〔註 33〕原文並無標題，此乃編者所加。

〔註 34〕林基中編《燕行錄全集》卷 98，收錄題為《燕紀程》的書，其中也有一篇《文丞相祠堂記》（第 448 頁～450 頁），內容跟此文完全相同，本文乃將二者校對整理而成。而所謂《燕紀程》，原編者以為作者未詳，實際上應是朴思浩《燕薊紀程》的手稿。

所佩刀，急就石上傳神。因以文山《自贊》詩句刻其上曰：「孔曰成仁，孟云取義，惟其義盡，所以仁至。讀聖賢書，所學何事，而今而後，庶幾無愧！」蓋塑像模出石上像者也。

《大興縣志》曰：「元至元壬午十二月初九日，公死於柴市，是日風沙畫晦，宮中皆秉燭行。世祖悔之，贈公金紫光祿大夫太保、中書平章政事、廬郡公，謚忠武。使王積翁書神主，除柴市設壇，丞相學羅祭之。大風捲起神主，雲雷隱隱若怒聲，晝愈晦暗，以張天師言，乃改書神主曰「前宋小保右丞相信國公」，天乃霽。明日，歐陽夫人從東宮得令旨，收葬公江南。十義士舁柩出都城，藁葬小南門外五里，識其處。

大德三年，繼子陞來北京，於順成門外，見石橋織綾人婦，即公之舊婢綠荷也。指公瘞處，旁有大小二僧塔，而一塔有小石碑，刻「信公」二字。至正二十年，歸葬廬陵，柴市即此建祠處也。洪武九年，北平府事劉菘始請立祠堂，永樂六年太常博士劉履節奏旨祭以春秋。（朴思浩《燕薊紀程·留館雜錄》，參見林基中編《燕行錄全集》卷八十五）

文山祠　　朴思浩

燕山柴市上，丞相有祠堂。宋代仍官誥，明時祔會嘗。三年扶節義，萬世植綱常。北虜猶知感，旌忠以號坊。（朴思浩《燕薊紀程》，參見林基中編《燕行錄全集》卷八十五）

柴市　　著者不詳（1784）

此宋文丞相死節之地。遺廟荒涼，塵埃滿室；袍笏肅然，像猶如生。前設位牌，寫「宋丞相文信公神位」。左方立石，另刻真像。其上書文丞相《自贊》曰：「孔曰成仁，孟云守義；惟其義盡，是以仁至。讀聖賢書，所學何事？而今而後，庶幾無愧！」三十二字，三復凜然，千古激昂。東壁上嵌玄石一圈，刻唐雲麾將軍李思訓碑記，乃北海太守李邕筆也。字半磨滅，不能詳其事實本末，大可恨也。此真可恨！

見廟額寫「萬古綱常」四大字，不知何時揭板，而彼亦知節義可尚耶？文丞相之歿後三百餘年，今其遺廟，丹青剝落，香火蕭條，較他寺刹樓觀，薄陋如此，足見彼之崇義，後於崇佛也！然三年一樓，足不至地，宇內腥膻，今猶古矣！公豈樂彼之輪乎奐乎哉！（《燕行錄》，參見林基中編《燕行錄全集》卷七十）

文丞相祠　李憲球（1784～1858）

　　峩冠玉笏宋朝臣，祠夜風雷掃穢塵。一死在公猶小節，從來隻手擎天人。

　　文山就死後，元世祖贈太保平章事，書之神主。將祭，旋風捲起神主，雲中雷隱隱若怒聲。乃改書以「前宋右承相信國公」，天乃霽。（《梧墅集》冊四《燕槎錄・詩》）

草堂上樑　效文山體　丁運熙（1786？～1829？）

　　拋樑東。疎篁綠橘巷西東，早閉柴門無外事，一庭明月海天東。

　　拋樑西。扶桑東影弱水西，只愛漁樵無契闊，不知歧路有東西。

　　拋樑南。老人星彩照天南，醽酢壽杯長醉倒，北牕之北南牕南。

　　拋樑北。滿天星斗皆拱北，臨風散髮醉還醒，更歌君恩時望北。

　　拋樑上。地枕天衾下又上，鼾鼾熙熙時不知，一生自謂羲皇上。

　　拋樑下。青山在上清溪下，籠鶴飛時報客來，稚兒賖酒過牆下。伏願上樑之後，乾坤躋壽域，日月住春臺。玉樹芝蘭，人稱謝家門戶；蒼顏白髮，世美張氏弟兄。（《孤舟集》卷二）

柴市　丁運熙（1786？）

　　暮天無語獨悲號，知有君臣不有刀。心照汗青昭不滅，姓名千載日星高。（《孤舟集》卷一）

文丞相祠記　金景善（1788～？）

　　祠在府學東南，隔一墻，此地即先生成仁之所，柴市是也。門扁大書「文丞相祠」，中門外扁書「仁至義盡」，內扁書「浩然之氣」，旁題「道光六年八世孫柱書」。柱，進士出身，曾經吏部郎，以文學名世云。正堂外扁，書「萬古綱常」，乾隆筆也。內扁書「古誼忠肝」。柱聯刻：「正氣常存，俎豆至今尊帝里；孤忠立極，精靈宜近接黌堂。」

　　楹上安塑像，元時塑以儒服，明正統十三年，順天府尹王賢奏改望宋時冠服。其旁又有一塑像，頗渝損，而是朝家祀典，故人不敢私修。蓋自永樂初，每歲春秋中朔，天子遣順天府尹行事，爵三果五帛，一羊一豕。一云旁立一碑，細刻丞相像。蓋文山就死之日，有人高其節，慨然歎曰：「不可使此人無傳於後！」遂拔所佩刀，急就石上傳神，因以文山《自贊》詩句刻其上曰：「孔曰成仁，孟云取義；惟其義盡，所以仁至。讀聖賢書，所學何事？而今而後，庶

幾無愧！」又有雲麾將軍二碑、翁覃溪一碑，皆坎之東壁。西壁有一碑，刻嵩山李世德《詠文山詩》。正堂東壁外有一碑，刻丞相本傳。祠中淨掃無塵，人不得無時出入，可知其崇奉之至也。

祗瞻遺像，雍容有儒者氣，百世之下令人起敬，自古辦大事殉大節者，未必粗猛而能之也。（金景善《燕轅直指》，參見林基中編《燕行錄全集》卷七十一；此文又見於《燕轅日錄》，參見林基中編《燕行錄全集》卷九十五，二者只是個別文字略有不同。）

三忠祠記　金景善

自黃金臺又南數里許，至大通橋，橋旁有祠，即諸葛武侯、岳武穆、文文山妥靈之所也。庭有兩碑，皆萬曆中所立。正殿安三像，中諸葛，左岳右文。而武侯衣鶴氅冠，臥龍手執羽扇，武穆甲冑，文山幞頭云。（金景善《燕轅直指》，參見林基中編《燕行錄全集》卷七十一）

三忠祠記〔註35〕　金景善

祠在朝陽門外，循濠而南行數里，至大通橋，橋旁有祠，即諸葛武侯、岳武穆、文文山安靈之所也。庭有兩碑。皆萬曆中所立也。正殿安三像，中安武侯，左安武穆，右安文山。武侯衣鶴氅冠，臥龍執羽扇，而武穆甲冑，文山幞頭也。（《燕轅日錄》，參見林基中編《燕行錄全集》卷九十五）

文丞相祠　金學民（1792～1869）

祠在順川（天）府學之旁，即古之柴市也。元人殺文山于此，既而名曰教忠坊，以旌異之。今改稱育賢坊。明朝為立祠歲祀，正統年重修，而楊士奇有《記》。祠僅三間，庭除難容旋馬，設龕安塑像。面方而豐下，眉目清爽，但額庭甚窄，身穿大袖朝袍，頭戴四角幞頭，垂縉紳笏，此宋制也。題位版曰「宋丞相信國公神位」。龕左旁立方石，色淡黑，刻文山像。文山就死之日，有人高其節，慨然歎曰：「不可使此人無傳於後！」遂拔所佩刀，急就石上傳信。因以文山自贊詩刻其上，有曰：「孔曰成仁，孟云取義；惟其義盡，所以仁至。讀聖賢書，所學何事？而今而後，庶幾無怪！」東壁嵌二圓石，即古雲麾將軍李秀碑，北海太守李邕筆。字多剝落，少可辨者。又右嵌一方石而記其事，門

〔註35〕《燕行錄全集》編者以為此書（《燕轅日錄》）著者不詳，實際上此書乃是金景善《燕轅直指》另一寫本。此版本與《燕轅直指》略有不同，故亦錄之於此。

外有名宦祠、鄉賢祠。（金學民《薊程散考》，參見林基中編《燕行錄續集》卷一百二十七）

答金山族人　乙卯十一月二十六日　李恆老（1792～1868）

先院事，今奉通示，始聞梗槩，驚盡憂歎，罔知所以為說也。千萬既往，置之勿說。惟幸溪山一圖，既經稟質於尤翁，又蒙印可於山長，今日之受用釐正，義固無疑，而事又艱大，多勞心力，奈何！

竊伏惟念圖式義意，蓋以為人道天倫之大端，惟有道學、節義兩事而已。濂溪，實天下道學之祖也；文山，乃天下節義之倡也。而我東方文教大明，儒賢蔚興，足以梯航乎中朝之絕學。故因此金畢齋之堂扁景濂，地名之偶同文山，起敬興感。遵用白鹿院規（按建祠紫山之陽，山名與紫陽相符，事又不偶），立雙廟以對享之，腏食以鄉賢，因堂號而享濂翁則不得不以堂主配之矣。因山名而祭文山，則不得不以鄉賢配之矣。初非切切於差殊異觀，而規例井井其要歸，則不害為合享也。即此一圖而觀之，則範圍宏大，條理縝密，非常情可及。而承先哲之遺矩，啟來作於無窮，其妙有不可勝言者矣。奈之何捨此平正大路，漫生許多傍歧，迷誤顛錯，莫可收拾也耶。

今既目見其利病，而回頭轉步，復尋正路，則幸莫大矣。但禮盛威隆，物薄力微，疑於經始，劬於敗終，所以難慎者此耳。然而義既明白易知矣，言既有證不惑矣。則營事之初，誠貴簡樸，禮宜儉約。一間茅屋，足以享帝；一酌黃花，足以酹節。烏有物力之不給哉？況此事不過仍舊貫而修新圖，似不至廣勞人丁浩費物財。但所可憂者，人各有心，心各有向耳。雖然，公眼通觀，則可見其從彼曲逕則百敗層出，循此大路則百吉俱興。如知此則何苦不為耶？蓋心公理明，則從之者眾；事簡禮儉，則就之也易。苟用其道，而加之十分慎審勤密，幸得以約定儉約之制，立得正大之本已矣。則非獨為一時釋紛一家屈伸而已，實為一方一國之光。向後傳受弘遠，潤飾豐大，不患無日，豈獨為一二人之責哉！病昏不省之中，憂切慮深，冒陳胡說及此，不任罪悚！（《華西集》卷十三）

敬次文山韻　金龜柱（1792？）

幽居無事日關門，門外浮雲任百翻。莫怕硬輪方轉頂，只憂迷棹未尋源。臨窗好月清無累，守閣寒梅淡不言。胸裏礌空猶是物，不如驅卻但斟罇。（《可庵遺稿》卷四）

文丞相祠　趙斗淳（1796～1870）

昭昭宇宙留一氣，不與萬物同澌沸。毓以為靈鍾為傑，撐持倫常為經緯。嗚呼有國興有亡，如人生死理所常。乃若忠臣與孝子，嘄號日夜焦中腸。崖州朝廷魚龍窟，公豈不知曆數屈。力竭機窮身且隨，吞腦不死天猶恤。亦欲益彰公始終，詔萬萬世功無訖。嗚呼丞相曰有受，洪勻正氣培已厚。鄒孟浩然之所集，富貴威武不能疚。夷齊餓掇首陽薇，武侯鞠瘁祈山圍。張巡厲鬼鳴且咽，萇弘稽紹留碧血。是所不沬公所全，熒熒日星光不滅。我昨醉題鄂王廟，即今世界恨難了。公靈在天復在地，請問唐虞日月何時重光耀。（《心庵遺稿》卷四）

吟罷　又拈文信公詩韻　洪翰周（1798～1868）

二月春城冷物華，書齋淹病思無涯。嬌鶯出谷爭穿柳，新燕含泥巧傍家。獻賦長卿真可笑，草玄揚子大堪嗟。請君早辦遊山屐，南陌紅塵已沒車。（《海翁詩稿》卷一《覆瓿三集鈔》）

讀書記　俞莘煥（1801～1859）

文文山被執於元，其友王炎午作《生祭文》。徧張驛道曰：「進薄昭之素服，先元亮之輓歌。」弘光末，南京不守，王毓蓍自沈柳橋死。留書致劉念臺曰：「毓蓍已得死所，幸先生早自決，毋為王炎午所弔。」毓蓍，念臺門人也。噫！死生之際，人所難言，而二子言之，所以愛人以德者至矣。余常以為為朋友，不能於炎午之祭文，則朋友之道。有不盡分處；為師生，不能於毓蓍之留書，則師生之道，有不盡分處。（《鳳棲集》卷六）

拜謁文丞相祠〔註36〕　李有駿（1801～1867）

又北行數里，至育賢坊，有一廟宇，榜曰文丞相祠。塑像甚白皙，鬚長尺餘，忠肝義胆，森然形外，令人自然有敬慕之心。遂成一絕曰：「文山正氣列星森，遺像如懷報國心。苟有精靈應不享，清蒙一種古元金。」（李有駿《夢遊燕行錄》下（己酉），世宗大王紀念事業會，2018年）

讀史偶作　李尚迪（1804～1865）

海氣紛輪晦日星，楚囚揮淚過零丁。曉人不有王炎午，誰祭文山未死靈。（《恩誦堂集續集詩》卷八）

〔註36〕題目係編者所加。

文承相祠記　李尚健〔註37〕

　　祠在府學東南隅一墻地也，即先生成仁之所柴市也。門扁大書「文承相祠」，外扁曰「仁至義盡」，內扁書「浩然之氣」，旁題「道光六年八世孫柱書」。柱，乃進士出身，曾經吏部郎，以文學名世云。正堂外扁書「萬古綱常」，乾隆御筆也。內扁書「古誼忠肝」。柱聯刻：「正氣常存，俎豆至今尊帝里；孤忠立極，精靈宜近接黌堂。」榻上安塑像。元時塑以儒服，明正統十三年，順天府尹王賢奏，改塑宋時冠服。其旁又有一塑像，頗渝損，而是朝家祠典，故人不敢私修。蓋自永樂初，每歲春秋中朔，天子遣順天府尹行事，爵二、果五、帛一、羊一、豕一云。旁立一碑，細刻丞相像。蓋文山就死之日，有人高其節，慨然歎曰：「不可使此人無傳於後世！」遂拔所佩刀，就石上傳神，因以文山自贊詩句刻其上，「孔曰成仁，孟云取義；惟其義盡，所以仁至；讀聖賢書，所學何事？而今而後，庶幾無愧！」

　　又有雲麾將軍二碑，翁覃溪一碑，皆坎之東壁。西壁有一碑刻崇山李世德詠文山詩。正堂東壁外，有一碑刻丞相本傳。祠中淨掃無塵，人不得無時出入，可知其崇奉之至也。祇瞻遺像，雍容有儒者氣，百世之下，令人起敬，自古辦大事、者，未必粗猛而能之也！（李尚健《燕轅日錄》，參見林基中編《燕行錄續集》卷一百五十）

三忠祠記　李尚健〔註38〕

　　祠在朝陽門外，循濠而南行數里，至大通橋。橋旁有祠，即諸葛武侯、岳武穆、文文山安靈之所也。庭有兩碑，皆萬曆中所立也。正殿安三像，中安武侯，左安武穆，右安文山。武侯衣鶴氅，冠臥龍，執羽扇；武穆甲冑，文山幞頭也。（李尚健《燕轅日錄》，參見林基中編《燕行錄續集》卷一百五十）

文山廟　韓弼教（1807～1878）

　　太學之西一里，教忠坊門內，有文山廟。蓋丞相死於柴市，故後人因其地立祠。或云自元時已有之，或云洪武中按察使劉崧所建也。殿門扁曰「萬古綱

〔註37〕《燕行錄全集》與《續集》皆收錄此書，原題作者「未詳」，今據漆永祥考訂，作者為「李尚健」，參見《燕行錄千種解題》，北京大學出版社，2021 年，第1387～1388 頁。李尚健係李尚迪弟。

〔註38〕《燕行錄全集》與《續集》皆收錄此書，原題作者「未詳」，今據漆永祥考訂，作者為「李尚健」，參見《燕行錄千種解題》，第 1387～1388 頁。

常」。堂楣曰「古誼忠肝」。廟有塑像，題其位牌曰「宋丞相信國公文公之神位」，其左又刻石為像。上有刻曰：「孔曰成仁，孟云取義；惟其義盡，所以仁至。讀聖賢書，所學何事？而今而後，庶幾無愧！」《自贊》

右壁有刻詩曰：「十年燕市過公祠，尾閣松陰去馬遲。九死欲回唐宇宙，一生輕繫漢威儀。雲飛斜照歸人晚，霜重無枝棲鳥疑。千古中原今故在，忠臣遺恨可曾知！」嘉靖甲寅南京戶部主事嵩山李世德題。

左壁嵌中有李北海所書雲麾李將軍（名秀）碑，其北又嵌刻近世紀蹟之文。有翁覃溪方綱筆。遂以儒服行再拜禮。廟舊荒涼，嘉慶丁丑公十八世孫兵部主事柱出力重新之云。而廟宇門墻，猶蕭條不堪觀。噫！豈以此祠而反不如寺觀耶？（韓弼教《隨槎錄》卷三《遊賞隨筆》下，參見林基中編《燕行錄續集》卷一百三十一）

文山祠　姜溍（1807～1858）

文山快活作豪男，就義成仁一死甘。無限燕樓花落夜，杜鵑啼血夢江南。（《對山集》卷一）

用文文山雙廟歌韻哀韓掌令浩運　二首　朴性陽（1809～1890）

人生會一死，死義又何妨。利害奪天界，剛鐵化柔腸。念昔西亂初，孰保姓名香。嘉山差強意，諸虞亦峭剛。靡然抱鼠首，節鎮多逋亡。偉哉韓掌令，烈烈做一塲。凶賊起同彊，恥深腥混芳。隻手犯萬刃，談鋒射秋陽。初無死綏責，其義浩莫量。

西關久擯落，國典得無妨。千年箕子壤，遺澤浹人腸。七士戴明社，俠骨死猶香。遞菴變蹶張，學惟用心剛。不幸禧景亂，闔境胥淪亡。藐爾韓忠毅，躬蹈湯火塲。誓雪隴西恥，百世庶流芳。薰蕕豈同器，葵藿獨傾陽。人物無遐邇，銓政盍商量。（《芸窗集》卷一）

尚友吟　任憲晦（1811～1876）

在漢諸葛公，在晉陶徵士；在宋文文山，在明方與史；在麗鄭圃隱，本朝六臣耳。（《鼓山集》卷一）

讀《成仁錄》謁杜門諸賢遺像有感·文文山先生　任憲瓚（生卒不詳）

浩然正氣一歌長，特立千秋日月光。雲雷隱隱羞胡爵，百煉丹心死亦剛

（《敬石集》卷八）

見山實記序　柳疇睦（1813～1872）

人於天壤間，所樹立大處其道三：一曰儒者之學，二曰社稷之功，三曰死國之烈。有一於此，不惟不失於令名，亦足以垂世範俗。況並是三而一之者，今古能幾人！其非第一等人物，顧可以語此乎哉。

以余觀於古人，中朝則有宋之文文山固當之，我東則見山鄭忠毅公殆庶幾焉已。蓋嘗論之，文山以大科壯元進用，見山亦以文科進。其在朝廷，周旋中禮，是其發迹於儒學同也。文山當趙氏屋社之日，起討賊勤王之兵而目擊崖海之淪沒；身囚燕獄之沮洳，猶欲再奮江西之師，掃蕩北來之醜。則其光復宗社，整頓乾坤之志，蓋未嘗一日忘于懷，其終不就，天也。見山朝天而見遼東報變之書，乞兵而仗大夫出疆之義。國使未及，天兵先出。逮至倭寇再猘，國勢益危，則四千里單車跋涉，得與天子廷臣爭是非辨得失，精忱孚格，皇靈震疊，再造東土，厥功偉矣。

噫！文山之心，孔明六出之心也；見山之事，包胥七日之事也。雖其事不同，其志或就或不就，其衛社之功則同也。文山不死於被執之日，不死於北遷之日，不死於燕獄三年，備嘗千辛萬苦，如金百鍊，如水萬折。而畢竟事與時去，則於是乎以身殉之。見山之所以不死於壬癸者，顧其時不值可死地耳。帶方之儐，人所規避，而毅然自任。先避之言，垂涕以答，而辭正義嚴。解力寄魂，冠帶北面，而處之從容。是其死國之烈，隨所處而各有攸當者，豈不有相同處乎！抑又有所感。

文山國破家亡而發於聲詩，如《六歌》者，音響氣義，悲憤激烈，而皜皜乎光明於天下萬世。見山圍城中送家人上親庭書，今其手筆真本在，蓋公死在丁酉，八月十六日書出，是月十一日而城陷。凡人臨些小事，便心手慌亂，無佗，利害動之也。死生迫於呼吸，父子告訣，其事如何？而辭意安閒，筆法端謹，穆然暇豫，一如平素。無一毫憂遑急保之意，則其忠孝大節，有非學力中出來，能如是乎！羅一峯跋文山帖，謂一字一涕；見山之書，亦字字可以流涕。主世教者，取文山詩、見山書，同為一編，以明其學之功之烈，曠世相同。則所謂兼三第一人者，其不亦益信也耶？嗚呼唏矣！

上年夏，其十世祀孫永鎮奉《見山實記》一卷，來示不佞於溪上，囑一言序其顛。不佞不暇以非其人辭，上手閱之。公之文只詩十、祝文一、記一、書

二。而書一即《告訣書》，一與山海關主事張棟《卜國誣書》，其亦有賴於稿之存也。其文雖小，其言極大，當與天壤俱存，詎可與巨袠藻繪者同日以語！而文小而小之也。諾而未及就，時仲遽下世，今其從弟奎鎮復申前請，就平日所感於公，樹立大處有同於文山者而列書之，為《見山實記序》，未知尚論之君子，復以為如何也？噫！（《溪堂集》卷八）

南皋集序　　柳疇睦

夫詩者出自性情也。故昔人有忠憤哀怨之懷，靡不發之聲詩。如文文山先生之目擊崖海之淪沒，身囚於燕獄。而其詩有曰：「身事蓋棺定，挑燈看劍頻。」又曰：「落落惟心在，蒼蒼有意無。」此可見其欲再奮江西之師，掃蕩北來之醜，光復宗社，整頓乾坤，以酬其起兵勤王之本志者也。如桐溪鄭文簡公之剚腹於南漢，寄命於某里，而其詩有曰：「惟有老臣談笑聽，擬將茅舍號從容。」又曰：「從此山人尤省事，只看花葉驗時移。」此可見臨難取義，判然素定，為自家本來彰著之大節，而因樹蹈海，以存皇明日月於一隅無名之谷者也，讀之令人泣數行下。由今觀之，兩先生之志，直寓之詩，而皜皜乎光明於天下後世，嗚呼唏矣！詩豈易言也哉！

余讀南皋朴公丙丁以後悼傷之詩，有曰「袖裏龍泉一未試」，又曰「宋日無光慘寒塵，山河萬里痛無人」，即文山看劍蒼蒼之志也。有曰「回首鑾輿播越處，昔年風日愧旌旗」。又曰「更無終歲計，還憶首陽薇」。又曰：「山中無曆日，消息問寒梅。大書崇禎字，春王正月來。」即桐溪從容之義而花葉之悲也。真所謂哀於痛哭者也。如此等什，正宜末附於文山桐溪之篇，以明其性情之正、志事之同，而俾綱常之重，賴而不墜也。

朝家之採而入之《尊攘錄》者，誠有以也，公其殆無憾也夫。公至性孝友，內行純備，以靈染陝卜上游三百里遠居之師事鄭愚伏先生，又嘗拜我修巖先祖講庸學，甚見獎詡，其基本也如此，發見處安得不為大節之炳然耶？空老儳又何足為儙儙也。其七代孫時源氏奉公稿來屬序，疇睦非其任辭，責以世誼，誼有所不可已。遂謹書之如此，以復之云爾。（《溪堂集》卷八）

文丞相祠〔註39〕　　金貞益（1813～？）

又轉而往順天府學。府學在於太學東南數里許，學宮甚頹廢矣。東南隔一

〔註39〕題目係編者所加。

墙，有文承（丞）相祠。此地即柴市，而先生就義之所也。門扁大書「文承相祠」。中門外扁書「仁至義盡」，內扁書「浩然之氣」，傍書「八世孫柱書」。柱以文學名世，而官經吏部郎云。正堂安塑像，服宋時冠服，雍容有儒者氣象，百世之下，不覺斂袵起敬，遂行再拜禮。（金貞益《辛丑北征日記》，參見林基中編《燕行錄續集》卷一百三十五）

謁文丞相廟　　張錫駿（1813～1868）

聖代文章石刻奢，衣冠不是舊中華。千年正氣文丞相，遺廟蒼蒼古柏斜。（張錫駿《朝天日記》，參見林基中編《燕行錄續集》卷一百四十三）

謁文文山先生祠〔註40〕　　徐相鼎（1813～1876）

過柴市，謁文文山先生祠堂。祠門遮墙，刻「教忠」二字，額曰「文丞相祠」。內門扁曰「仁至義盡」，正堂有扁曰「萬古綱常」，內曰「古誼忠肝」。丞相塑像在焉。像前有碑，刻丞相半像。上刻：「孔曰成仁，孟曰取義；惟其義盡，所以仁至。讀聖賢書，所學何事？而今以後，庶幾無愧！」此丞相臨刑衣帶中贊也。□□□□□□□文天祥至燕館，供張如上賓，天祥義不寢處，坐達朝。張洪範至，具言不屈狀，送兵馬司，械繫空宅中十餘日。解縛去械，囚四年。為詩有《指南前錄》三卷、《後錄》五卷、《集杜》二百首，皆有自序。

趙弼《文信公傳》曰：公至柴市，觀者且萬人，公南向再拜。是日，大風颺沙，天地晝晦，宮中秉燭行。適張真人來朝，世祖問之，曰：殆殺文丞相所致也。乃贈公特進金紫光祿大夫、開府儀同三司檢校太保平章政事、盧陵郡公，諡忠武。令樞密院事王積翁書神主，灑掃柴市，設壇祀之。丞相孛羅初行典禮，狂飆旋地，起卷主入雲中，孛羅等改書「前宋少保右丞相信國公」，天始開霽。

《帝京景物略》曰：江南十義士舁公，藁葬南門外道旁。大德二年，繼子陞見織綾戶婦，公舊婢綠荷也，為陞語，遂以歸葬盧陵。按洪武初，北平副使劉崧始立祠，永樂六年太常博士劉履節奉命正祀典，謂公忠於宋室，而燕京乃其死節之所，請祠祀，從之。宣德四年，保定李庸為順天府尹，重拓其祠。正統十三年，順天府尹王賢奏：宋丞相文天祥，故元時塑以儒士像，今宜考究宋時丞相冠服改塑，從之。景泰中賜諡忠烈。又按嘉靖祀典曰：歲仲春、仲秋有

〔註40〕題目係編者所加。

司陳設爵三、果五、帛一、羊一、豕一，祝文曰：皇帝遣順天府尹某致祭于宋丞相信國公。公曰卿，昔宋臣以身殉國，忠義大節，炳若日星，時維仲春（秋），庸伸常祀。卿其有知，尚克享之！嗚呼！至於明，而制備報至矣！

　　崇禎甲申三月十八日，賊破外城，左都御史李邦華館祠下烹賜豕祀公。十九日，內城陷，奔赴大內，闕門閉，歸館沐浴，整衣冠，北向再拜，三揖于公曰：「邦華卿邦後學，合死國難，請從先生于九京！」取白縑，書讚繫腰間曰：「堂堂丈夫，聖賢為徒；忠孝大節，誓死靡渝！臨危授命，庶無愧吾；君恩莫報，鑑此癡愚！」縑尾書「人生自古誰無死，留取丹心照汗青」之句，囑家人護總憲印繳還朝廷，勿汙賊手，移席正直持束帛，繫公坐楣，投繯而絕。

　　祠東壁嵌李北海書雲麾將軍李秀殘碑二礎，此碑貯良鄉縣庫中，不知何時入都城。宛平令李蔭掘地得六礎，洗視之，乃雲麾碑也，建古墨齋以覆之，後移少京兆署中，止二礎，其四礎傳為萬曆中王京兆惟儉攜去汴中，今不知所在。按：此碑遷徙始末，吳涵記之甚詳。碑始斷而斲之為礎者，良卿學生某以其石告者，閩人董生輦而致之閣而貯之者，李蔭也。其後攜六礎之四至汴，而留其二者，王惟儉也。自府署又遷之置文丞相祠壁者，順天府丞吳涵也。西壁甃石，即戶部主事李世德詩，而見其上頭，揭朴燕巖《謁文丞相祠堂記》一篇，公于乾隆庚子隨其族兄錦城尉朴明源入燕，遊熱河，文成于是時。而咸豐辛酉，公之孫宗伯君珪壽，以副使來拜于祠下，仍以寫揭云。回路歷王府大街小豆腐巷，訪春憪，值昏黑，草草數話而歸館，見主客司移付，以明日赴中正殿筵宴也。（徐相鼎《庚午燕槎筆記》，參見林基中編《燕行錄續集》卷一百四十三）

文丞相祠　　李裕元（1814～1888）

　　丞相令名萬古傳，至今祠宇獨巍然。錄灰碑泐徵無處，近學街頭月可憐。（《嘉梧稿略》冊二）

史詠‧文天祥　四十二首　　李裕元

　　詠史十五首。以寄興感。繼成人物詠。隨手隨錄。不論代數。又不論多少。略補上篇之闕。

　　南之揖亦北之跪，四十七年一宋士。張生背後馱孤魂，千古含冤漏正史。（《嘉梧稿略》冊三）

拜文丞相廟〔註41〕　任應準（1816～1883）

初八日，晴，往拜文丞相廟，即古之柴市也。元人害文山於此，既而名之曰愍忠坊。明朝立祠祭之，有楊士奇所撰重修記。數間祠屋，安丞相塑像。面方而豐下，眉目清爽，身着大袖朝袍，頭戴四角幞巾，垂紳搢笏。位板題曰「宋丞相文公神位」。扁其上曰「萬古綱常」。龕左有一方石，色淡黑，亦刻文公像。當文山就死時，有人拔所佩刀，急就石上傳神，因以文山自贊詩刻其上，曰：「孔曰成仁，孟云取義。惟其義盡，所以仁至。讀聖賢書，所學何事。而今以後，庶幾無愧！」《大興縣志》曰：元至元壬午十二月初九日，公死於柴市。是日風沙晝晦，宮中行燭。世祖悔之，贈公金紫光祿大夫、太保、中書平章政事、盧郡公，諡忠武。使王積翁題神主，設壇柴市；使丞相孛羅祭之。大風捲起，雲雷隱隱若怒聲，晝愈晦暗。乃以張真人言，改題神主曰「前宋少保右丞相信國公」，天乃霽。明日，歐陽夫人從東宮得令旨，收葬公。江南十義士舁柩出都城，藁葬小南門外，識其處。大德三年，繼子陞來北京，於順成門外，見石橋織綾人婦，即公之舊婢綠荷也，指公瘞處。至元二十年，歸葬盧陵。洪武九年，北平府事劉菘請立祠堂。永樂六年，太常博士劉履節奏，祭以春秋。壽昌見要歷訪，暮歸。（任應準《未信錄》，參見林基中編《燕行錄續集》卷一百四十七）

次樊巖集中韻十四首・文丞相祠　金基洙（1818～1873）

祥興萬事我心傷，鑾馭蒙塵大漠荒。一死孤臣能報主，至今柴市骨猶香。（《柏後集》卷二）

嘐古二十二絕・文天祥　李震相（1818～1886）

日盪崖山隻手何，燕樓三載宋天多。成仁取義公何憾，千古傷心〈正氣歌〉。（《寒洲集》卷一）

五嘅・文璧　金平默（1819～1891）

文山腳下壯元郎，柴市羇魂忍可忘。父子無難為反對，餘人陷溺不須傷。
右文璧
同春先生嘗言：人無好子孫，萬事皆虛。余於漢陳太丘、荀朗陵，宋之周

〔註41〕題目係編者所加。

夫子、武夷蔡氏四世五賢及宋度宗文信國事，未嘗不廢書而歎也。嗚呼！東京之末，陳、荀二子是何等名德，而荀爽濡迹於董卓之時，荀彧為唐衡之壻、曹操之臣，而陳羣亦不免為魏朝之司空，使晦翁夫子追罪其父兄師友，則此固挽河難洗之累矣。至周子以亞聖之才，起於千載之後，建圖屬書，為中興道學之祖，又是何等盛德大業。而壽燾兄弟，背馳家學，為蔥嶺之徒。蔡氏五賢，遠宗伊洛，近師晦翁，其道義名節，裨補斯文世教又如何。而抗乃碌碌隨波，腆仕亂世，至於樞密執政而享富貴之樂，則亦類高陽氏不才子而忝其所生，辱其師門亦大矣。趙孟頫，度宗親孫；文璧，信公嗣兒。忘君親之讎，夷夏之辨，匍匐於腥羶之朝，則尤見其禽獸之不若也。至我東牛溪之子，事仁弘；仙源之孫，奉康熙，此類又非一二數，是皆因面前利害而污穢身名，玷累父祖，甚矣人欲之誤人也。然而不肖子孫，每每不知鑑戒，觸處有跼蹐轍迹之慮，奈何奈何！慨我窹歎，作此為孫曾之戒云。己丑蕤賓之節，重庵病老。（《重菴集》卷四）

敬書文文山先生大策後　李運楨（1819～1893）

　　余嘗聞文山之有大策而恨未之見，適里中人金斯文袖其策以視之。余謹受而讀之，自不覺心爽氣肅，而況若親接先生於今日也，蓋其貞忠大節尤於此深信。

　　而按先生名天祥，字宋瑞，諡信國公，盧陵吉水人也。宋理宗時，來自山林，披露肝膽，以至萬言之多，而無一不流出乎愛君憂國之誠心焉。其論道也，原於無極、太極之體，而以及乎陰陽五行四德之常；其言治也，本於格致誠正之功，而以達乎齊家治國平天下之極，必以堯、舜、禹、湯、文、武之道化證效，期於勉君導民。而秦漢以來，雜霸諸君，其於公私義利猶有未辨焉。所以特告之曰：「監漢唐之心跡，則今日之功化，政治將超漢唐，而可與帝王一視矣。」

　　嗚乎！至矣！文山此策，可與董子《天人之策》相為表裏，諸葛出師之表同一忠義也。昔之讀此策者，有如道體堂之評，而只贊歎文詞曰「文思湧泉，運筆如飛」而已。一未及此，惜乎！悲夫！苟究其言論風旨，則與朱夫子奏劄登對混一軌範。又求其始終歸宿，則《大易》之「自強不息」為一篇之綱領，而聖人中庸之道，燦然備具於其中。此可見天人一理、上下無間者也。

　　第一奏所謂若龜鑑、如鐵石之忠肝，誠信矣而偉乎大哉！其言既如此，其

志又如彼，天不使斯人不能堯舜君民於有宋天下，而反自受辱於燕獄不測之地，猶且卓然樹立。其能成仁而取義、俯仰宇宙如文山者，幾人矣！以余愚蒙亦有所感激於中，遂書此于篇末。歲辛亥冬十月上旬也。（《方山集》卷五）

外史雜詠　二十四首之第五首　　李象秀（1820～1882）

有宋忠臣文信公。雲孫不墜古家風。早知赤縣淪腥穢。虜未來時已出東。（《峿堂集》卷一）

文丞相廟　　崔秉翰（1821～？）

遠客來尋丞相祠，半庭春艸日遲遲。衣冠儼若當年像，名節隆為後世儀。熊掌兩儀難心有（取），鴻毛一擲死無疑。遂令天下愚夫婦，万古綱常賴得知。（崔秉翰《燕槎從遊錄》，參見林基中編《燕行錄全集》卷七十八）

感歎　　金道和（1825～1912）

大義堂堂易死生，泰山重處鴻毛輕。寧為柴里文山歿，不願虜庭律輩榮。頭戴昊天無貳志，身居東海有歸程。哀哀寸忱尚餘在，慟哭西望歌濕苓。（《拓菴續集》卷一）

信國公文天祥論　　朴宗永（1831？）

文天祥兵敗五坡嶺，被執至燕，張弘範乃命天祥為書招世傑。天祥曰：「吾不能捍父母，乃教人叛父母，可乎？」固命之，天祥遂書所過零丁洋詩與之，其末句有云：「人生自古誰無死，留取丹心照汗青。」弘範笑而置之。

李羅曰：「棄德祐嗣君，而立二王，忠乎？」天祥曰：「當此之時，社稷為重，君為輕。吾別立君為宗廟社稷計也。從懷愍而北者非忠，從元帝為忠；從徽、欽而北者非忠，從高宗為忠。」李羅語塞，怒曰：「晉元帝、宋高宗皆有所受命，二王不以正，是篡也。」天祥曰：「景炎乃度宗長子，於德祐親兄不可謂不正。登極於德祐去位之後，不可謂篡。陳丞相以太皇命奉二王出宮，不可謂無所受命。」李羅等皆無辭，怒曰：「爾立二王，竟成何功？」天祥曰：「立君以存宗社，存一日，則盡臣子一日之責，何功之有？」曰：「既知其不可，何必為乎？」天祥曰：「父母有疾，雖不可為，無不下藥之理，盡吾心焉，不可救則天命也。今日天祥至此，有死而已，何必多言？」乃囚之。

其後有閩僧言土星犯座，疑有變，京城亦有匿名書。元主不得已，詔殺之

都城之柴市。天祥臨刑從容，謂吏卒曰：「吾事畢矣。」南向再拜而死，年四十七。其衣帶中有《贊》曰：「孔曰成仁，孟曰取義；為其義盡，所以仁至。讀聖賢書，所學何事？而今而後，庶幾無愧。」其夫人歐陽氏收其屍，面如生。有義士張毅甫者，負其骨歸葬吉州。適家人自廣東奉其母曾夫人之柩，同日至城下，人以為忠孝所感云。

嗚呼！文山之精忠大節、勁辭直氣，可以建天地而不悖，與日月而爭光，此豈後人筆舌所可以增耀者乎！而況其從容就義、視死如歸，順受其正，毫無怨悔，是必深得乎聖門之旨訣，如衣帶中所《贊》，果非虛讀書之人，其無愧也宜哉！（《松塢遺稿別編（史論）》卷四）

弔文文山文　朴宗永

天地浩氣兮，至大至剛。浮游回轉兮，孕毓千霜。噴之出色兮，欽之耀芒。遂乃稟鍾于人兮，屹如嶽崗。應期翊運兮，天篤其昌。發為忠義兮，吉水洋洋。受氣之正兮，若有一人。字曰宋瑞兮，名曰天祥。厥初挺然兮，錫號異常。培其本而養以直兮，藹藹鳳鳴於朝陽。夷考平生之大節兮，不幸值國籙之訖亡。隻手擎天兮，嚇乎壤虫之翹望。百磨不磷、百涅不緇兮，〔酋鬼〕虜魄褫而魂喪。奉二王而存趙兮，厓山之風雨剎床夢。建萬里之鯨濤兮，捍嶽之六欵增傷。幼讀忠臣之古傳兮，不謂百六之身當。滿腔正氣之發為歌兮，沛乎其塞穹蒼惶。恐零丁之不足恤兮，風絮雨萍之任飄揚。共矢扶國兮，曰陸與張戒。思古人兮，程杵差強。秀夫先獲兮，成就流芳。義不可再辱兮，負溺沖皇。丈夫激烈兮，氣干九閶。人孰無死兮，死則堂堂。勁辭凜凜兮，孛羅囚舌於談塲。各喻其義兮，雍容不忙。豫癲范疽系，盡瘁自戕。臨刑謂以事畢兮，拜辭雲鄉。衣帶有贊兮，成仁取義之已商。炳烺千禩兮，與日月爭光。義士負骨兮，母柩返裏。忠魂孝魄之相感兮，有如朝夕之侍傍。文山不騫兮，春草生香。柴市屠忠兮，夷虜何腸？杜宇啼血兮，山空月荒。瞻海水之朝宗兮，歸侍帝航。一節不渝兮，玉珮琅琅。萬古留名兮，地久天長。（《松塢先生遺稿·松塢遺稿別編史論》卷四）

次文山韻　李明五（？～1836）

臨發行人聽遠鍾，誰將畫扇戲魚龍。世情易變花衰盛，交契多經酒澹濃。驟雨忽疑佳節換，片雲將欲好山封。直廬三載那無戀，回望觚稜綠樹重。（《泊翁詩鈔》卷六）

與文山對酌　李明五（？～1836）

如霞老氣散難收，欲覓新詩每此樓。絕喜夢魂清入月，已知肝肺冷過秋。黃花纔綻蜂何至，白酒初醅蟻見浮。欲待畢婚雙腳倦，衰季五嶽何能遊。（《泊翁詩鈔》卷六）

謁文山廟〔註42〕　南一祐（1837～？）

行三里，至教忠坊，柴市文丞相祠，明初北平按察副使劉崧建立，祠凡三楹。前為門，大書「文丞相祠」。中門外扁「仁至義盡」，內扁「浩然之氣」，傍書「八世孫柱書」。柱以文學名世，官經吏部郎。庭有香爐，階上種綠竹。行拜禮，升正堂。外揭「萬古綱常」。柱照：「南宋狀元宰相，西江孝子忠臣。」內柱照：「敵國仰威名，一片丹心昭史冊；法天留策對，千秋正氣壯山河。」當中安金冠，朝衣秉笏，塑像風采豐碩，眉目疎朗。前立神位書「宋丞相信國公文公」。

世傳至元十九年十二月九日，南向再拜，索紙筆書二詩，成仁于柴市。大風揚沙，天地晦冥，宮中白晝秉燭，乃贈公特追金紫光祿大夫開府儀同三司檢校太保中書平章政事廬陵郡公，謚忠武。僉樞密王積翁書神主，設壇柴市祀之。丞相字羅初行奠禮，狂飆旋地捲主入雲中，字羅改書「前宋丞相信國公」，天始開霽。

正統十三年，順天府尹王賢言：元時塑以儒士像，今宜宋時丞相冠服改塑，從之。龕前立自贊石像，東西有石刻貼壁詩。又以唐李北海邕所書雲麾將軍李秀（玄宗時人）斷碑二片，東壁微凹處貼之。又有一篇記，即我東燕岩朴公趾源所撰，其孫桓齋相公（珪壽）奉使時手書揭之者也。此相公騎箕已閱三霜，每有羊曇之悲，今於異域獲觀遺墨，尤難定懷也。祠中有周元鎮約以石像，烏揚帶雪，還歸館所，歲幣方物中，粘米先為無弊呈納。（南一祐《燕記·玉河隨筆》，參見林基中編《燕行錄續集》卷一百四十五）

文山廟〔註43〕　李承五（1837～1900）

文山廟在育賢坊，距大學里許。外扁曰「萬古綱常」，又曰「有宋存焉」，又曰「天地正氣」。兩楹聯曰：「敵國仰威名，一片丹心昭史冊；法天留策對，

〔註42〕題目係編者所加。
〔註43〕題目係編者所加。

千秋正氣壯山河。」內扁曰「古誼忠肝」。楹聯曰：「正氣貫人寰，河岳日星垂萬世；明禋崇廟貌，丹心碧血照千秋。」又聯曰：「延國祚於一線垂絕之日，景炎祥興愈艱危愈昭忠烈，具此虞淵挽墜之赤誠，已覺功同再造；踐聖言於九死不渝之時，成仁取義極慷慨尤極從容，信是衣帶盟心之素履，儀難道接群儒」。正堂兩聯曰：「正氣尚存，俎豆至今尊帝里；孤忠立極，神靈宜近接鬖宮！」當中奉安位牌曰：「宋丞相信國公文公之神位。」冠裳元初塑以儒服，明正統十三年，順天府尹王賢奏改塑宋時丞相冠服。其登祀典，在永樂六年。每歲春秋中朔，天子遣順天府尹設爵三、果五、帛羊一、豕一。傍有石像，刻公《自贊》曰：「孔曰成仁，孟云取義。惟其義盡，所以仁至。讀聖賢書，所學何事。而今而後，庶幾無愧！」噫！此地即柴市也。千秋之下，尚不勝志士之感！祇瞻遺像。先生不死，彼害先生者，果安在？多見其自少也。於先生何有？當先生之時，宋篆告訖，天不悔禍，於萬丈洪濤之中，寄身於一片漏船之上。天下事去矣，先生豈不知哉？知其不可為而猶為之，一身任千古綱常之重，隻手扶三百年宗社之危，竟以殉國，嗚呼痛哉！（李承五《觀華誌日記》，參見林基中編《燕行錄續集》卷一百四十七）

時聞　宋鎮鳳（1840～1898）

倏然一氣火西流，嗟我餘生感白頭。乘秋塞虜時氛惡，正值文山不下樓。（《思復齋集》卷一）

答徐廷世　丙午　田愚（1841～1922）

唐司空圖曾被召入京，歸隱王官谷，聞哀帝被弒，不食而卒，此猶有職名者。至於明文瑢，當崇禎殉社之日，書其身曰：「位非文丞相，心是文丞相。」痛哭梓宮，觸石而死。此是一布衣耳，乃能如此，豈非壯且烈哉！若劉念臺又不然。嘗為御史大夫，甲申之變，不曾致命。其明年乙酉，浙省降，始絕粒兩旬而卒。至於徐東海，明亡後數十年，竟全髮而終。則梅翁以大明純臣，聖門真儒稱之。止此，蓋亦各行其志，而不失其正者也。（《艮齋集前編續》卷三）

夢拜文山墓　劉秉憲（1842～1918）

漠漠氛祲暗海東，風悽電馳山河暮。魑魅亂嘯繞荒林，寂寞窮廬歎一老。酒半跪讀《吟嘯集》，十二亂中備辛苦。揮淚拊膺憑几案，暫入甜鄉神栩栩。痛哭柴市下吉州，云是信國文山墓。再拜逡巡莫仰視，風儀凜凜開門笑。案頭

高掛蘇武圖，巨筆煌煌忠與孝。義盡方為仁所至，成仁取義同今古。散盡胡塵魯月上，夜臺依俙高鳥度。三丈崇碑似砥柱，南宋哀史重可考。踢蹴無言汗沾背，囁嚅移時欲有訴。忽然身在金鳥屋，江村月落雞聲早。覺來轉輾睡不成，闔眼歷歷想風貌。我是東韓一布韋，趨拜宋相非所料。國破君辱身受困，千秋一轍堪可悼。隻手空懷擎天志，逖矣未遂東海蹈。一筆頻布斥夷文，三年枉滯風雪窖。願借雷首清風力，萬里快覿腥塵掃。不然即駕南飛鶴，從子于柴長嘯傲。（《晚松遺稿》卷一）

宋鑑瑣論〔註44〕　李晚燾（1842～1910）

元人南侵，無殺掠之患，史天澤臨終附奏之力也。天澤心固忠厚，而又非習諳南人忠義而有所慕悅者，豈眷眷若是乎？八子皆顯宜哉。

池州陷，趙昂發與妻雍氏，同死於從容堂。始為堂，指所扁曰吾必死於此，與江萬里止水亭事俱驗。昂發其亦清明在躬，知幾知神者歟？伯顏義其雙節，具棺衾合葬，其視襄陽江邊張順、張貴雙廟尤壯矣。

陳宜中初附似道得貴，及丁家洲之敗，宜中意似道已死，上疏乞誅似道，及鄭虎臣私誅似道，又正虎臣之罪而誅之。噫！宜中之所為，何進退無據，前後相反也！德其援己，而不敢聲罪於方焰之時，是畏禍也。既意其已死，則於已死之人不必加誅而有此乞請，是要名也。虎臣固不當擅殺，然揆以人人得誅之義，置而勿問可也，問之而罪止編管亦可也。己則乞誅而罪人之擅誅，以至於死，是何心法乎？敵兵方至，王室欲遷，為人臣者所宜竭蹶盡力，而宜中與王爚不合，託其母不赴召命。及太后遺其母書然後始至，其心全欲要君而不念國家之急也。及獨松關之敗，文天祥、張世傑、陳著欲與敵血戰，宜中不聽。臨安之危，又請戰而不許，致太后、皇帝北行，而身逃清澳。嗚呼！殺一似道而似道又出，宋安得不亡也！

空阬之潰，趙時賞曰我姓文，自就死而免天祥；五坡嶺之敗，劉子俊詭為天祥，各爭真偽而就烹。古有為其君代死者，未聞有為人贖身者。文山之為人望，於此可驗也。

帝昺之立於碙州，年八歲。陸秀夫日書《大學章句》以勸講，雖在播遷流離之中，其引君當道之心，無間於平日。真有正人君子之風也。

張世傑不同陸秀夫赴崖海，走平章山下，祈天覆舟而溺焉。死雖有先後，

〔註44〕此篇原文甚長，此處只摘錄宋末與文天祥相關史論。

而其心欲復立趙氏後也，宋立程嬰、杵臼之廟而無其報，嗚呼悲夫！

文文山不食八日不死，謝疊山不食二十日不死。疊山嘗云學辟穀而文山亦學是法歟？疊山竟不食死，文山不免柴市之禍，忠義同而成仁各異。且疊山餘一子歸葬，文山埋於張毅甫之手，天之報施又何殊也！

元以恭帝為瀛國公，尋為僧，號合尊大師，因學浮屠法於吐蕃。其被執之日，幼未省事，及其學禪則能辨羞惡之年，何不追伸殉社之計，重辱其身於左道之域耶？此徽、欽之所無，寧不哀哉！（《響山集》卷七）

散言　柳麟錫（1842～1915）

文公圭以王炎午生祭文山文而問曰：「文山再被執，炎午以不死責之。此事何如？」

曰：「炎午之為責，雖出於正，不知正之盡也。是欲文山飲藥刎頸絕食而早自決，使文山自決，豈亦不是大節？未見其盡也。」

曰：「如何為盡？」曰：「持吾義理，無所撓屈，正直以去，到地盡頭而死，乃得盡也。且彼殺至而死，死得正大。若自決，小欠大人之事也。文山可謂死得盡也。」

曰：「有曰殺身以成仁，曰舍生而取義，此何謂也？」

曰：「殺身成仁，舍生取義，豈亦自決而為自殺自取者？其為無求生而避患也。文山豈為有一毫求生避患之心而不自決哉！文山而有自殺自取，豈亦不曰成仁取義？猶未為至全之仁盡宜之義也。文山死而《自贊》曰『孔曰成仁，孟曰取義』，成仁取義，文山其可謂耳矣。」

曰：「彼殺至，而文山固死矣；若彼殺不至，又不自決而有生，則在文山無亦有欠乎？」

曰：「何有於文山？持吾義理，無少撓屈。正直以去，至十分盡頭。彼殺而死，彼不殺而生，死何加於文山之義，生何減於文山之義！生殺在彼，義自在於文山矣。」

昔我國三學士金清陰以斥和事，執去虜庭，吳學士至中路言欲自決，尹學士責止之。尹學士得矣。三學士皆死，而清陰得生而還。然清陰義節，有如山斗，宋尤庵先生即齎贊定倫矣。

曰：「文山生則其將何為？不亦難處乎？」

曰：「何有難處！又圖舉義復國，是文山之心而文山之事。事之成否，有

不可計也。三執而不死，四執而不死，五執六執，豈有不死！然心於有死而得所，則非文山也。心於有義而得盡，是文山也。」

曰：「文山許之以至全之仁，盡宜之義，文山果若是乎？」曰：「以全體仁義，則至全盡宜，惟聖人為然，謂夫文山成仁取義之仁義也。然雖使聖賢當文山之地，其仁義之成取則如文山矣。」（《毅菴集》卷三十三）

讀王炎午《生祭文文山》文有感　鄭載圭（1843～1911）

死如重泰生輕塵，頃刻翻成兩截人。縷命僅存猶有待，竿頭勸進不孤隣。兩皆深薄戰兢地，一是熊魚取舍春。炯然心法傳千古，起視人間卻惱神。（《老柏軒集》卷三）

答崔勉菴　乙巳三月　鄭載圭

昨秋下函，久闕鳴謝，只恨鱗羽之無憑也。伏見歲裏筵奏封章及前月封章讀之，不勝幸甚。於是知天之生一先生於海東今日，最不尋常。君臣之大義，華夷之大防，人獸之大分，一切委之先生一身，以做擔荷。使國朝五百年禮義之教，先聖數千載扶仰之義，賴之而不墜於地。皇天降任之大既如此，先生勝任之勤又如此。所謂將降大亂，必擬生一已亂之人者，果不誣也。中夜不寐，北望嘘唏。自幸久病不死，得見此否極將泰消息也。或者謂勢已去矣，時已晚矣，先生雖唇焦氣竭，何補於國，而徒取被押拘幽之辱而已。答曰：「獨不聞文山之語乎？父母有疾，雖不可為，無不用藥之理。」此鞠躬盡瘁，死而後已者也。三年燕獄，實為有宋之光輝，子以為辱乎？第惟文山既獄矣，而猶不即殊，撐然自持，至於三年之久，其心可想也。豈不以天猶有祚宋之日而或悔其禍也耶！況今日猶有間於文山之時矣。願毋遽絕庶幾日望之心，壁立萬仞，益為吾道光。則設終無祚宋之日，將使天下後世，賴先生而得免服左衽而言侏離矣。不亦偉哉！竊欲策病軀走前去，以候起居於門下，而抖擻不得，茲奉咫尺之書，兼呈一絕韻語，以道下誠。伏惟鑑在。（《老柏軒集》卷四）

與崔錫胤　永祚　丙午七月　鄭載圭

天乎曷之哉，竟使春府先生罹文山之厄耶！自先生言之，二千年《春秋》之義，五百載綱常之責，擔在一身，鞠躬盡瘁，雖死靡悔。壁立萬仞，益為吾黨之光，其心自當泰然矣，其氣自當浩然矣。自孝子言之，則彌天憤恨，無地可洩，將何辭奉慰！何辭奉慰！朱子之訓曰：「子能以父母之心為心，則可謂

孝矣。」為吾友誦告者，秖此而已。自有此變來，傳說不一。始聞輿還本第，如昨年樣。繼聞將有萬里之行，又聞始有此說，旋為停止，尚滯京獄，瞻望鬱悒。茲遣族弟性圭，要得實狀耳。蓋先生為今日剝上之果，必不見食。設如云說，終當無事。洪皓朱弁，已事可見矣。況先生名蓋華夷，彼亦知尊慕者乎？吾輩區區之情。惟是之祝。載圭宜死不死，將為愧鬼，尚何道哉！統惟默照。（《老柏軒集》卷十二）

答崔舜一問目　庚戌　鄭載圭

「謝疊山以老母在，奔竄幾年，親沒然後就死」云云。

能如疊山則善矣，不然則不免為苟活，惟在當人之自盡其心而已。

「文文山不致命於被執之日、而囚于燕獄、至於三年之久，何也？」

文山就獄之日，宋猶未至全亡。雖其盡亡，亦不能無待。如孝子皋復俟生，斂而未揜其面，蓋天意未可知，豈可遽死！且遽決於就囚之日，則猶未免為憤激所使，而或遜於從容就義也。（《老柏軒集》卷十二）

答李善載　郭鍾錫（1846～1919）

孔明、文山云云。

不得益州則鼎立未可知，誠如所諭。往說孫權，適乘其欲拒操之會，蓋利害禍福，亦切於吳故也。申包胥則以當朝之大夫，奉君命而往，乞救於鄰國，名正義順。兼之以忠悃之炳炳，秦之人且欲仗義以圖霸，豈有不動得之理也。至若子貢云云，似出於外史杜撰，恐非實有其事。此儀秦縱橫底手術，曾謂聖人而做此籠絡，私使一箇門生，歷抵列國君王，簸弄闔捭之權耶？《論語》及《左傳》不少槩見，誠難憑信。

孔明而當董國舅之地，則必早為區處，總攬大權，朝著一新，不至奸瞞之竊柄。此董承之不及孔明處。文山之智略謨謀，亦不及於孔明。且所遭之時，與建安群雄競逐之世不同。中原全局，沒入於蒙古一統。熊咆豺噬，電馳風驅，神不及謀，人不暇喘。可於何處從容辦一區益州，以延垂絕之炎祚耶？使孔明而當其時，則方賈似道、史嵩之之輩，相繼以擅權誤國也。恐大睡於草堂，而畢竟為金仁山、許白雲而已矣。若早已作文山之制科出身，而受廟堂之寄於顛沛之日，則其規模設施，宜亦不至遽狼狽。而但崖海扁舟，終非即墨之可據，則畢竟成就，亦只得如文山而已。未知如何。（《俛宇集》卷八十一）

文文山　　黃贊周（1848～1924）

南望崖山憤恨長，千秋仗節姓名芳。彌天正氣歌星嶽，填海雄心詠月霜。淚灑孔明悲敗勣，圖懸穌武惜投荒。釃庭設享雷霆吼，英魄知應感彼蒼。（《綺園文集》卷二）

覽《宋史》至文山事，不覺慨然泣下，因次其《六噫歌》韻志感　　李偰（1850～1906）

惡風起兮怒浪飛，噫！紅日沉兮龍運微，噫！有才無命兮將安施，噫！海內甚廣兮胡無歸，噫！肝忠膽烈兮寧忍之，噫！正氣不殺兮天獨知，噫！（《復菴私集》卷一）

讀文山事實因挽勉菴　　宋炳華（1852～1916）

先生不恨不生還，正氣千秋塞兩閒。馬島可憐為燕獄，雞林又使有文山。旅魂渡海孤雲遠，巷哭連天白日寒。竹石今朝俱碎淚，腥羶依舊滿長安。（《蘭谷別集》卷一）

文文山事實（略）　　宋炳華

公名天祥，字履善，一字宗（宋）瑞，盧陵吉水人，所居對文筆峰，自號文山。理宗寶佑四年丙子（年二十），帝御集英殿，賜及第出身。

時帝在位久，政理浸息。公對策以法天不息為對，其言萬餘不為稿，一揮而成。帝拔為第一，考官王應麟奏曰：「是卷古誼若龜鑑，忠肝如鐵石，敢為得人賀。」

度宗咸淳八年壬申（年三十七），以直學士院致仕。

先是，賈似道稱病，乞致仕。公以為要〔賈〕君似道諷臺諫劾之。公引錢若水故事致仕。

孝恭德祐元年乙亥，起兵入衛。

時元來侵，詔天下勤王。公方為江西提刑贛州，起兵入衛，其友止之曰：「今敵兵薄內地，君以烏合萬餘赴之，何異驅羣羊而搏猛虎？」公曰：「吾亦知其然也。第國家養育臣庶三百餘年。一朝有急，無一人一騎赴者，吾深恨之。故不自量欲以身殉。庶天下忠臣義士將有聞風而起者，義勝者謀立，人眾者力濟，如此則社稷猶可保也。」公性豪華，平生自奉甚厚，聲妓滿前。至是，痛自抑損，每與賓客僚佐語及時事，輒流涕，撫几言曰：「樂人之樂者憂人之憂，

食人之食者死人之事。」聞者莫不為之感動。

公乞命二王鎮閩廣以圖興復，太后從之。進封吉王昰為益王，判福州；信王昺為廣王，判泉州。

二年丙子，知臨安府，為右丞相，如元師被執。

伯顏執公于軍中，館伴唆都說公曰：「丞相在大宋為壯元宰相。今為大元宰相無疑，丞相常稱國亡興亡，此男子心。今天下一統，為大元宰相，豈是〔非〕易事？願公勿言『國亡興亡』四字。」公哭而拒之。

公自鎮江亡入真州，由通州浮海以求二王，道遇元兵，伏環堵中得免。飢不能起，從樵者乞得餘糝羹，行入板橋。

端宗景炎元年六月，同都督諸路軍馬。

時伯顏入臨安府，德祐帝及皇太后全氏皆北去，益王昰即位于福州，是為端宗。

二年丁丑，元李恒襲公于興國縣。八月，師潰于空阬。

將佐皆節死。妻歐陽氏，男佛生、環生及二女皆見執。公與其長子道生乘騎逸去，遂奔循州。

帝昺祥興元年戊寅八月，加少保，封信國公。

元張弘範兵濟潮陽，公又被執。

弘範兵濟潮陽，公力不支，帥其麾下走海豐，張弘正追之。公方飲五坡嶺，弘正兵突至，眾不及戰，皆頓首伏草莽。公倉皇出走，王惟義執之，劉子俊自詭為公，冀可免公。及執公，各爭真偽，元人遂烹子俊而執公至潮陽見弘範。左右命之拜，公不屈，固請死，弘範不許。或謂不宜近之，弘範曰：「被忠義也。保無佗求，族屬被俘者悉還之，處之舟中以自殺。」

二年己卯，張弘範以公北去。

春正月，帝在崖山，張弘範襲崖山，張世傑力戰禦之。二月，師大潰，帝崩宋亡。時世傑甥韓在元師中，弘範三使韓招世傑，不從。弘範乃命公為書招世傑。公曰：「吾不能捍父母，乃教人叛父母，可乎？」固命之。公遂書所過零丁洋詩與之。末云：「人生自古誰無死，留取丹心照汗青。」弘範笑而置之。公目擊崖山，作詩哀悼。（詩見下）二月，弘範、李恒等以崖山既平，置酒大會，謂公曰：「亡國丞相，忠孝盡矣。能改心以事宋者，事元將不失為宰相。」公泫然出涕曰：「國亡不能救，為人臣者死有餘罪。況敢逃其死而貳其心乎？」弘範義之。

　　四月，北去，道經吉州，痛恨不食，八日猶生，乃復食。至燕境，館人供帳甚盛。公不寢，處坐達夜。丞相孛羅召見於樞密院。公入長揖，虜欲使跪。公曰：「南之揖，北之跪。余南人行南禮，可贅跪乎？」孛羅叱曰：「跪主者，或抑項、或扼背。」公不屈，仰首言曰：「天下事有興有廢，自古帝王以及將相滅亡誅戮，何代無之？願早求死。」孛羅曰：「汝謂有興有廢，一一為我言之。」公曰：「吾今日非應博學宏詞神童科，何暇泛論？」孛羅：「自古以來，曾有人臣將宗廟、社稷、土地與佗國，而復逃者乎？」公曰：「丞相豈以余前為宰輔賣國與人，而後去邪？賣國者，有所利而為之，必不去，去者必非賣國者也。予前日辭右相之命，而使伯顏軍前被留不遣，而賊臣獻國國亡矣。吾職當死，所不死者，以度宗二弟在浙東、老母在廣，故也。」孛羅曰：「德祐非爾君邪？」公曰：「德祐，吾君也。不幸失國，當此之時，社稷為重，君為輕，二王之立，所以為宗廟社稷計也。從懷愍而北者非忠，從元帝者為忠；從徽欽而北者非忠，從高宗者為忠。」孛羅語塞，徐曰：「汝立二王，做得甚事？」公曰：「國家不幸喪亡，吾立君以存宗廟。存一日則盡臣子一日之責。人臣事君如子事父母，父母有疾，雖甚不可為，豈有不下藥之理？盡吾心焉。不可為則天命也。」乃作《正氣歌》。（歌見下）

　　元至正十九年壬子（公年四十七），死于燕京之柴市。

　　公留燕三年，坐臥一小樓，足不履地。時，元帝求南人有才者甚急，王積翁薦之。元帝恤遣積翁諭旨欲用之。公曰：「國外備顧問，可也。（公自號浮休道人）若遽官之，非直亡國之大夫，不可與圖存。舉其平一而盡棄之將，焉用我？」元帝召諭之曰：汝何願？公曰：「一死足矣。」元帝未忍遽殺，麾之使退左右力贊，乃詔有司殺于燕京之柴市。俄有詔使止之，至則公死矣。公臨刑從容，謂吏卒曰：「吾事畢矣。」南向拜而死。其衣帶有贊曰：「孔曰成仁，孟曰取義，惟其義盡，所以仁至。讀聖賢書，所學何事，而今而後，庶幾無愧。」數日，其妻歐陽氏收其屍如生，南北人皆為之流涕。翰林學士王磐以詩哭之曰：「大元不殺文丞相，君義臣忠兩得之。義似漢皇封齒日，忠如蜀將斫顏時。精神貫日華夷見，氣節凌霜天地知。卻恐史官編不到，老夫和淚寫新詩。」（按：磐，字文炳，廣平人，世業農，歲得米萬石，號萬石王家。年八十二卒，諡文忠。文章宏放，浩無涯涘。）

　　公為人□下，兩目炯然，善談論博學，飲酒能多而不亂，有忠孝大□。平居自言：「予於山水外無嗜好。」衣服飲食但取粗適，不求鮮美，於財利至輕。

每有所入，隨至隨散，不令有餘。平生無官府之交，無鄉鄰之怨。居常獨坐，意想起然。雖凝塵滿堂，若無所睹，蓋天性澹如也。於宦情亦然，自以為起身白屋，邂逅早達，欲俟四十三歲請老致仕。引錢若水故事退為潛夫，自求其志，不知老之將至矣。時之不淑，命也何右？平生作文未嘗屬草，下筆滔滔不竭。在燕獄有《集杜詩百首》，又有《吟嘯集》。

呂中曰：「嗚呼！宋亡，士大夫負國，文丞相毀家赴難，九死兩不悔。死矣！彼負國者。獨不死乎，而公之死名，與日月爭光、與天地無窮矣！」時有《挽文丞相》詩：

塵海焉能活壑舟，燕臺從此等詩囚。雪霜萬里孤臣老，光嶽千年正氣收。諸葛未亡猶是漢，伯夷雖死不從周。古今成敗應難論，天地無窮草木愁。

又：

徒把金戈挽落暉，南冠無奈北風吹。子房本為韓仇出，諸葛安知漢祚移。雲暗鼎湖龍去遠，月明華表鶴歸遲。何人更上新亭飲，大不如前灑淚時。

安南使人《過吉水弔文丞相》詩云：

吉水江頭繫客舟，緬懷丞相舊風流。堂堂大義勤王日，耿耿孤忠就死秋。北伐自期終復漢，東征誰謂竟亡周。一身獨任綱常責，肯戴南冠學楚囚。

附公詩篇

長平一坑四十萬，秦人歡欣趙人怨。大風揚沙水不流，為楚者樂為漢愁。兵家勝負常不一，干戈紛紛何時畢。必有天吏將明威，不嗜殺人能一之。

我生之初尚無疾，我生之後遭陽九。厥角稽首二百州，正氣掃地山河羞。身為大臣義當死，城下師盟愧牛耳。閉關歸國洗日光，白麻重拜不敢當。出師三年勞且苦，咫尺長安不得睹。非無虓虎士如林，一日不戒為人擒。樓船千艘下天角，兩雄相遭相噴薄。古來何代無戰爭，未有蜂蠆交滄海。游兵日來復日往，相持一月為鷸蚌。南人志欲扶崑崙，北人氣欲黃河吞。一朝天昏風雨惡，砲火雷飛箭星落。誰雌誰雄頃刻分，流尸浮血洋水渾。昨朝南船滿崖海，今朝只有北船在。昨夜兩邊桴鼓鳴，今朝船船鼾睡聲。北軍去家八千里，椎牛釀酒人人喜。惟有孤臣淚雨垂，明明不敢向人啼。六龍杳藹知何處，大海茫茫隔煙霧。我欲借劍斬佞臣，黃金橫帶為何人。

又從而為之歌曰：颶風起兮海水飛，噫。文武盡兮火德微，噫。

鷹鸇相擊兮靡所施，噫。鴻鵠欲舉兮將安歸，噫。櫂歌中流兮任所之，噫。獨抱春秋兮莫我知，噫。

《目擊崖山哀悼作》

天地有正氣，雜然賦流形。下則為河嶽，上則為日星。於人曰浩然，沛乎塞蒼冥。皇路當清夷，含和吐明庭。時窮節乃見，一一垂丹青。在齊太史簡，在晉董狐筆，在秦張良椎，在漢蘇武節。為嚴將軍頭，為嵇侍中血，為張睢陽齒，為顏常山舌。或為遼東帽，清操厲冰雪。或為出師表，鬼神泣壯烈。或為渡江楫，慷慨吞胡羯。或為擊賊笏，逆豎頭破裂。是氣所磅礴，凜烈萬古存。當其貫日月，生死安足論。地維賴以立，天柱賴以尊，三綱實係命，道義為之根。嗟余遭陽九，隸也實不力。楚囚纓其冠，傳車送窮北。鼎鑊甘如飴，求之不可得。陰房闃鬼火，春院秘天黑。牛驥同一皂，雞棲鳳凰食。一朝蒙霧露，分作溝中瘠。如此再寒暑，百沴自辟易。哀哉沮洳場，為我安樂國。豈有佗繆巧，陰陽不能賊。顧此耿耿在，仰視浮雲白。悠悠我心憂，蒼天曷有極。哲人日已遠，典刑在宿昔。風簷展書讀，古道照顏色。

《正氣歌》

辛苦遭逢起一經，干戈落落四周星。山河破碎水漂絮，身世浮沉風打萍。皇恐灘邊說皇恐，零丁洋裏歎零丁。人生自古誰無死，留取丹心照汗青。

《過零丁洋》

草舍離宮轉夕暉，孤雲飄泊欲何依？山河風景元無異，城郭人民半已非。滿地蘆花和我老，舊家燕子傍誰飛？從今別卻江南路，化作啼鵑帶血歸。

《過金陵》

北征垂半年，依依只南土。今晨渡淮河，始覺非故宇。江鄉已無家，三年一羈旅。龍翔在何方，乃我妻子所。昔也無奈何，忽已置念慮。今行日已近，使我涕如雨。我為綱常謀，有身不得顧。妻兮莫望夫，子兮莫望父。天長與地久，此恨極千古。來生業緣在，骨肉當如故。

《過淮河》

平原太守顏真卿，長安天子不知名。一朝漁陽動鼙鼓，大江以北無堅城。公家兄弟奮戈起，一十七郡連連盟。賊聞失色分軍還，不敢長驅入咸京。明皇父子得西狩，由是武靈起義兵。唐家再造李郭力，若論牽制公威靈。哀哉常山一鉤舌，心歸朝廷氣不折。崎嶇輵軻不得志，出入四朝老忠節。當年幸脫安祿山，白首竟陷李希烈。希烈安能遽殺公，宰相盧杞欺日月。亂臣賊子歸何所，茫茫烟草中原土。公視于今六百年，忠精赫赫雷行天。

《過平原縣》

為子死孝，為臣死忠，死又何妨。自光嶽氣分，士無全節；君臣義缺，誰負剛腸。罵賊睢陽，愛君許遠，留取聲名萬古香。後來者，無二公之操，百煉之鋼。人生翕歙而亡。好烈烈轟轟做一場。使當時賣國，甘心降虜，受人唾罵，安得流芳。古廟幽沉，遺像儼雅，藁木寒鴉幾夕陽。郵亭下，奸雄過此，子細思量。

《題雙廟》

嗚呼！公之水萬折、金百鍊之志，於此數詩亦可見矣。安得家喻而戶誦，使今日士大夫盡滌其腸胃葷血，而其忠義之本心，不覺油然而自生哉！古人以為讀《出師表》而不流涕者，是無人心也。余於此亦云爾。（《蘭谷別集》卷三）

題文天祥（古詩） 清閒堂金氏（1853～1890）

文公事業在北宋，四十年光無虛送。烈烈忠節不惜命，古今志士皆哀慟。（《清閒堂散稿》）

聞勉翁渡海，次文山《零丁洋》詩，示趙而慶 黃玹（1855～1910）

宗臣談笑植天經，算定熊魚秤有星。一鼓義聲憐勁草，南冠行色感漂萍。悲歌幸伴張同敞（指林炳瓚），快事難逢麥述丁。擬寫孤帆浮海影，千秋在後補丹青。（《梅泉集》卷四《丙午稿》）

文文山傳 趙性洛（1857～1931）

文山，宋廬陵人。天資磊落，志節魁特，常有憤然敵愾之心。而歷事四朝，克圖興復之策，奔走於劍州、鎮江之間，顛沛於冷山、五坡之嶺。及其兵敗身執，事不可為矣，則只有一死而已。三年燕獄，抗義不屈，死于柴市。臨刑從容，衣帶中有《贊》曰：「孔曰成仁，孟曰取義。」遂南面再拜而就死。妻歐陽氏收其屍，面如生時。有張毅甫者，負骸歸葬于吉州。

嗚呼！宋養士三百年，得人之盛，軼漢唐而過之遠矣。盛時忠賢相濟，人有餘力。及天命已去，人心已離，而有挺然獨出於百萬億生民之上，奮志勵氣，終不以弘範利誘貳其心。百世之下，光明俊偉之氣像，凜人心骨矣。劉岳神所為傳者，吾未及見，可恨！而余亦感文山之義，以是云。（《晚圃文集》卷六）

讀《感舊遊賦》歎弔文山於祠下 白奉欽（1859～1909）

燕京九陌繁華地，萬國朝儀賀正同。向獨文山祠下弔，推知卓節滿腔中。

（《明岡遺稿》卷一）

秋興三絕　宋鎬彥（1865～1907）

余讀史，竊歎夫歷代國家昇平無事之日，居高位而食君之祿者，未必能效忠於板蕩之際，而乃若苦心宣力死於國事者，多在於下位草茅之人，如漢之諸葛武侯起於逸民，唐之顏杲卿出於下僚，宋之岳武穆、文文山輩，或奮於行伍，或作於寒素。此曷故焉？（《柳下聯芳集》卷四）

南敬真讀南宋史有感懷之作謾此效嚬‧文山事畢　沈斗煥（1867～1938）

樓下皆蠻土，樓上有宋天。蠻土風塵惡，宋天日月懸。戴天不履土，一樓臥三年。出門發一笑，吾事已畢焉。成仁取義字，不負古聖賢。（《直窩文集》卷一）

憶文山　辛泳圭（1873～1958）

磔骨灰魂凜若新，寸繩猶怒縛胡塵。南朝龜鑑經三世，中國綱常在一人。雷飆威旋柴市筆，松杉淒帶汴宮春。蕭條異代漸同調，遙憶西風淚滿巾。（《健齋文集》卷一）

讀文文山《正氣歌》　二首　金玉變（1878～1930）

文山正氣泰山高，日月爭光忠義豪。百折千回肯摩滅，可憐燕市擲鴻毛。

燕獄三年正氣亡，忠臣千古自張皇。可憐三百年來事，輸得文山一瓣香。

（《慎軒遺稿》卷一）

謁武候祠次文文山懷孔明詩　趙泳善（1879～1932）

正大千年像，儼然祠宇中。赤心爭白日，義氣貫蒼穹。再拜紳拖地，一瞻涕滿胸。古今饒舌者，成敗論英雄。（《拜軒集》卷一）

文天祥零丁洋詩　田炳恒（1879～1950）

張弘範襲執文公於五坡嶺，諭以降。公乃書《過零丁洋》詩與之，張終不能強。詩曰：

辛苦遭逢起一經，干戈落落四周星。山河破碎風拋葉，身世飄搖雨打萍。惶恐灘頭說惶恐，零丁洋下說零丁。人生自古誰無死，留取丹心照汗青。

四載風塵百劫經，蕭蕭頭髮已星星。故國山河如落葉，天涯身世似浮萍。隻手障瀾詎可得，孤臣殘命不辰丁。一心戀國忘何日，二帝陵松望褈青。(《圭窩文集》卷二《詩·豐溪謾詠·文天祥零丁洋詩》)

謝翱祭文文山招魂詞　田炳恒

翱，字皐羽，聞文天祥被執而死，悲不能禁，有子陵臺孤絕千尺，挾酒登之，誤文山主跪酹號慟，取竹如意仿石作楚辭，招之曰：

魂來兮，何極？魂去兮，江水黑。化為朱鳥兮，其咮焉食歌。竟竹石俱碎，失聲哭，明年沒葬于臺南。

魂兮遊何地？朔方風雪極。魂兮歸何國？五嶺愁雲黑。義骨空草野，鳥鳶慎莫食。(《圭窩文集》卷二《詩·豐溪謾詠·謝翱祭文文山招魂詞》)

與趙而慶共步文山祠堂韻題梧岡祠　洪鈺（1883～1948）

錦山西在大江東，茅屋一劍村落中。燕獄孤臣能守死，漢師再出不論功。有誰能滴黃華露，自後無聞白簡風。花謝古枝春更在，靈魂應護我王宮。(《幾宇集》卷三)

次漢陰集中過柴市有感韻　金澤述（1884～1954）

久囚竟見被虜兵，千秋無愧得仁成。平生事業雖罔遂，一脈綱常賴益明。正氣歌曾言志節，擎天夢亦協忠貞。感時景仰尤何已，重歎漢陰詩放聲。(《後滄集》卷三〇)

秋風柴市祭文天祥　尹柄馨（1891～1967）

馨，韓國一寒士也，讀經傳而知古君子卓烈之行多矣。惟欽慕慷慨於先生之高風。今偶過此地，不惟懷烈烈之忠、凜凜之義，兼有感乎？降廢敗亡之恨，茲乃汲清海之水為玄酒，折首陽之薇為香肴，告之以文曰：

嗚呼！天之生大人君子於亂亡之世者，其非偶然者也。昔殷之三仁、周之夷齊，其貞忠大義，貫日月而炳朗，亙萬古而昭明，千載之下，尚可興起立。懶今先生掘起千載之下，不幸遭宋板蕩，始終施措，既極正當，上溯千載，實有光於先賢，下至百世，開大路於後生。

嗚呼！一召吉水，聚眾數萬，誰與偕敵？世傑其在天，胡不弔未遂初心。噫！彼燕獄十年凶酷，一心報宋，其肝如石。烈烈其節，華夷共歎。凜凜其忠，

天地必鑑。一朝柴市，竟見元戮；南向一拜，從容且烈；孔曰成仁，孟曰取義；出乎衣帶，自替自誓。

嗚乎！先生之死，天崩地墜；元禍猛迫，誰能斥之？乳兒失哺，其誰撫育？民生號跳，誰與可濟？綱常斁絕，誰能扶持？舉國空才，九原冥漠。彼贈彼說，雖曰感覺。熱魄不泯，狂風大起。昭載青史，千秋氣烈。小生後學，誒誒贊嗟。無益先生，徒廢紙墨。

今余非太平雨露，共沐聖化之人，不勝曠感。敢陳一盃，吉水洋洋，秋風咽咽；柴市昏暗，士女皆涕；墓草不祭，余豈不知！不禁感歎，奠此一哭；貞靈陟降，庶鑑微誠。

告祝（《尋齋遺稿》卷二）

讀文文山詩足成一句　柳永善（1893～1961）

人生今古誰無死，只取丹心照汗青。惟大丈夫當若此，存吾順事歿吾寧。（《玄谷集》卷二五）

主要參考文獻目錄

一、韓國古籍

1. 〔朝鮮王朝〕尹斗壽編：《成仁錄》，韓國國會圖書館藏宣祖十四年（1581）木版本（索書號：貴181.14 ○ 456人）。

2. 〔朝鮮王朝〕林象鼎：《林氏歷代史統》，韓國學中央研究院藏書閣藏景宗年間（1721～1724）筆寫本（索書號：K2-130）

3. 〔朝鮮王朝〕洪啓禧：《文山先生詳傳》，韓國首爾大學奎章閣韓國學研究院藏朝鮮英祖三十五年（1759）芸閣印書體活字本（索書號：奎7837）；美國哈佛燕京圖書館藏朝鮮鈔本（索書號：TK 2268.3 3823）。

4. 〔朝鮮王朝〕正祖國王李祘御撰：《御定宋史筌》，韓國首爾大學奎章閣韓國學研究院藏朝鮮正祖四年（1780）寫本（索書號：奎1800）。

5. 〔朝鮮王朝〕金宇顒：《續資治通鑒綱目》，韓國學中央研究院藏書閣純祖八年（1808）木版本（索書號：K2-120）

6. 〔朝鮮王朝〕李昰應命撰，申應朝編：《綱目集要》，韓國學中央研究院藏書閣藏高宗十五年（1878）金屬活字本（索書號：K2-10）

7. 〔朝鮮王朝〕李恆老、柳重教、金平默編：《宋元華東史合編綱目》，韓國學中央研究院藏1907年木版本（索書號：K2-61）

8. 韓國國史編纂委員會編刊：《備邊司謄錄》，漢城，1959～1960年。

9. 韓國國史編纂委員會編刊：《朝鮮王朝實錄》，漢城，1955～1958年。

10. 韓國國史編纂委員會編刊：《承政院日記》，漢城，1962～1970年。

11. 韓國國立漢城大學校圖書館編：《日省錄》，漢城：保景文化社，1982～

1996 年。

12. 韓國民族文化推進會編：《影印標點韓國文集叢刊》第 1～60 冊，漢城：景仁文化社，1988～1990 年。

13. 韓國民族文化推進會編刊：《影印標點韓國文集叢刊》第 61～350 冊，漢城：民族文化推進會，1991～2003 年。

14. 韓國民族文化推進會編刊：《影印標點韓國文集叢刊續編》第 1～50 冊，首爾：民族文化推進會，2005～2006 年。

15. 韓國古典翻譯院編：《影印標點韓國文集叢刊續編》第 51～150 冊，首爾：韓國古典翻譯院，2007～2010 年。

16. 《韓國歷代文集叢書》編委會：《韓國歷代文集叢書》，漢城：景仁文化社，1993～1999 年。

17. 〔韓〕林基中編：《燕行錄全集》，漢城：東國大學校出版部，2001 年。

18. 〔韓〕林基中、〔日〕夫馬進編：《燕行錄全集日本所藏編》，漢城：東國大學韓國文學研究所，2001 年。

19. 〔韓〕林基中編：《燕行錄續集》，首爾：尚書院，2008 年。

二、數據庫資源

1. 《備邊司謄錄》數據庫網址：https://db.history.go.kr/item/level.do?itemId=bb

2. 《承政院日記》數據庫網址：https://sjw.history.go.kr/main.do

3. 《朝鮮王朝實錄》網址：https://sillok.history.go.kr/main/main.do

4. 《日省錄》數據庫網址：https://kyudb.snu.ac.kr/series/main.do?item_cd=ILS

5. 「書同文」韓使燕行錄全文檢索系統：http://guji.unihan.com.cn/

6. 韓國高麗大學海外韓國學資料中心網址：http://kostma.korea.ac.kr/

7. 韓國古典綜合數據庫網址：https://db.itkc.or.kr/

8. 韓國首爾大學奎章閣韓國學研究院網址：https://kyu.snu.ac.kr/

9. 韓國學中央研究院數位藏書閣網址：https://jsg.aks.ac.kr/

10. 漢籍電子文獻資料庫：https://hanchi.ihp.sinica.edu.tw/ihp/hanji.htm

11. 美國哈佛燕京圖書館網址：https://library.harvard.edu/libraries/yenching

後　記

　　本人對宋元史並無研究，之前也未曾涉獵過文天祥研究，之所以會編成這樣一部書，可以說純屬偶然。事實上，人和人的相遇相知，有很多因緣；而作文寫書，也常常需要各種機緣。本書正是各種機緣的湊巧，使筆者得以花費三年半時間，才最終將其編出來。

　　首先要感謝中國人民大學楊念群教授的約稿。2019 年 12 月 30 日，收到他的郵件，邀請本人參加他計劃主持召開的名為「中國歷史上的正統觀再詮釋」工作坊，並特別說「朝鮮對清朝認同態度的歷史變化其實也是廣義『正統觀』的一個組成部分，很切合這個會議的主題」，故而邀請本人參加，我欣然應允。有關朝鮮對清朝的認同問題，本人已出過兩部書，不想炒現飯，故只得另找題目。從電腦的數據中，發現了洪啟禧的《文山先生詳傳》，乃是 2010 年上半年在哈佛燕京學社訪學時收集的資料，一直沒有來得及研究，就想以此為切入點，考察朝鮮王朝對文天祥的認知問題。於是著手搜集資料，沒想到資料越找越多，花了一年多時間，竟有一發不可收拾之感。

　　楊念群教授每隔幾個月就來郵件詢問進展情況，一再鼓勵，並說不要著急，慢慢寫出來即可。因為 2020 年元月新冠疫情爆發，工作坊雖未能如期舉行，楊教授有意編輯出版一部論文集，希望我將論文完成，以收入書中。他將收稿日期一再延後，從 2020 年 6 月份，延到年尾；又從 2021 年 2 月份，推到 2021 年 4 月 30 日，但我依然未能將文章寫出來。因為出版社等不及了，他才作罷，愧對楊教授！

　　儘管沒能完成念群教授的約稿，但已激起了研究熱情。2021 年 7 月 15 日，才寫出初稿，題為《朝鮮王朝崇拜文天祥之因由、表現及影響》。當天日記寫

道：「本文從去年九月份開始醞釀，到今天才寫出初稿，花了十個月，實在是費盡了心力。不過，還可以再寫一篇文章，且有可能編一部資料集《文天祥資料集・朝鮮編》，估計有三十多萬字。此文之前毫無積累，從頭開始，相當不易。」

隨後，參加由山東大學東北亞研究中心方浩範教授舉辦的「絲綢之路沿線國家的有形無形文化遺產研究學術會議」，和由山東大學舉辦的「山東論壇2021」由苗威教授主持的東亞史組會議，兩度宣讀這篇論文，受到與會學者的關注。2022 年 5 月 19 日，受夏明方教授之邀，以「朝鮮王朝對文天祥的形象建構與祭祀」為題，在中國人民大學歷史學院博士生 2022 年春季學期「史學前沿」課上，作了一次學術演講，進一步加深了對此問題的認識。論文最終以《忠義與正統：朝鮮王朝對文天祥的認知與崇祀》為題，發表於中國人民大學清史所主辦的《清史研究》（2023 年第 5 期），也算是感念楊念群教授的約稿和夏明方教授之邀請！在此過程中，又完成了《歷史書寫與現實訴求：朝鮮王朝洪啟禧〈文山先生詳傳〉考釋》，並得以由《世界歷史》（2022 年第 2 期）刊出。

2021 年 12 月，以本人為首席專家的課題「韓國漢文史部文獻編年與專題研究」，成功獲得國家社科基金重大項目立項，《文天祥研究資料集・朝鮮編》恰好就是本項目的一項階段性成果。承蒙北京大學漆永祥教授的推薦，使得本書最終得以被花木蘭文化事業有限公司接受，並即將刊出。特此感謝楊念群、夏明方、方浩範、苗威、漆永祥等諸位教授的幫助！本書在搜集資料、編輯與研究過程中，承蒙南開大學喬治忠、趙季、王曉欣等教授的關心與指導和廣東人民出版社王鵬先生的幫助，特此謹表感謝！南開大學歷史學院博士生吳東銘、雷雨晴、張璐瑤、陳昊、王子傑以及復旦大學文史研究院博士生孫中奇等同學，都給予了幫助，謹表感謝！

在中朝文化交流史多年研究歷程中，我時常感到中國古代文化的偉大！不僅幾乎每部中國古代重要的典籍，在朝鮮古代文化史上都留下了不可磨滅的印記；甚至每位中國歷史上著名的政治家、思想家、文學家、史學家等，在朝鮮古代文化史中，也總會有一個被朝鮮半島人們所塑造出來的新形象！文天祥自然是其中最令人矚目的人物之一。希望本書的出版，也能引起大家對於此類課題的關注，從而推動中朝文化交流史研究進一步深入發展。

孫衛國

2023 年 10 月 1 日